Philippe Chapleau
Journaliste à *Ouest-France*

Jean-Paul Pancracio
Professeur agrégé de droit



# La piraterie maritime

## Droit, pratiques et enjeux



Préface d'Éric Delbecque



Les opinions exprimées dans cet ouvrage, fruit d'un travail indépendant de recherche, sont propres à leurs auteurs et n'engagent en aucune manière l'Institut National des Hautes Études de la Sécurité et de la Justice (INHESJ).

Liberté • Égalité • Fraternité
République Française
Premier ministre
INHESJ
Institut National des Hautes Études de la Sécurité et de la Justice

Vuibert

## Dernières parutions en partenariat avec l'IERSE puis l'INHESJ

*Think tanks. Quand les idées changent vraiment le monde*, François-Bernard Huyghe

*De l'espionnage au renseignement. La France à l'âge de l'information*, Franck Bulinge

*L'intelligence économique, une histoire française. Genèse, acteurs, politiques*, Hélène Masson

*Vers une souveraineté industrielle ? Secteurs stratégiques et mondialisation*, Éric Delbecque et Angélique Lafont (coord.)

*L'influence ou les guerres secrètes. De la propagande à la manipulation*, Éric Delbecque

*Terrorisme : la démocratie en danger? Du 11 septembre à la mort de Ben Laden*, Christian Chocquet

*Les nouveaux entrepreneurs de la guerre. Des mercenaires aux sociétés militaires privées*, Philippe Chapleau

*Capitalisme financier et sécurité économique. De l'idéologie au pragmatisme*, Alexandra Guy et Xavier Bascher

*Le leadership de l'incertitude ou la Renaissance des organisations*, Éric Delbecque et Laurent Combalbert

*Business en milieu hostile. La sûreté des entreprises à l'international*, Dimitri Linardos et Fanny Lecarpentier

*L'État, la Peur et le Citoyen. Du sentiment d'insécurité à la marchandisation des risques*, Nicolas Arpagian

*Droits de propriété intellectuelle dans un monde globalisé*, coordonné par Viviane de Beaufort

*La métamorphose du pouvoir. La chance des civilisations*, Éric Delbecque

*La Cyberguerre. La guerre numérique a commencé*, Nicolas Arpagian

*Le terrorisme n'est pas la guerre*, Christian Chocquet

*La France en guerre économique. Plaidoyer pour un État stratège*, coordonné par Hervé Kirsch

ISBN 978-2-311-01056-5


Site Internet: http://www.vuibert.fr

Liberté • Égalité • Fraternité
RÉPUBLIQUE FRANÇAISE
Premier ministre
INHESJ
INSTITUT NATIONAL DES HAUTES ÉTUDES DE LA SÉCURITÉ ET DE LA JUSTICE



# Le Département Sécurité Économique de l'INHESJ

Suite aux conclusions du rapport[1] confié en août 2007 à Alain Bauer par le président de la République sur la recherche et la formation dans le domaine des questions de sécurité et stratégiques, l'Institut National des Hautes Études de Sécurité (INHES) et l'Institut d'Études et de Recherche pour la Sécurité des Entreprises (IERSE) ont fusionné en janvier 2010 pour donner naissance à l'Institut National des Hautes Études de la Sécurité et de la Justice (INHESJ), le premier Institut national sous tutelle du Premier ministre développant une expertise en sécurité globale[2] au profit de la sphère publique et du secteur privé.

Le Département Sécurité Économique de l'INHESJ fut constitué à partir de l'expertise, des compétences et des ressources humaines issues de l'IERSE. Les objectifs de ce département sont notamment :

- Délivrer aux managers sécurité/sûreté des entreprises, aux praticiens de l'intelligence économique et aux gestionnaires de crises, une formation de haut niveau (au sein de la session nationale spécialisée de l'INHESJ, mêlant cadres du secteur privé et de la sphère publique) abordant de manière transversale l'ensemble des risques et menaces susceptibles

1. *Déceler-Étudier-Former : une voie nouvelle pour la recherche stratégique. Rapprocher les institutions publiques chargées de penser la sécurité globale.* Rapport remis le 20 mars 2008 au président de la République et au Premier ministre. Supplément au n° 4 des *Cahiers de la sécurité*, avril-juin 2008.

2. Sécurité publique, sécurité économique, sécurité sanitaire et environnementale, gestion de crise…

d'atteindre l'entreprise, afin d'élaborer des dispositifs d'anticipation, de prévention et de protection.

• Promouvoir les savoirs théoriques et pratiques sur la sécurité/sûreté des entreprises, l'intelligence et/ou la sécurité économiques en menant des actions de sensibilisation et de formation, en organisant des conférences et en participant au débat public sur ces questions.

• Effectuer toutes études, travaux de recherche et publications de nature à améliorer la sûreté des entreprises et à contribuer à la pratique de l'intelligence économique.

Le caractère global et transdisciplinaire de ses formations, de ses études et de l'ensemble de sa dynamique de recherche, constitue une caractéristique majeure du département.

Sécurité active et passive des installations, intelligence et sécurité économiques, atteinte à l'image, concurrence déloyale, lutte contre la contrefaçon, sécurité des expatriés, management des crises, résilience, sont quelques-uns des thèmes abordés dans le cadre d'un programme actualisé chaque année et qui s'attache à prendre en compte toutes les atteintes potentielles à l'entreprise.

Le Département Sécurité Économique de l'INHESJ constitue de surcroît un forum de réflexion prospective en même temps qu'un lieu d'échanges entre les administrations et les entreprises.

D'abord et avant tout, il poursuit deux buts : participer au débat et à l'approfondissement des savoirs sur la sûreté des entreprises et la sécurité économique au sens large, et contribuer à améliorer la qualité du regard que portent l'un sur l'autre le privé et le public, en appréhendant de façon pertinente les besoins des entreprises. La saine coopération public/privé (socle de « l'État stratège et partenaire ») doit désormais s'imposer car elle s'affirme comme un élément cardinal de la performance globale de notre pays.

La présente collection du Département Sécurité Économique de l'INHESJ (baptisée, de manière informelle, « l'Egide ») assure la continuité de la série des ouvrages de l'IERSE accueillie au sein des éditions Vuibert.

# Table des matières

# Préface

## Par Éric Delbecque[1]

Le pirate est à la mode... Celui qui se hisse aujourd'hui à la tête du *hit-parade* est sans doute le cyber-pirate : le flibustier du virtuel obsède quelque peu notre époque en pleine phase de digitalisation accélérée. Pour autant, le « chien de mer » à l'ancienne n'a pas disparu : les océans demeurent un théâtre d'opérations privilégié pour une certaine catégorie d'acteurs criminels. Arraisonnements, prises d'otages et demandes de rançons mobilisent de nouveau les médias depuis quelques années. L'océan Indien sert régulièrement de décor à ces activités. À cet égard, le premier mérite du présent livre est de poser des distinctions utiles, en ces temps d'approximations multiples. « La piraterie, écrivent les auteurs, en ce qu'elle est fondamentalement une action de violence privée commise à main armée sur mer contre un navire, sa cargaison et les personnes à son bord dans un but de lucre, est née avec le commerce maritime dès que sont apparues des routes commerciales de mer sur lesquelles transitaient des richesses ». *A contrario*, les corsaires (parmi lesquels on a retenu les noms de Jean Bart ou Surcouf) se caractérisent comme des « marins officiels du royaume pour lequel ils œuvraient mais non intégrés à la marine de guerre régulière ». Effectivement, « l'activité des corsaires était la course contre les navires marchands d'une puissance maritime ennemie, dûment désignée dans les

1. Chef du Département Sécurité Économique de l'INHESJ, Éric Delbecque enseigne également à Sciences Po et a écrit de nombreux ouvrages sur les questions de sécurité nationale et d'intelligence stratégique, notamment *L'influence ou les guerres secrètes. De la propagande à la manipulation*, Vuibert, 2011.

lettres de course ou les lettres de représailles que leur remettait le Roi. Par-là, leur mission était d'affaiblir le commerce maritime de l'ennemi tout en enrichissant la Couronne, puisque les bénéfices procurés par les prises, notamment par la vente des cargaisons et butins ainsi captés étaient partagés en général à parts égales entre le Roi et le capitaine corsaire ».

En conséquence de l'actualité renouvelée de la piraterie, des forces navales régionales et internationales font désormais la chasse à ces petits groupes qui menacent la libre navigation et insécurisent notamment le transport de marchandises. L'ampleur du phénomène est relativement large, allant du bassin somalien aux détroits du sud-est asiatique en passant par les côtes ouest africaines et le golfe de Guinée.

Mais les États ne sont pas les seuls mobilisés. Une industrie de la sécurité maritime a vu le jour pour traiter un problème que ne peuvent seules résoudre des forces publiques, à l'action de surcroît complexifiée par des questions juridiques pointues.

Si le phénomène n'est pas nouveau, pourquoi donc lui consacrer un ouvrage ? D'abord parce que définir juridiquement la piraterie, comme l'expliquent Philippe Chapleau et Jean-Paul Pancracio, ne s'avère pas une tâche aussi facile que l'on pourrait spontanément le penser. La première tentative pour cerner précisément les contours de la piraterie date de 1958 (convention de Genève sur la haute mer). Elle sera complétée par la convention sur le droit de la mer de 1982 (convention de Montego Bay). Ensuite parce que les solutions opérationnelles disponibles ne passent pas exclusivement par le recours à la puissance publique. Certes, « l'océan Indien est devenu un espace hautement militarisé où collaborent de nombreuses marines de guerre. Elles assurent des escortes de convois marchands, patrouillent dans les zones à hauts risques et interviennent en cas d'attaques lancées par des pirates. La baisse des actes de piraterie dans l'océan Indien, à partir de 2012, témoigne des effets positifs de ces mesures ». Toutefois, dans ce domaine comme dans d'autres, les États ne peuvent prendre en charge l'intégralité des besoins de sécurité des acteurs privés. Face à une demande croissante concernant des zones immenses, le nombre de navires militaires disponibles restera fatalement modeste. Les opérations « Atalante », « Ocean Shield » ou « Combined Task Force 151 » ne peuvent résoudre le problème ; elles contribueront simplement à former l'un des éléments d'un arsenal plus vaste de riposte.

Une suite logique en découle : la nécessité pour les armateurs de garantir eux-mêmes la protection de leurs personnels et de leurs biens. D'où la naissance des équipes de protection embarquées (EPE). En fait, la piraterie maritime se révèle une illustration supplémentaire de la nécessaire réarticulation entre forces publiques de sécurité et entreprises privées.

La question de la légitimité de la sécurité privée, y compris en mer, se révèle une fois de plus dépassée. Il faut acter cette légitimité et dépasser le sempiternel débat sur le cadre juridique. Savoir « de quelles lois nous avons besoin » tend généralement à résumer de trop nombreuses discussions byzantines en la matière. La question des ESSD (entreprises de services de sécurité et de défense), au sens large, mérite bien davantage qu'une loi. Elle requiert un véritable soutien de la sphère publique ; beaucoup de motifs militent pour cette implication. Effectivement, les motifs liés à l'intérêt national se mêlent à celles qui sont inhérentes au développement de nouveaux marchés dont la France ne saurait être absente en raison des expertises que des acteurs privés compétents peuvent mobiliser.

La piraterie maritime apporte une nouvelle illustration à la démonstration qu'il faut encore construire et répéter inlassablement dans notre pays pour justifier la synergie publique/privé en matière de sécurité nationale. Certes, au niveau domestique (pour ce qui concerne essentiellement le « gardiennage », mot commode mais un peu malheureux...), le dossier a indéniablement progressé. Désormais intégrée au Livre VI du Code de la sécurité intérieure, la loi du 12 juillet 1983 (qui régit l'univers de la sécurité privée) fait l'objet d'une réforme qui démontre la place aujourd'hui stratégique de ces activités dans la politique de sécurité globale de la nation. Complétant le dispositif mis en place avec la création de la Délégation interministérielle à la sécurité privée (DISP) et du Conseil national des activités privées de sécurité (CNAPS), l'ensemble de cette dynamique d'encadrement engagée par l'État constitue indiscutablement un signal fort. Par ailleurs, le ministre de l'Intérieur avait demandé à la DISP et au CNAPS, ainsi qu'à la Direction des libertés publiques et des affaires juridiques, de lui faire des propositions relatives à l'évolution de la profession. Le périmètre de la réflexion fixé par Manuel Valls vise à trouver un « équilibre entre, d'une part, la nécessité de professionnaliser et de conférer un statut juridique clair à certaines activités, d'autre part, le principe de proportionnalité en matière de respect des libertés publiques : usage des fichiers de police, respect de la liberté d'entreprendre »[2].

La sécurité privée forme donc une composante substantielle de notre sûreté globale. En revanche, l'interrogation pertinente porte sur les missions, les périmètres de chacun. Ainsi que l'indique régulièrement Alain Bauer : « Le moment est venu de définir une véritable doctrine d'emploi des forces de sécurité non étatiques. Le processus visant à élargir le champ par petites touches ne peut plus suffire : il crée des tensions et des risques juridiques. Cela nécessite de reconsidérer le rôle de la sécurité publique, ses missions et ses enjeux au vu de la charge de travail et de la crise des finances publiques. Le débat doit désormais porter sur la définition précise des

2. Extrait de l'allocution de Manuels Valls, ministre de l'Intérieur, lors de la rencontre avec les acteurs de la sécurité privée et les membres du Conseil national des activités privées de sécurité, Hôtel Beauvau, vendredi 26 octobre 2012.

territoires, des missions et des efforts de répartition.[3] » Pour les sociétés de sécurité privée comme pour les polices municipales, il importe de préciser « qui fait quoi », sachant que la sécurité reste d'abord un espace régalien dont le centre de gravité se situe dans le cœur stratégique que forme le binôme police nationale/gendarmerie nationale.

Les activités privées de sécurité concourent à la sûreté globale de la nation. Répétons-le : ce sont les modalités de coopération « public/privé » qui restent à définir, et non pas la légitimité de l'intervention du privé qui exigerait d'être démontrée. Les déclarations du ministre de l'Intérieur s'avèrent structurantes : « Les Français expriment aujourd'hui, dans leur vie quotidienne, des exigences fortes en matière de sécurité. Les entreprises aussi, s'agissant de leurs activités et de leurs biens. Il faut donc y répondre de manière déterminée, et c'est la volonté du président de la République qui a fait de la sécurité de nos concitoyens une priorité. Toutefois, la réponse à cette attente peut se faire selon différentes modalités, en fonction des situations et des lieux. De plus, la société est un collectif mouvant : les activités humaines et les aspirations individuelles évoluent, tout comme les attentes sociales. S'il appartient à l'État de se préoccuper de l'intérêt général, il n'a pas vocation à s'occuper de tout. Il doit laisser à des acteurs privés, dont il encadre les activités, la mission de contribuer à un projet collectif[4]. »

Une autre idée forte qu'il importe de marteler, c'est que les seules difficultés budgétaires de l'État n'expliquent pas la croissance des sociétés de sécurité privée, de l'espace de la surveillance humaine à la sécurité maritime en passant par la protection des personnels et des biens en zones « hostiles ». Il faut interroger profondément l'évolution sociétale et se rappeler que nos contemporains perçoivent leur environnement quotidien comme une « société du risque » (pour reprendre les mots d'Ulrich Beck[5]) et s'estiment inscrits dans une société de défiance qui réclame chaque jour un peu plus de veiller à la protection de sa personne, de ses proches, de ses biens, et même de ses informations. Préoccupation partagée – il faut l'affirmer nettement –, par les organisations, entreprises en tête. C'est donc un appétit généralisé pour la sécurité dans un monde vécu comme incertain et dangereux qui créé et développe les marchés de la sécurité privée. Cet état de choses conduit à une multiplication des compartiments de la sécurité privée, c'est-à-dire de la spécialisation. Le contrôle d'accès et la surveillance mobile, ou même la surveillance électronique, ne résument plus la profession. Le spectre de la sécurité privée s'élargit donc considérablement…

La tension des finances publiques ajoute sans aucun doute à cette tendance ; toutefois, elle facilite la libération des forces publiques de tâches

3. Dépêche AEF Sécurité globale, n° 7657, 15 novembre 2012.

4. *Idem.*

5. *La société du risque : Sur la voie d'une autre modernité*, Paris, Éditions Aubier, 2001.

indues ou ingrates sans remettre en cause les principes fondamentaux dictés par la philosophie générale républicaine qui associe toujours « sécurité » à « régalien ». Pour être concret, la sécurité sur la voie publique reste de la compétence des pouvoirs publics, l'intervention coercitive demeure réservée aux autorités, et les armes s'imposent (certes en tolérant quelques exceptions) comme une prérogative de l'État, et des collectivités territoriales qui en font le choix, c'est-à-dire comme un privilège de la sphère publique.

La question de la piraterie maritime, complémentaire de celle des « sociétés militaires privées »[6], thème déjà exploré avec passion et finesse par Philippe Chapleau[7], est emblématique et exige d'être approfondie parce qu'elle met en relief les clichés nous empêchant d'avancer. Notre pays est toujours hanté par le souvenir des « Affreux ». Il confond encore les entreprises de services de sécurité et de défense avec les mercenaires. Pourquoi ? Parce qu'il les imagine probablement telles qu'elles apparaissent dans *Jeux de pouvoirs,* film de 2009 avec Russell Crowe et Ben Affleck. On y voit en effet une société nommée « Pointcorp » tenter d'établir un monopole sur la sécurité intérieure américaine. Dès lors, l'idée que les ESSD sont tout bonnement des SMP proches de l'ambiance des *Douze salopards*[8] n'est jamais loin ! D'une certaine manière – il faut bien le reconnaître –, certains entretiennent volontiers la sensation confuse que les ESSD ont quelque chose du spadassin, du pirate, et de la ligue des années 1930 ! Les plus extrémistes affirmeraient volontiers que les membres de ces sociétés ne sont guère républicains et démocrates. De la graine de coup d'État en somme ! Sans doute les commentateurs adversaires des ESSD ne le proclament-ils pas facilement, de manière aussi claire et caricaturale, mais l'orientation de leurs commentaires ne laisse, la plupart du temps, guère de doute.

Les réponses à élaborer pour faire face à la piraterie maritime, en exposant au passage ses dangers bien réels, en mettant au jour les hybridations possibles entre de multiples formes de criminalités (auxquelles le terrorisme s'ajoute, en particulier dans l'océan Indien, où de nombreux États sont confrontés à cette menace), en attirant l'attention sur l'instabilité extrêmement dangereuse que créent les États « faillis », amènent une pièce supplémentaire (et de taille) au dossier capital qui démontre l'urgence du partenariat public/privé au profit de la sécurité nationale et de la sécurité collective.

---

6. Les fameuses SMP, auxquelles il convient désormais de préférer la formule d'ESSD.

7. Notamment dans les deux ouvrages suivants : *Les nouveaux entrepreneurs de la guerre. Des mercenaires aux sociétés militaires privées* (Vuibert) et *Sociétés militaires privées. Enquête sur les soldats sans armées* (Éditions du Rocher).

8. Film de Robert Aldrich, sorti en 1967, mettant en scène Telly Savalas, Lee Marvin et Charles Bronson.

La qualité de cet ouvrage, fait de rigueur et de hauteur de vue, préfigure ce que doit devenir l'analyse des problématiques de sûreté des entreprises, c'est-à-dire une tâche rassemblant toutes les compétences par-delà des clivages usés et inaptes à offrir un discours crédible dans le siècle d'une mondialisation aux multiples visages, tantôt enthousiasmants, tantôt inquiétants.

# Introduction

On n'a jamais autant parlé des « pirates », ceux qui « se hasardent sur la mer » (étymologiquement, le mot vient du grec πειρατής – *peiratês*).

Le terme est désormais associé à de multiples formes de prédations, d'appropriations délictueuses, de stratégies criminelles, voire de postures idéologiques basées sur la remise en cause de l'ordre politique, économique et culturel.

Des pirates de l'air, dont la plus spectaculaire attaque a été lancée le 11 septembre 2001, ont commis des dizaines d'actes de détournement et de prise d'otages depuis les années 1970.

Des pirates peuvent sévir sur les routes ; criminels parfois itinérants, ils s'emparent de véhicules et de leur contenu. La prévention et la répression de leurs activités (qui vont du *carjacking* au vol de fret), en France, ont été confiées à l'Office central de lutte contre la délinquance itinérante (OCLDI), créé en 2004.

Des pirates évoluent aussi dans la cinquième dimension. Des hackers (ou *black hat*), irritants pirates du Web, aux *net warriors*, les cyberprédateurs écument la toile. Ils sont venus grossir les rangs de ces « nouveaux pirates de l'entreprise » dont Bertrand Monnet et Philippe Véry dressaient la liste dans un ouvrage paru en 2010[1].

Enfin, n'existe-t-il pas, en Suède et en Allemagne en particulier, des « Partis des pirates », à l'abordage, plus pacifiquement, pour réclamer davantage de transparence et de démocratie, en particulier sur le Web ?

---

1. Bertrand Monnet et Philippe Véry, *Les nouveaux pirates de l'entreprise. Mafias et terrorisme*, CNRS éditions, Paris, 2010.

Mais les pirates des mers tiennent une place particulière, souvent médiatiquement éminente, dans la liste des acteurs criminels. Leurs actions violentes (arraisonnements, captures de navires, prises d'otages, demandes de rançons) en particulier dans l'océan Indien, fragilisent la libre navigation, mobilisent de conséquentes forces navales régionales et internationales et suscitent le développement d'une industrie de la sécurité maritime dont la légitimité est, pour le moins, discutée.

Selon des chiffres du Bureau maritime international (BMI)[2], le nombre des attaques dans le monde est passé de 239 en 2006 à 445 en 2010 (niveau de 2003). En 2011, 439 attaques ont encore été recensées par le BMI et 28 navires ont été capturés avec, à leur bord, 802 membres d'équipage. La hausse des actes de piraterie dans l'océan Indien, et en particulier dans le bassin somalien, a largement contribué à l'amplification du phénomène longtemps circonscrit aux détroits du sud-est asiatique. Mais la contamination gagne désormais les côtes ouest africaines et le golfe de Guinée. La piraterie, que l'on dit « moderne », est donc en pleine recrudescence.

## Un phénomène ancien

La modernité de ce phénomène est, toutefois, très relative. Il ne s'agit pas de redécouvrir, candidement et avec effroi, des pratiques criminelles qui n'ont jamais disparu, même si elles ont été éclipsées par le terrorisme maritime ou l'explosion des trafics en mer (drogue, êtres humains, cigarettes).

En fait, la piraterie est aussi vieille que le commerce maritime[3]. L'historien Patrick Villiers rappelle qu'Homère, dans l'*Odyssée* (chant III), plaignait déjà « les pirates qui errent en exposant leur vie et portent le malheur chez les étrangers »[4]. Le héros Achille et le sage Nestor « erraient avec leurs vaisseaux sur la mer brumeuse pour y ramasser du butin » (*Iliade*, IX et XIX). Et Montesquieu de résumer : « Les premiers Grecs étaient tous pirates » (*Esprit des lois*, XXI). Patrick Villiers poursuit : « La distinction entre le marchand, le guerrier sur mer et le pirate était alors très ambiguë et très mouvante [...]. Le pirate était guerrier pour s'emparer des navires et de leur cargaison, mais, et on l'oublie trop souvent, tout pirate avait besoin d'une base pour réparer son navire, se réapprovisionner, vendre sa cargaison illicite et éventuellement acquérir des informations pour sa prochaine attaque[5]. »

---

2. Voir www.icc-ccs.org/icc/imb

3. Sur ce sujet, voir l'ouvrage de Jules Sestier, *La piraterie dans l'antiquité*, librairie de jurisprudence ancienne et moderne, 1880.

4. Patrick Villiers, *Les corsaires du littoral : Dunkerque, Calais, Bourgogne. De Philippe II à Louis XIV*, presses universitaires du Septentrion, 2000, p. 11.

5. Ibid., p. 12.

Le brigandage maritime devenant insupportable, les prédateurs maritimes ont vite été mis au ban de la société. Dans *De officiis* (livre III), Cicéron ne disait-il pas que « le pirate est l'ennemi du genre humain » (*hostis humani generis*) ?

Vingt et un siècles après l'orateur latin, les choses ont peu changé. Certes, on ne pend plus « haut et court » les pirates capturés[6], mais ces « brigands des mers » continuent leurs traques et leurs rapines, obligeant les États à prendre des mesures de prévention et de rétorsion, les marines de guerre à mobiliser des moyens aéronavals pour assurer la sécurité des mers, et les armateurs à mieux assurer la sécurité de leurs navires et de leurs équipages.

Une des rares évolutions tient finalement dans la définition de la piraterie, une définition récemment précisée. La Société des Nations (SDN) reconnaissait, dans les années 1930, qu'il « n'y a pas de définition reconnue de la piraterie maritime ». Il a fallu attendre la convention de Genève sur la haute mer de 1958 puis la convention sur le droit de la mer de 1982 (convention de Montego Bay) pour que la piraterie soit définie de façon précise et détaillée (voir *supra*, chapitre 1).

## L'espace marin et le droit

Plus que l'histoire des pirates, plus que la chronique de leurs actions et de leurs avatars contemporains, c'est davantage le cadre juridique exceptionnel qui mérite d'être précisé. Cet ouvrage va donc s'attacher, entre autres, à préciser les approches multiples de l'acte de piraterie et les limites du cadre posé par le droit international et par les compétences particulières des États en vue de lutter contre la piraterie. Quels actes relèvent-ils de la piraterie ? Quels sont ceux qui relèvent de la criminalité ? Quels sont les principes juridiques applicables à l'interception de pirates ? Pourquoi un cadre juridique et opérationnel spécifique à la piraterie somalienne ? Pourquoi relâcher des pirates pris en flagrant délit au lieu de les juger ? Autant de questions pour lesquelles les réponses méritent d'être précisées.

## De nouveaux dispositifs face à une menace ancienne

Ainsi résumé un tel déploiement semble voué au succès ; mais il s'agit de ne pas perdre de vue que les zones affectées sont immenses, que le nombre de navires effectivement déployé est réduit, que les moyens aériens le sont tout autant et que la cohérence des déploiements navals est parfois discutable. Ainsi, aux forces engagées par l'Union européenne (opération « Atalante »),

---

6. Voir Jean-Paul Pancracio, « Quand a-t-on commencé à juger les pirates au lieu de les pendre sans délai ? », *Droit de la mer*, Dalloz, 2010, p. 462 ; § 615.

par l'Otan (opération « Ocean Shield ») et par la coalition dirigée par les États-Unis (« Combined Task Force 151 »), s'ajoutent des flottilles russe, chinoise, indienne, japonaise et sud-africaine qui n'interviennent pas au sein d'un commandement unifié. Cela ne représente cependant qu'une trentaine de navires alors qu'il faudrait en déployer 83 simultanément sur les 8,3 millions de km$^2$ de l'océan Indien pour que le délai de réaction soit inférieur à trente minutes[7].

Les limites et les faiblesses des contributions navales à ces opérations ont convaincu les armateurs d'assurer eux-mêmes la protection immédiate de leurs biens et de leurs personnels. D'où la consolidation de l'industrie de la sécurité maritime et l'apparition de sociétés privées spécialisées dans l'escorte des navires ou la fourniture d'équipes de protection embarquées ou EPE (en anglais : *Vessel Protection Detachments*, VPD). La baisse du nombre des arraisonnements, en particulier depuis 2012, témoigne du succès de ces mesures et de l'efficacité des agents de protection privés qui seraient présents sur plus du quart des navires civils naviguant dans l'océan Indien, selon des enquêtes réalisées auprès des armateurs au printemps 2012. En revanche, la présence de ces EPE à bord des navires soulève des interrogations sur la légalité de leurs actions et du recours à la violence armée ; elle introduit de nouveaux paramètres dans un cadre juridique déjà complexe.

Cette dimension tactique, faite d'acteurs étatiques et privés, ne peut être ignorée et mérite d'être analysée à son tour. L'externalisation, voire la privatisation, de certaines missions ne constitue pas, elle aussi, une nouveauté ; ce n'est qu'une déclinaison maritime des pratiques terrestres constatées en Irak et en Afghanistan en particulier où des entreprises spécialisées dans le soutien opérationnel aux armées (les ESOA[8]) contribuent à l'effort opérationnel. Pour autant, leurs activités maritimes s'inscrivent dans un environnement spécifique : tactique, économique et militaire dont on ne peut ignorer la complexité.

## Une criminalité dont on s'accommode ?

La permanence des actes de piraterie pourrait convaincre qu'il s'agit d'un fléau endémique et que les dispositifs mis en œuvre pour les prévenir et les réprimer ne peuvent aucunement constituer des parades définitives. « La solution est à terre », répète-t-on à l'envi dans le cas de la piraterie

7. Chiffres avancés par Peter Cook, le fondateur de la SAMI (*Security Association for the Maritime Industry*), lors de la conférence de l'International Union of Marine Insurance, 18 au 21 octobre 2011, à Paris. Document consultable à l'adresse suivante : www.iumi.com/images/stories/IUMI/Pictures/Conferences/Paris2011/TuesdayMorning/03%20piracy%20p_cook.pdf

8. Voir Philippe Chapleau, *Les nouveaux entrepreneurs de la guerre. Des mercenaires aux sociétés militaires privées*, Vuibert, INHESJ, 2011, p. 109.

somalienne. Pour autant, rien de définitif n'a été entrepris pour annihiler les bases des pirates et détruire les bateaux-mères ; aucun programme international de développement n'a été véritablement lancé au profit des populations des zones « piratogènes »... S'accommoderait-on de la piraterie ?

La question mérite d'être posée. À qui profite le crime ? Aux pirates d'abord qui se font brigands et pillards pour survivre mais dont les délits s'intègrent dans une économie criminelle qui profite de la mondialisation. À leurs commanditaires éventuels et, c'est plus certain, aux intermédiaires qui font l'interface entre les pirates et, d'une part, les propriétaires des navires capturés pour négocier les rançons[9], d'autre part, les éventuels acheteurs de la cargaison pillée.

Sans tomber dans le cynisme, il faut ajouter à la liste des éventuels « profiteurs », tous ceux qui peuvent tirer un profit de la menace pirate : les assureurs[10], les fournisseurs d'équipements de protection, les entreprises de sécurité maritime, certains médias qui tiennent là un sujet « en or » (quitte à se laisser berner par les récits de faux pirates repentis) et, bien sûr, les États. Il ne s'agit pas bien sûr de « complicité » mais d'un intérêt stratégique à laisser sourdre une menace pirate diffuse dans des zones hautement sensibles comme les détroits d'Asie du Sud-Est, les eaux aux larges d'Oman, du Yémen et de la Somalie ou encore dans le golfe de Guinée, pour imposer une présence, comme aux meilleures heures de la politique de la canonnière. Les grandes marines militaires ont, elles aussi, tout intérêt à ce que subsiste une menace pirate récurrente ; en ces temps de déflation budgétaire et de coupes claires dans les moyens militaires, mettre en avant la menace pirate légitime le maintien de forces hauturières équipées d'hélicoptères et renforcées par des équipes de commandos. Pour d'autres marines, comme la marine chinoise, combattre la piraterie dans l'océan Indien ne semble constituer qu'un motif supplémentaire de projection de puissance, sous couvert d'opérations de maintien de l'ordre maritime.

Faire que les pirates perdent les batailles constitue finalement l'objectif accepté. Gagner la guerre contre la piraterie n'est plus une ambition[11]. Il est désormais trop contre-productif de couper la main qui vous agresse.

---

9. Le montant moyen de la rançon s'élevait en 2011 à 4,5 millions de dollars.

10. « La piraterie va-t-elle continuer d'exister ? Oui ! », a assuré Richard Neylon, du cabinet d'assurances Holman Fenwick & Willan, lors de la conférence de l'IUMI (International Union of Marine Insurance), à Paris, du 18 au 21 octobre 2011. Voir sa contribution sur http://www.iumi.com/images/stories/IUMI/Pictures/Conferences/Paris2011/Tuesday Morning/05%20piracy%20r_neylon.pdf

11. Même l'ONU semble réticente à prendre le problème à bras-le-corps. On lira sur ce sujet un article de Robert Young Pelton sur le site de *Foreign Policy* du 20 septembre 2012 : « How the U.N. saved the Somali pirates from the brink of extinction ». À consulter sur http://www.foreignpolicy.com

Notre cheminement dans l'analyse de ce phénomène séculaire et ô combien contemporain nous conduira d'abord à définir ce qu'est la piraterie en droit, puis à une étude de la fabrication de la piraterie comme menace majeure. Puis nous reviendrons au droit par l'analyse des dispositifs de répression pénale que la société internationale, par le droit international public, et les États, à travers leur propre législation pénale, ont pu élaborer. Ce processus s'est déroulé en parallèle avec une démarche plus globale dans la recherche de solutions internationales efficace pour répondre aux défis que lance la piraterie. Enfin, l'approche ne serait pas complète sans évoquer le phénomène d'externalisation de la sécurité maritime dont la lutte contre la piraterie est le théâtre ces dernières années, avant de nous demander à qui profite le crime ?

## Chapitre 1

# Définir la piraterie

La société internationale prise comme entité et les États pris dans leur individualité doivent à son encontre travailler à mettre en œuvre les meilleurs instruments juridiques possibles. Lors de l'ouverture de la conférence d'Abu Dhabi sur la sécurité maritime le 25 mai 2009, Bernard Kouchner, alors ministre des Affaires étrangères, déclarait : « La lutte contre la piraterie est un enjeu mondial. C'est aussi un laboratoire où se dessinent des perspectives du monde de demain. »

Ce laboratoire concerne d'abord la mise en œuvre et le perfectionnement d'une collaboration de longue durée à la mer entre des navires de guerre de pavillons différents ; les enseignements qui en seront tirés au fil des mois seront probablement fort utiles en d'autres occasions. Mais comme on vient de le voir, ce « laboratoire somalien » a aussi un volet juridique, non moins essentiel. Il incite les États à améliorer sensiblement leur dispositif juridique interne en matière de sécurité maritime en le plaçant en cohérence maximale avec le droit international.

En effet, il est essentiel de comprendre que les États qui entendent participer à la lutte contre la piraterie et notamment à la répression de celle-ci, ne peuvent se contenter de s'en remettre en la matière aux seules dispositions du droit international public. Ils n'y trouveraient pour l'essentiel qu'une base juridique assurant, le cas échéant, la licéité de leur intervention, de la capture de pirates et de leur compétence à les juger. Mais cette dernière ne pourrait être effective qu'à la condition que leur droit pénal et leur procédure pénale internes aient été adaptés pour permettre, sur leur territoire, la répression effective de ce crime particulier.

Dans le même temps il faut avoir conscience qu'en dépit de tous les perfectionnements du droit, la solution de fond, humaine et durable à la piraterie, qu'elle soit somalienne ou autre, se trouve sur la terre ferme ! Dans la reconstruction et la réinstitutionnalisation d'un État faible comme l'est la Somalie actuelle, dans la lutte contre la corruption interne de l'État, dans une aide à la formation de ses forces de sécurité, et plus globalement dans une aide au développement appropriée. Sans ces engagements sur ce que nous appellerons le territoire-source, l'action purement maritime sera toujours coûteuse et interminable.

# Section 1. La piraterie dans le droit international public

## I. Dans le droit ancien

Le propos n'est pas ici de présenter une histoire de la piraterie au fil des âges, même brève et synthétique. Les historiens ont amplement et savamment traité le sujet. Il s'agit avant tout de replacer la piraterie contemporaine dans une perspective historique, de montrer dans quelle continuité elle s'inscrit au regard du droit, les circonstances et les moyens qui ont permis autrefois de la réduire, et de différencier ainsi l'acte de piraterie d'autres formes d'attaques contre les navires de commerce.

La piraterie, en ce qu'elle est fondamentalement une action de violence privée commise à main armée sur mer contre un navire, sa cargaison et les personnes à son bord dans un but de lucre, est née avec le commerce maritime, dès lors que sont apparues des routes commerciales de mer sur lesquelles transitaient des richesses.

### A. De quoi parle-t-on ? La distinction du pirate et du corsaire

Les grands corsaires ont laissé leur nom dans l'histoire. Les Français qui furent les plus connus sont Jean Bart (1651-1702), Duguay-Trouin (1673-1736), Surcouf (1773-1827), mais aussi, de moindre renommée, de Pointis, Cassard, François Martin. Leurs homologues anglais ont pour nom : Sir Walter Raleigh (1554-1618), Sir Francis Drake (1540-1596) et les Américains : Jonathan Haraden (1745-1803), John-Paul Jones (1747-1792).

Marins officiels du royaume pour lequel ils œuvraient mais non intégrés à la marine de guerre régulière, l'activité des corsaires était la course contre les navires marchands d'une autre puissance maritime ennemie, dûment désignée dans les lettres de course ou les lettres de représailles que leur remettait le Roi. Par-là, leur mission était d'affaiblir le commerce maritime de l'ennemi tout en enrichissant la Couronne, puisque les bénéfices procurés par les prises, notamment par la vente des cargaisons et butins ainsi captés étaient partagés en général à parts égales entre le Roi et le capitaine corsaire.

Les corsaires pouvaient armer leurs propres navires s'ils disposaient des fonds propres nécessaires. Cela pouvait être le cas en particulier après plusieurs expéditions de course. Mais ils pouvaient également bénéficier d'un solide soutien matériel royal sous la forme d'un prêt de vaisseaux. La course devenait alors dans ce cas une véritable entreprise d'économie mixte avant l'heure.

Les meilleurs parmi les corsaires du roi pouvaient recevoir de multiples récompenses officielles pour leurs faits d'armes contre le commerce ennemi. L'une de ses marques de la reconnaissance royale était l'octroi d'un titre d'officier dans la marine royale régulière. Il en fut ainsi de Duguay-Trouin, corsaire malouin qui se vit nommer capitaine de frégate légère en 1697. L'une des attentions royales les plus recherchées était par ailleurs d'être admis à la Cour en audience particulière – on disait alors « faire sa cour » au Roi – pour lui exposer ses exploits maritimes et ses projets. Il s'agissait d'un insigne honneur pour un noble et plus encore évidemment pour un roturier. Mais la plus prestigieuse des marques royales était l'octroi d'un titre de noblesse. Ce fut encore notamment Duguay-Trouin qui fut anobli par Louis XIV en 1709[1]. La monarchie anglaise sut également récompenser de cette façon ses plus prestigieux corsaires : Sir Walter Raleigh, Sir Francis Drake, etc.

### B. La piraterie maritime dans l'Antiquité grecque et romaine

Pour que les Grecs inventent eux-mêmes le mot qu'ils transmettront aux Romains[2] il fallait que le phénomène non seulement existât mais revêtit, dès l'Antiquité, une certaine ampleur. À la fin du VIe siècle avant J.-C., ce fut l'une des missions de la puissante flotte constituée par Athènes que d'assurer, contre les pirates de Carie, la tranquillité de son commerce en Méditerranée. Pour Athènes, le pirate se situe d'emblée au-delà du simple barbare ; il est l'ennemi de l'humanité telle qu'elle est portée par la cité de l'Attique : il est l'opposé de l'*héméros*, l'homme doux parce que civilisé.

---

1. Voir sur ce point André Lespagnol, *Entre l'argent et la gloire, la course malouine au temps de Louis XIV*, Rennes, 1995, Édition Apogée, coll. « Hommes et lieux de Bretagne », p. 38-39.

2. Lat. *Pirata*. En grec, le mot signifie « qui recherche la fortune », ce qui n'en fait pas pour autant une « fortune de mer » au sens où on l'entend aujourd'hui en droit maritime, celui d'un événement intervenu au cours d'une navigation par l'effet de l'état de la mer : avarie, perte de cargaison, échouage, etc. Par extension, mais hors du strict cadre juridique, l'expression « fortune de mer » s'applique aussi à la découverte impromptue d'un élément de navire ou de cargaison échoué sur le littoral.

Trente-huit ans avant l'institution de l'Empire, Rome eut aussi à combattre en Méditerranée orientale, les pirates qui opéraient à partir des côtes d'Asie mineure et de Grèce, sur la route maritime du blé qui approvisionnait l'*Urbs*. À proximité de l'île de Pharmacuse, alors qu'il se dirigeait vers Rhodes, César avait lui-même eu à souffrir des pirates, en l'occurrence ceux de Cilicie, dont il avait été le captif en 76 avant J.-C. Il resta leur prisonnier durant quarante jours, le temps que ses compagnons de voyage dépêchés à Rome pour y rassembler le montant de la rançon reviennent la verser et le libérer. Sitôt qu'il le fut, il s'engagea dans leur poursuite avec sa flotte et réussit à les faire prisonniers. Ils furent aussitôt châtiés par pendaison[3], ce qui deviendra un mode coutumier de répression. Un peu plus tard, en l'an 67 avant J.-C., c'est le grand Pompée (106-48 avant J.-C.) qui, ayant été investi pour l'occasion de pouvoirs extraordinaires, fut chargé de mener ce que l'on appela la *Guerre des Pirates*. La rapide victoire qu'il remporta dans cette entreprise, puis une autre contre Mithridate en Orient, l'incitèrent à convoiter le pouvoir suprême à Rome qu'il exerçât effectivement comme unique consul durant la guerre des Gaules, avant que César, de retour, ne vienne le lui contester victorieusement en remportant sur lui la victoire de Pharsale (48 avant J.-C.).

Cet exemple antique d'expédition navale contre des pirates est significatif de la relative précarité des forbans quand la ou les puissances maritimes intéressées décident de prendre sérieusement l'affaire à leur compte. Dans un premier temps, les pirates connaissent des succès dans leurs entreprises et s'enrichissent rapidement. Animés par aucune autre vision stratégique que l'appât du gain immédiat, ils se structurent, deviennent une force navale, mais ce faisant, basculent dans une suractivité qui les conduit à franchir le seuil au-delà duquel ils finissent par être perçus comme une menace insupportable pour la sécurité des routes maritimes, la continuité des approvisionnements, le coût des primes d'assurances, mais aussi la sûreté des personnes à la mer. Tout se passe alors comme s'il y avait un seuil à partir duquel il devient nécessaire pour les puissances maritimes d'organiser des opérations navales et terrestres de répression et d'éradication de la piraterie dans les zones concernées. Par référence, si nous nous projetons dans le temps sur la situation actuelle que nous connaissons au large de la Somalie, il n'est pas inutile de savoir que la piraterie a coûté en 2012 à l'économie mondiale la somme de 6 milliards de dollars et représente une taxe sauvage sur le commerce maritime.

### C. La piraterie des temps modernes

Les grandes heures de la piraterie furent celles de l'époque moderne, du XVe siècle jusqu'au début du XIXe siècle. Les pirates des Caraïbes, les

---

3. Suétone rapporte ces événements dans son *Jules César, iv.*

Barbaresques de Méditerranée, ceux de la mer Rouge, du golfe Arabo-Persique ou de la mer de Chine ont été les plus célèbres. Leurs attaques contre les pavillons des puissances maritimes ont, pendant des siècles, porté atteinte à l'usage effectif et paisible de la mer. Il fallut attendre pratiquement la troisième décennie du XIXe siècle pour voir la piraterie disparaître de la Méditerranée et de l'Atlantique Ouest sous l'impulsion des opérations d'éradication menées par la jeune US Navy en Méditerranée (1801-1805) puis par des escadres coalisées des marines britannique et hollandaise (opération de 1816 en Méditerranée et dans les Caraïbes), et plus ponctuellement par les autres grandes puissances maritimes.

**En Méditerranée et en Orient.** Dans le golfe Arabo-Persique, la piraterie à l'encontre des navires de la Compagnie anglaise des Indes orientales était une activité si endémique que son littoral situé entre le Qatar et l'émirat d'Oman d'aujourd'hui s'est longtemps appelé « Côte des pirates ». En 1820 fut signé un traité « de paix perpétuelle » entre l'Angleterre et ces petits États qui mit officiellement un terme à la piraterie et à la traite des esclaves dans la région[4]. Mais ce qui était sur le papier ne fut pas mis totalement en pratique. Ce n'est que par un nouvel accord direct entre l'Angleterre et les chefs pirates de la région que la piraterie cessa... en 1853. La Côte des pirates devint alors la Côte de la trêve[5].

En Méditerranée, depuis le XVe siècle, sévissaient les pirates venus du pays berbère, l'actuel Maghreb, et dont les principaux ports de refuge étaient Tripoli, Tunis (Sidi Bou Saïd), Alger. Ils agissaient avec la complicité des pachas locaux, vassaux de l'empereur ottoman, qui tiraient également bénéfice de cette activité. Si le navire, voire son pays de pavillon, refusait de payer un tribut pour pouvoir bénéficier d'un passage paisible, les pirates l'attaquaient, volant la cargaison et s'emparant des personnes à son bord pour les libérer contre rançon et, si ce n'était le cas, les vendre comme esclaves[6].

---

4. Les sept principautés concernées par ce traité et qui entraient dans la dénomination de Côte des pirates furent : Abu-Dahabi, Ajman, Chardja et Kalba, Dubai, Foudjairah, Oum et Kalain, Ras et Khaimah.

5. En anglais : *Trucial Coast*.

6. Sur la piraterie barbaresque, voir en langue française les ouvrages majeurs et actuellement disponibles de : Daniel Panzac, *Les corsaires barbaresques. La fin d'une épopée, 1800-1820*, CNRS éditions-Méditerranée, 1999, 311 p. ; Roland Courtinat, *La piraterie barbaresque en Méditerranée : XVIe-XIXe siècle*, Paris, Gandini, 2003, 139 p. ; Émile Dupuy, *Américains et barbaresques. La fin d'une épopée. 1776-1824*, Paris, éditions Bouchesne, 2002, 256 p. (première parution en 1910). Voir aussi sur un autre registre, celui de l'esclavage mais lié à l'activité pirate, Robert C. Davis, *Esclaves chrétiens, maîtres musulmans. L'esclavage blanc en Méditerranée (1500-1800)*, traduit de l'anglais, Paris, éd. Babel, 2006, 420 p. ; voir également un document ancien, numérisé : R. P. Fr. Pierre Dan, *Histoire de barbarie et de ses corsaires des royaumes et des villes d'Alger, de Tunis, de Salé, et de Tripoli*, Paris, Pierre Rocolet, 1649, 489 p.

Pendant un temps, et bien que disposant d'une puissance navale considérable, l'Angleterre se résolut à ne pas attaquer le phénomène de front et accepta de payer chaque année un tribut au dey d'Alger, en échange duquel elle était assurée de ne pas être attaquée par les Barbaresques. En outre, durant la période des guerres de la révolution française et du premier empire, la sécurité de la navigation commerciale en Méditerranée et dans les Caraïbes, les deux foyers principaux de piraterie à l'époque, devint une préoccupation secondaire des marines de guerre et fut délaissée. La France, jusque-là dominatrice dans le bassin méditerranéen y perdit la primauté au profit de l'Angleterre. Pendant cette période troublée, le commerce avec le Maghreb qui était assuré jusque-là pour l'essentiel par les ports français de la rive nord s'écroule, privant ainsi les pachas berbères – le dey à Alger, le bey à Tunis, le pacha à Tripoli – d'une source de revenus essentielle constituée par les taxes qu'ils percevaient sur les marchandises débarquées. Toute une économie dont vivaient les notables autour d'eux[7] en fut entravée.

Le contexte des guerres de la révolution puis de l'empire devint ainsi favorable à un développement de l'activité pirate[8]. Ce sont les États-Unis qui intervinrent durant cette période de latence européenne dans la lutte contre les pirates barbaresques. Le célèbre corps des *marines* doit d'ailleurs sa naissance à la décision que prit la jeune nation de sécuriser son commerce méditerranéen. À la fin du XVIIIe siècle, le commerce maritime des États-Unis, déjà très actif en Méditerranée, tolérait mal ces attaques qu'il percevait comme une nouvelle manifestation du despotisme contre une liberté essentielle, celle des mers. Thomas Jefferson fut l'artisan de la riposte. Lors d'une mission à Londres en 1785 aux côtés de John Adams, il avait appris de l'envoyé du pacha de Tripoli que ceux qui refusaient de payer tribut pour transiter en Méditerranée faisaient offense aux pachas riverains et que le djihad maritime était dans ce cas prescrit par le Coran. C'est pour cette raison que la piraterie barbaresque fut aussi considérée comme ayant un fondement religieux antichrétien. En 1801, les États-Unis ayant une nouvelle fois rejeté une demande de tribut, le pacha de Tripoli leur déclara ostensiblement la « guerre pirate », tandis que d'autres attaques venant de la côte algérienne se multiplièrent. La même année, les

7. Daniel Panzac, *op. cit.*, p. 63.

8. Certains auteurs considèrent pour cette raison qu'il s'agit d'une activité de guerre de course, donc de corsaires, plus que de piraterie. Selon nous, toutefois, le fait que ces attaques contre les navires des puissances chrétiennes perdurent et même se développent en dépit des capitulations (régime d'immunité) accordées au cours des XVIe et XVIIe siècles à la France, à l'Angleterre et à la Hollande par l'empire ottoman, auquel sont soumis les pachas berbères, militerait pour la qualification de piraterie. Sur la nature juridique et la portée des capitulations ottomanes (terme issu du latin capitulum, tête de chapitre ou article d'un traité), voir Jean-Paul Pancracio, « L'évolution historique du statut international du chef d'État », in *SFDI, Le chef d'État et le droit international*, actes du colloque de Clermont-Ferrand, Paris, Pedone, 2002, p. 21 et s.

États-Unis déplorèrent la capture du fleuron de leur flotte par les pirates de Tripoli, la frégate *Philadelphia*, celle-ci s'étant échouée près de la ville.

Se passant de l'accord initial du Congrès, faisant aussi à cette occasion une démonstration de l'utilité d'un pouvoir fédéral fort et de la nécessité d'une marine de guerre puissante au sein de l'Union, Jefferson organisa en 1801 la première opération américaine contre la piraterie barbaresque. Une escadre bombarda Alger et Tripoli infligeant de lourdes pertes à ces deux ports, reprit la frégate Philadelphia, et contraint les pachas à libérer tous les otages américains détenus. A posteriori, en 1802, le Congrès des États-Unis validait l'opération navale en même temps que la nécessité d'une présence durable de l'US Navy en Méditerranée. Une nouvelle et audacieuse opération fut menée en 1805. Débarqué en Égypte, à Alexandrie, un commando du nouveau corps des Marines parcouru 800 km par la voie de terre et atteignit la ville de Derna dont il s'empara le 27 avril 1805 avec l'aide des canons des navires américains qui avaient suivi au large. Le commando ne parvint pas cependant à atteindre Tripoli. La puissance des pirates barbaresques ne fut plus jamais ce qu'elle était avant ces opérations. Un nouveau coup lui fut porté par une escadre anglo-hollandaise[9] en 1816[10], qui attaqua également les positions des pirates des Caraïbes. En Méditerranée l'arrêt définitif de l'activité des pirates sera consommé par l'effet de la colonisation française de l'Algérie en 1830.

**En Extrême-Orient.** En Asie, la piraterie la plus active, hormis celle séculaire et traditionnelle des îles indonésiennes, fut menée de façon extrêmement structurée par la Confédération pirate de la mer de Chine. Née vers 1800, elle est une puissante organisation par laquelle se sont organisés les pirates chinois au XIX^e^ siècle afin d'atteindre une puissance des armes suffisante. La Confédération était composée de six escadres portant chacune un pavillon monocolore différent : rouge, noir, blanc, bleu, vert et jaune. Chaque escadre regroupait un nombre variable de jonques allant de dix à une trentaine ainsi que des centaines d'hommes. La Confédération finit par constituer un État dans l'État : elle possédait ses statuts, ses modes de règlements internes des conflits, des règles strictes de partage des butins, des règles d'engagement pour le combat maritime. Elle n'avait pu se développer cependant qu'à la faveur d'un esprit et d'une pratique de concussion grandissants dans l'administration de l'empire mandchou et de la relative faiblesse navale de celui-ci. Devant l'importance prise par la Confédération pirate, il fut néanmoins contraint de réagir. Deux moyens furent utilisés : la force et la promesse de l'immunité. La piraterie, en tant que puissance maritime ne disparaîtra toutefois des mers chinoises qu'au

9. La flotte britannique était accompagnée de six navires hollandais.

10. Voir Daniel Panzac, *op.cit.*, spécialement les pages 63 à 85 consacrées aux « campagnes corsaires ».

milieu du XIXe siècle lorsque les flottes occidentales de commerce et de guerre y feront régner leur ordre et que les « traités inégaux » y installeront leur présence permanente dans les principaux ports du littoral.

**Dans les Caraïbes, en Atlantique.** Dans les Caraïbes, la période faste de la piraterie dura environ un siècle et demi, du milieu du XVIe siècle jusqu'au début du XVIIIe siècle et les années 1720.

C'est un ancien engagé dans la marine royale, le chirurgien Alexandre Olivier Oexmelin, qui fit de la vie des flibustiers sur l'île de la Tortue (Haïti) durant le XVIIe siècle, le récit le plus vivant et le plus populaire de l'époque. On lui doit en partie le mythe des grands pirates comme le furent Morgan ou l'Olonnois (Jean-François Nau). Vivant au milieu d'eux, il put décrire mieux que personne leurs actions et leur mode de vie dans son ouvrage *Les flibustiers du Nouveau Monde, Histoire des flibustiers et boucaniers qui se sont illustrés dans les Indes* (1678)[11]. Il y écrit notamment : « Ils s'abandonnent aussi volontiers au travail qu'au plaisir ; également endurcis à l'un et sensibles à l'autre, ils sont tantôt maîtres, tantôt esclaves, sans se laisser abattre par leur malheur, mais sans profiter de leur prospérité[12]. »

Là encore, les actions de force contre les pirates se sont conjuguées avec des opérations de « retournement » de leurs chefs menées par les gouvernements anglais et français. L'un des derniers grands capitaines pirates de l'Atlantique, Bartolomew Roberts, fut tué sur les côtes africaines en 1722 par le tir d'un navire de guerre anglais, le *Swallow*, puissamment armé, auquel il s'était attaqué. Roberts avait été le *recordman* des captures de navires : plus de 400 à son actif. L'année suivante, le navire anglais *Greyhound* rencontra au large de Long Island deux bâtiments pirates commandés par Edward Low, qu'il parvint à vaincre après un combat de huit heures. Fait prisonnier, Low fut pendu avec les 26 hommes qui lui restaient à l'issue du combat. Mais certains, ayant parfaitement senti cette renverse de courant de l'histoire, surent négocier l'arrêt de leur activité illicite et obtinrent l'immunité en même temps que des prébendes comme le poste de gouverneur de la Jamaïque qui fut offert par l'Angleterre au célèbre Morgan, ou la possession d'un domaine aux îles[13].

---

11. A. O. Oexmelin, *Les flibustiers du Nouveau Monde, Histoire des flibustiers et boucaniers qui se sont illustrés dans les Indes*, Paris, Phébus, 1996.

12. *Ibid*, p. 88.

13. Pour une vue d'ensemble de la piraterie dans les siècles passés on pourra se reporter utilement à Philip Gosse, *Histoire de la piraterie*, Paris, Payot, 1952, 383 p. (la première édition de cet ouvrage a été faite en 1933); voir également Philippe Jacquin, *Sous le pavillon noir. Pirates et flibustiers*, Paris, Gallimard, 1992, 192 p.

## II. Dans le droit contemporain

Fondamentalement, au fil des siècles, l'acte de piraterie n'a pas changé de nature. Il a été simplement défini avec plus de précision en s'inscrivant, au demeurant fort tardivement, dans des textes de droit international, quand bien même aurait-il figuré bien avant dans le droit pénal de certains États, avec les divergences de perception que cela laisse supposer.

### A. La piraterie dans le droit international actuel

La définition contemporaine de l'acte de piraterie nous a d'abord été donnée par l'article 15 de la convention de Genève sur la haute mer en 1958 : il s'agit de « tout acte illégitime de violence, de détention ou de déprédation commis pour des buts personnels par l'équipage ou les passagers d'un navire privé ou d'un aéronef privé, et dirigés en haute mer contre un autre navire ou aéronef ou contre des personnes ou des biens à leur bord. »

On notera dans cette première définition conventionnelle (établie par la voie d'une convention internationale, c'est-à-dire d'un traité) l'usage assez curieux du qualificatif « illégitime » qui sera d'ailleurs ôté de la définition de 1982 qui lui préférera à bon droit celui d'« illicite ». La notion de légitimité possède en l'occurrence une signification morale plus que juridique. D'autant que, en dépit de l'identité de source étymologique des deux termes, ce qui est illégitime au sens contemporain du terme, à savoir contraire à la morale ou à la raison, peut fort bien être licite, conforme à la règle de droit du moment.

On notera également que, dans cette définition, apparaît l'aéronef (avion, hydravion ou hélicoptère) comme véhicule susceptible d'être le vecteur d'une attaque de piraterie contre un navire ou un autre aéronef.

La définition actuelle de l'acte de piraterie résulte, elle, de l'article 101 de la convention de Montego Bay sur le droit de la mer (10 décembre 1982). Celle-ci reprend très largement la définition de la convention de 1958. En la synthétisant, il s'agit d'un acte illicite de violence commis à des fins privées, en haute mer, par un navire ou un aéronef contre un autre navire ou aéronef.

**L'article 101 de la convention de Montego Bay**

Constitue un acte de piraterie :

« a) tout acte illicite de violence ou de détention ou toute déprédation commise par l'équipage ou des passagers d'un navire ou d'un aéronef privé, agissant à des fins privées, et dirigé :

– contre un navire ou aéronef, ou contre des personnes ou des biens à leur bord, en haute mer ;

– contre un navire ou aéronef, ou contre des personnes ou des biens à leur bord, dans un lieu ne relevant de la juridiction d'aucun État ;

b) tout acte de participation volontaire à l'utilisation d'un navire ou d'un aéronef, lorsque son auteur a connaissance de faits dont il découle que ce navire ou aéronef est un navire ou aéronef pirate ;

c) tout acte ayant pour but d'inciter à commettre les actes définis aux lettres a) ou b), ou commis dans l'intention de les faciliter. »

**Une finalité privée.** Il est essentiel de considérer en particulier l'un des éléments de cette définition : celui qui caractérise l'acte de piraterie comme une attaque commise à des fins privées. Il en découle pour conséquences que toute attaque illicite venant de l'extérieur et commise en haute mer contre un autre navire ne peut jamais être justifiée par des fins politiques. Et c'est probablement aussi la raison pour laquelle la référence à un but de lucre ne figure plus dans la définition de l'acte de piraterie selon la convention de Montego Bay. L'y laisser aurait permis éventuellement aux auteurs de telles attaques de se prévaloir le cas échéant d'un mobile politique par opposition à leur absence de mobile d'enrichissement personnel. L'acte de violence illicite en haute mer subit donc *ipso facto* une qualification juridique d'acte commis à des fins privées, ce qui, *a contrario*, ne peut en faire un acte de nature politique, l'un excluant l'autre.

**Un crime commis en haute mer.** Encore faut-il s'entendre sur la portée de la notion de haute mer en ce domaine. Aux fins de la convention, il ne s'agit pas uniquement de l'espace juridique de haute mer commençant à 200 milles marins des côtes, là où finit la zone économique exclusive des États côtiers. Il s'agit de l'ensemble de l'aire marine dans laquelle prévaut un principe général de liberté de navigation de tous les pavillons : l'espace international de haute mer ainsi que l'espace constitué par la zone économique exclusive des États côtiers. Dans cette zone en effet, ces derniers n'ont pas de compétence leur permettant de contrôler la navigation étrangère si ce n'est au titre spécifique de la lutte contre la pollution et de la surveillance des pêcheries. Il est reconnu que la même liberté de navigation s'y applique qu'en haute mer, quand bien même ne serait-ce pas en droit, y compris en surface, une zone assimilable à cette dernière.

**Une compétence universelle.** À cette disposition est reliée une seconde, l'article 105, qui consacre une règle coutumière ancienne : le principe d'une compétence universelle à agir à l'encontre des pirates. Dans l'espace international qu'est la haute mer, les navires de guerre de tous États ont compétence pour intervenir et réprimer cet acte de nature criminelle qui a toujours fait du pirate au cours des siècles passés, un « ennemi de l'humanité ». Ce pouvoir est l'expression de ce que le droit international public qualifie de titre universel à agir des États ou compétence universelle, qui constitue de ce fait une exception au principe de juridiction exclusive de l'État du pavillon en haute mer. Cette compétence universelle trouve son fondement dans le fait que le crime de piraterie est lié à un espace, la haute mer, où ne s'applique aucune souveraineté : « Le caractère spécifique de la piraterie, caractère qui la sépare des autres infractions de droit commun, est l'universalité de la répression. Cette universalité est justifiée non pas par le caractère maritime du crime, mais par le lieu d'exécution du crime, lieu qui doit se trouver en dehors de la juridiction exclusive d'un État déterminé[14]. »

Nous renvoyons au chapitre 3 pour l'analyse de cette compétence toute particulière des États.

### B. L'apport de la convention de Rome du 10 mars 1988 sur les atteintes à la sécurité de la navigation maritime

Il existe en d'autres domaines ce que certains juristes appellent de façon impropre une « compétence quasi universelle » lorsque, sur la base d'une convention internationale, tout État est potentiellement compétent pour juger les auteurs d'une infraction déterminée, même commise hors de son territoire national, mais à la condition toutefois que l'arrestation ait eu lieu sur son territoire. C'est précisément le cas en matière de répression des actes illicites commis contre la sécurité de la navigation maritime (article 4 de la convention de Rome du 10 mars 1988), ainsi que des attaques contre des plates-formes pétrolières[15].

Ce traité, dit « convention SUA » en rapport avec son intitulé anglais *Suppression of Unlawful Acts against the Safety of Navigation* tend à ce que les États qui en sont les parties puissent réprimer eux-mêmes les actes considérés ou bien, s'ils ne le font pas, aient l'obligation d'en extrader les auteurs afin que la répression, en tout état de cause, puisse avoir lieu. Il a lui aussi institué un régime de compétence universelle des États.

La convention de Rome a été conçue après le détournement du paquebot italien *Achille Lauro* en 1985 par un groupe terroriste palestinien. Comme elle vise tous les actes de violence envers les navires intervenant dans les espaces maritimes échappant à la souveraineté ou à la juridiction d'un État côtier, elle propose évidemment un énoncé extrêmement large de ces actes, incluant de façon largement indifférenciée tout ce qui peut mettre en danger la sécurité de la navigation maritime, dont elle procède

---

14. Pella, cité par Jules Basdevant (dir.), *Dictionnaire de la terminologie du droit international*, *op. cit.*, p. 453.

15. Protocole à cette convention, également signé à Rome le 10 mars 1988, intitulé « protocole pour la répression des actes illicites contre la sécurité des plates-formes fixes situées sur le plateau continental ».

toutefois à une énumération. Mais s'agissant de l'acte de piraterie en lui-même, elle ne s'y attache pas et n'en prononce pas même le mot, dès lors qu'elle ne prend pas en compte les finalités de celui-ci, en particulier le but de lucre à des fins privées qui caractérise l'action de piraterie et le fait qu'il est constitué par une attaque provenant de l'extérieur du navire et en pleine mer. Elle n'entend donc pas venir en redondance avec la convention de Montego Bay qui est, sur ce plan, précise et détaillée. On aurait donc tort de chercher à faire « fonctionner » cette convention SUA en matière de piraterie maritime.

Clairement orientée vers les détournements de navires et les actes de terrorisme maritime, elle concerne en fait les actes de violence commis à bord des navires, par des personnes qui sont déjà à bord. Si elle avait voulu inclure dans son champ d'application l'acte de piraterie, elle aurait clairement mentionné dans son article 3 (voir l'encadré ci-après), les éléments constitutifs essentiels de celui-ci que sont l'attaque de l'extérieur et sa finalité privée.

Il n'en demeura pas moins qu'elle crée elle aussi, à l'encontre des actes qu'elle vise, une compétence universelle des États. Elle leur permet en effet de réprimer les infractions qu'elle mentionne sans considération du lieu de leur commission ni de la nationalité de leur auteur. La première condition étant, pour l'État qui interpelle, que l'auteur de l'infraction soit présent sur son territoire ou dans ses eaux de souveraineté (mer territoriale). La seconde étant que le navire objet de l'attaque ne soit pas un simple caboteur allant d'un port à un autre d'un État côtier dans sa mer territoriale. Dès lors « s'il estime que les circonstances le justifient, tout État partie sur le territoire duquel se trouve l'auteur ou l'auteur présumé de l'infraction peut le mettre en détention ou rendre toute autre mesure nécessaire destinée à assurer sa présence sur son territoire pour l'engagement de poursuites pénales ou d'une procédure d'extradition[16]. »

**Article 3.1 de la convention SUA**

« Commet une infraction pénale, toute personne qui, illicitement et intentionnellement :

- s'empare d'un navire ou en exerce le contrôle par violence ou menace de violence ;
- accomplit un acte de violence à l'encontre d'une personne se trouvant à bord d'un navire, si cet acte est de nature à compromettre la sécurité de la navigation du navire ;

16. Djamchi Montaz, *La convention sur la sécurité de la navigation maritime, Annuaire français de droit international*, 1988, p. 596.

– détruit un navire ou cause à un navire ou à sa cargaison des dommages qui sont de nature à compromettre la sécurité de la navigation du navire ;
– place ou fait placer sur un navire, par quelque moyen que ce soit, un dispositif ou une substance propre à détruire le navire ou à causer au navire ou à sa cargaison des dommages qui compromettent ou sont de nature à compromettre la sécurité de la navigation du navire [...]. »

Ayant été élaborée dans un contexte de lutte contre le terrorisme dont on craignait qu'il ne s'étendît aux espaces maritimes, et contre lequel il n'existait pas de texte conventionnel spécifique au contraire de la pléthore de textes visant à lutter contre les détournements et le terrorisme ayant pour cadre l'espace aérien, la convention de 1988 apparaît naturellement marquée par ce contexte.

Mais elle ne devrait pas permettre pour autant de procéder à un amalgame entre acte de piraterie et acte de terrorisme, le premier étant un acte commis à des fins privées, ce qui suppose pratiquement des fins de lucre, alors que le second est un acte éminemment politique, ce qu'en droit l'acte de piraterie ne peut jamais être. Il peut être en effet tentant pour certains États, notamment les États-Unis qui n'ont pas encore ratifié la convention de Montego Bay, de recourir à cette convention SUA de 1988 pour réprimer tous les actes illicites portant atteinte à la sécurité de la navigation maritime, y compris par conséquent les actes de piraterie, alors même que ces derniers sont l'objet d'un régime répressif de droit international particulier figurant dans la convention de Montego Bay. L'avantage qu'un État peut éventuellement retirer d'un tel amalgame terrorisme/piraterie réside en ce que la répression du terrorisme est accompagnée le plus souvent, dans les ordres juridiques internes des États, d'un dispositif répressif d'exception et qui est déjà en place, alors que ce n'est pas forcément le cas pour la piraterie, comme nous le verrons plus loin. Ce dispositif pénal prévu contre le terrorisme ouvre un champ et des modalités de traitement des prévenus plus souples, des gardes à vue plus longues, une ouverture différée de la procédure proprement judiciaire, qui ne s'ouvre qu'au moment de la remise des prévenus à l'État étranger qui en a sollicité l'extradition, etc.

Pour comprendre la tentation à l'amalgame il n'est pas inutile de se remémorer l'inquiétude récurrente du Conseil de sécurité des Nations unies lui-même, devant le constat que des présumés pirates puissent être libérés sans avoir été jugés. En témoigne par exemple, et parmi bien d'autres, ce court extrait du texte de la résolution 2020 adoptée le 22 novembre 2011 : « Le Conseil de sécurité [...] se déclarant une nouvelle fois inquiet que de nombreuses personnes soupçonnées de piraterie soient libérées sans avoir été jugées, réaffirmant que le fait de ne pas traduire en justice des personnes responsables d'actes de piraterie et de vols à main armée commis au large des côtes somaliennes nuit à la lutte menée par la communauté internationale contre la piraterie, et se déclarant résolu à faire en sorte que les pirates aient à répondre de leurs actes [...]. »

Au mieux, à l'encontre de présumés pirates, la convention SUA peut éventuellement permettre de les inculper de chefs d'accusation multiples (détournement de navire, prise d'otages, etc.) en complétant l'accusation de piraterie qui, étant pour ainsi dire le comble de la violence en mer, revêt par elle-même au demeurant un caractère global.

### C. La définition de la piraterie par le Bureau maritime international

Elle a toujours reposé sur une conception géographiquement décloisonnée des actes constitutifs d'attaques contre les navires dans le but de prendre en compte l'intégralité des actes de violence commis en mer à titre privé dans un but de lucre, et d'obtenir de ce fait une vision globale et réaliste du phénomène des attaques en mer correspondant à ces caractéristiques.

Il faut comprendre cette conception en considérant que le BMI, division interne de la chambre de commerce internationale (CCI), doit permettre à cette dernière de remplir l'une des missions essentielles dont elle a statutairement la charge : la lutte contre la fraude et les pratiques illicites dans et à l'égard du *shipping* et la prise en compte des répercussions économiques que l'insécurité des routes maritimes est susceptible de générer pour celui-ci. Il s'agit de fournir des informations fiables aux armateurs ainsi que de donner aux assureurs maritimes les moyens d'estimer leur risque-assureur lié à certaines routes maritimes et d'adapter leur tarification en conséquence. Le recensement des actes de piraterie et de vol à main armée entre ainsi dans le champ de compétences du BMI et constitue pour lui une exigence essentielle.

Ce faisant, le BMI utilise la distinction « actes de piraterie et actes de vol à main armée en mer », afin de ne pas s'affranchir totalement du droit international public. Mais il l'utilise cependant en une formule globale, sans tirer aucune conséquence de celle-ci. Il s'agit en fait d'une appellation double s'appliquant à un acte unique, indifférencié, susceptible d'intervenir partout en mer : « *The IMB defines Piracy and Armed Robbery as an act of boarding or attempting to board any ship with the apparent intent to commit theft or any other crime and with the apparent intent or capability to use force in the furtherance of that act*[17]. »

---

17. ICC-IMB, "Piracy and Armed Robbery Against Ships Report", rapport annuel 2008, p. 3. Traduction : « Un acte d'abordage ou une tentative d'abordage contre tout navire avec l'intention manifeste de commettre un vol ou tout autre crime et avec l'intention manifeste ou la capacité d'user de la force dans la commission de cet acte. » Voir également, ICC International Maritime Bureau, "Piracy and Armed Robbery Against Ships", rapport pour la période du 1er janvier au 30 juin 2009, juillet 2009, p. 3.

Le BMI justifie lui-même cette définition parce que « la majorité des attaques contre les navires ont lieu à l'intérieur des zones de juridiction des États[18]. » Outre que cela n'est plus tout à fait vrai, notamment s'agissant des actes des pirates somaliens, et comme on peut le constater, ne faisant pas réellement la distinction entre l'acte de piraterie et l'acte de vol à main armée en mer, en bonne logique, il n'affecte pas l'un ou l'autre à des zones maritimes particulières.

Le BMI couvre ainsi tout le champ que nous pourrions considérer comme relevant du banditisme naval, le champ opératoire des « forbans » d'autrefois : l'acte de violence commis où que ce soit sur l'espace maritime à l'encontre d'un navire, à des fins privées, dans un but de lucre. Une attaque perpétrée dans les eaux d'un détroit comme celui de Malacca ou celui de Bab el-Mandeb, ou encore aujourd'hui dans le golfe de Guinée, dans des zones de souveraineté des États riverains (eaux intérieures et eaux territoriales), sera ainsi recensée comme « acte de piraterie et de vol à main armée » alors qu'en se limitant à la définition de l'acte de piraterie portée par la convention de Montego Bay, cela ne serait pas possible.

### D. La définition de la piraterie par l'Organisation maritime internationale

L'OMI s'inscrit en pleine conformité avec le droit international en proposant de faire la distinction entre l'acte de piraterie et l'acte de vol à main armée en mer. Elle formule et officialise cette distinction dans le code de conduite qu'elle a adopté lors de la soixante-quatorzième réunion de son assemblée sous l'intitulé « *Code of Practice for the Inverstigations of Crimes of Piracy and Armed Robbery against ships* ».

Pour la définition de la piraterie, ce code de conduite se réfère intégralement et exclusivement à l'article 101 de la convention de Montego Bay sur le droit de la mer. Quant à la définition de l'acte de vol à main armée en mer contre un navire, il évoque « tout acte illicite de violence ou de détention ou tout acte de déprédation, ou menace de cela, autre qu'un acte de piraterie, dirigé contre un navire ou contre des personnes ou des biens à son bord, là où de telles infractions sont soumises à la juridiction d'un État[19]. »

---

18. ICC-IMB, "Piracy and Armed Robbery Against Ships Report" – rapport annuel 2008, janvier 2009, p. 3.

19. Art. 2.2 du code de conduite : « *Armed Robbery against Ships means any unlawful acte of violence or detention or any act of depredation, or threat thereof, other than an act of "piracy", directed against a ship or against persons or property on board such ship, within a State's juridiction over such offences.* »

### E. Une définition unifiée de la piraterie est-elle possible ?

Comme on vient de le voir, en raison de la conception étroite de la piraterie proposée par le droit international public, deux qualifications juridiques distinctes s'appliquent actuellement aux mêmes faits : celle de piraterie en haute mer et espaces assimilés et celle de vol à main armée ailleurs. Cette distinction a pour raison d'être et pour effet de limiter l'exercice d'un titre de compétence universelle de répression à l'espace de haute mer.

L'unique critère de cette différenciation réside ainsi dans la prise en compte de la zone maritime dans laquelle ces actes répréhensibles sont intervenus. Ce n'est donc pas la nature des faits eux-mêmes qui prévaut en cela, et pour cause, car dans un cas comme dans l'autre, elle est identique. Le fait que l'attaque intervienne au cours de la navigation ou alors que le navire est au mouillage ou amarré dans un port, que sa prise de possession soit accompagnée de violences physiques ou pas, ne change rien à l'affaire. Il y a bien une identité matérielle des faits.

On perçoit l'inconvénient qui résulte d'une telle dualité de qualifications juridiques envers des actes dont les identifiants criminels sont les mêmes. Aussi doit-on à tout le moins se poser la question de la pertinence d'une unification.

Dès lors, en l'état actuel du droit international public, tout recensement international à vocation exhaustive des actes de violence commis en mer contre des navires ainsi que des personnes et des biens à leur bord, doit user de l'expression composite « actes de piraterie ou de vol à main armée en mer », quitte à procéder ensuite à la distinction de ces deux catégories d'actes au regard du régime de compétences différenciées qui s'y attache aux fins d'appréhension et de répression des coupables.

Le Conseil de sécurité des Nations unies ne s'y est pas trompé. Ses différentes résolutions adoptées au cours de l'année 2008, relatives à la « piraterie » somalienne[20], et visant à prévenir ou à réprimer le même ensemble diversifié d'actes d'atteinte à la sécurité maritime, que ce soit dans les eaux de souveraineté ou en haute mer au large des côtes de cet État, utilisent cette même formule.

Au seul plan du droit, une option de clarification pourrait consister à qualifier l'ensemble des actes couverts par cette double formule, de celle unique, d'actes de piraterie tout en limitant, bien évidemment, l'exercice de la compétence universelle des États envers l'acte de piraterie à l'espace de haute mer et à ceux qui peuvent lui être assimilés à cet égard (la zone économique exclusive). Une seconde option pourrait être de choisir l'appellation unique de « vol à main armée en mer », en abandonnant dès lors à l'histoire maritime et du droit le concept de piraterie, qui s'est peut-être

20. Voir le texte en annexes.

trop chargé de légendes au fil des siècles pour convenir totalement à la rationalité du juriste contemporain.

Mais l'avantage de conserver le concept de piraterie serait que la même qualification pourrait être appliquée au cas de prise illicite de contrôle ou de détournement d'aéronef, puisque la convention de Montego Bay, reprenant en cela une ancienne proposition de la commission du droit international (CDI) de l'ONU[21], a unifié dans le même concept, les pirateries maritime et aérienne, restreignant également cette dernière aux espaces exempts de souveraineté étatique (art. 101).

Quoi qu'il en soit, dans l'un et l'autre cas, ne se poserait plus alors que la question des compétences à agir et à réprimer quand plusieurs États les revendiquent concurremment dans une même affaire de piraterie. La difficulté n'est cependant pas en l'occurrence sans solution rationnelle et logique[22].

## Section 2. L'apport des résolutions du Conseil de sécurité des Nations unies

Elles forment à l'heure actuelle un cadre juridique dérivé et particulier applicable au cas spécifique de la piraterie somalienne et depuis quelques mois, à celle qui se développe dans le golfe de Guinée, en Afrique occidentale.

Mais rendons d'abord justice. Avant que le Conseil de sécurité ne soit effectivement saisi de projets de résolutions relatifs à la mise en place d'actions internationales de lutte contre la piraterie, l'Assemblée générale de l'ONU s'était à de nombreuses reprises préoccupée de ce phénomène. Elle l'a évoqué dans chacune de ses résolutions annuelles relatives aux océans et au droit de la mer, sur la base du rapport qui lui est présenté en ce domaine par le secrétaire général de l'organisation[23].

### I. La piraterie somalienne

Il ne s'agit pas ici de détailler la cascade des résolutions du Conseil de sécurité – treize à ce jour sur la seule Somalie – portant sur la piraterie et les vols à main armée en mer. Nous ciblerons par conséquent les plus significatives d'entre elles, dont les deux résolutions récentes portant sur le golfe de Guinée.

---

21. CDI, article 14 du projet d'articles relatifs au régime de la haute mer, rapport de la septième session.

22. Voir *infra*.

23. Voir l'ONU, Assemblée générale, Rapport du secrétaire général, « Les océans et le droit de la mer », 13 mars 2009, 64 session, A/64/66, tout spécialement les p. 42-44.

**La résolution 1816 du 2 juin 2008** est le premier parmi les plus significatifs de ces textes.

Elle a été précédée simplement par une résolution 1814 en date du 15 mai 2008 qui s'attache à titre principal au règlement de la situation interne et de la guerre civile dont est victime la Somalie. C'est dans ce cadre général qu'elle aborde indirectement et implicitement, sans la nommer, la question de la piraterie en réaffirmant : « 11. [...] son appui à la contribution apportée par certains États à la protection des convois maritimes du Programme alimentaire mondial, demande aux États et aux organisations régionales, en coordonnant étroitement leur action entre eux, après avoir avisé au préalable le Secrétaire général, et à la demande du Gouvernement fédéral de transition, de prendre des mesures pour protéger les navires participant au transport et à l'acheminement de l'aide humanitaire destinée à la Somalie et aux activités autorisées par l'ONU, demande aux pays fournissant des contingents à l'AMISOM, selon qu'il convient, d'assurer un appui à cet effet, et prie le Secrétaire général d'accorder son soutien à cette fin. »

La résolution 1816 ouvre véritablement la lutte internationale contre la piraterie somalienne. À ce titre, elle accorde la possibilité aux navires de guerre des puissances maritimes qui auront préalablement signé un accord avec le gouvernement fédéral de transition somalien, de poursuivre les embarcations de pirates jusque dans les eaux territoriales de la Somalie. Cette poursuite doit avoir pris naissance en haute mer et reposer sur une situation de flagrant délit de piraterie. Par rapport à la notion de *hot pursuit* admise par le droit international, qui doit prendre naissance dans les eaux de souveraineté de l'État côtier et s'exercer ensuite sur l'espace de haute mer, et dans la limite des compétences que l'État côtier possède au vu du droit international public dans la zone où a été commise l'infraction, il s'agit pour le Conseil de sécurité d'instaurer ce que l'on pourrait appeler un droit de poursuite inversé, notion que nous avons déjà proposée dans une étude de 2009.

Pourquoi une *hot pursuit* inversée ? La *hot pursuit* normale se déroule dans le sens terre-mer alors qu'en matière de piraterie, et spécialement dans le cadre de la résolution du Conseil de sécurité référencée, elle se déroule dans le sens mer-terre.

Ce droit de poursuite peut être exercé en haute mer par les navires et aéronefs de guerre d'un État côtier ou encore ses navires publics affectés à des missions de police maritime, à l'encontre d'un navire privé étranger qui a commis une infraction à sa législation dans ses eaux intérieures ou sa mer territoriale. Il résulte en effet de tels actes une atteinte à la souveraineté et à la sécurité publique de l'État côtier dans la mesure où l'infraction a été commise alors que le navire privé étranger transitait, par l'effet du libre passage inoffensif ou de son droit d'accès à un port, dans les eaux sous souveraineté de cet État. Le même droit de poursuite peut être exercé en haute mer à partir de la zone contiguë mais exclusivement pour des infractions commises contre une législation qui a cours dans cette zone.

Un certain nombre de conditions bien précises réglementent toutefois ce droit de poursuite. Elles sont énoncées désormais par l'article 111 de la convention de Montego Bay :

- il s'agit tout d'abord de la règle de continuité qui préconise que la poursuite en haute mer n'est licite qu'à condition d'avoir été commencée par l'État côtier dans les eaux placées sous sa souveraineté. L'État côtier n'a donc pas le pouvoir d'entreprendre une poursuite contre un navire privé étranger dans l'espace de haute mer lui-même, espace où par définition, s'impose la règle de l'exclusivité de juridiction de l'État du pavillon ;
- la poursuite ne peut avoir pour objet que la protection des seuls droits garantis à l'État dans la zone où elle a pris naissance et la répression de la seule infraction commise dans celle-ci ;
- la poursuite n'est considérée comme commencée qu'après l'émission, par le navire ou l'aéronef poursuivant, d'un appel ou signal ordonnant de stopper qui n'a pas été suivi d'effet ;
- la poursuite cesse dès le moment où le navire poursuivi est parvenu à se réfugier dans la mer territoriale d'un autre État, voire celle de son propre État du pavillon ;
- si la poursuite a reposé sur des soupçons erronés, le navire immobilisé à tort sera indemnisé de « toute perte ou de tout dommage éventuel » ;
- la poursuite ne peut être effectuée que par des navires de guerre et aéronefs militaires « ou d'autres navires ou aéronefs qui portent des marques extérieures indiquant clairement qu'ils sont affectés à un service public et qui sont autorisés à cet effet » (art. 111, paragraphe 5). Dans ce dernier cas, la continuité doit toujours être garantie, si bien que l'aéronef exerçant la poursuite ne peut la cesser sans l'interrompre que lorsqu'un autre aéronef ou un navire de guerre est arrivé sur les lieux pour le remplacer.

Quand la poursuite est abandonnée, soit par manque de moyens disponibles pour en assurer la continuité, soit parce que le navire en infraction parvient à s'échapper, la solution peut consister pour l'État côtier poursuivant... à attendre, dans l'espoir que ce même navire fasse un jour sa réapparition dans les eaux de souveraineté. Cela peut s'avérer être une stratégie payante quand il s'agit d'un navire de commerce exploitant des lignes régulières et contraint, pour des raisons de rentabilité, de prendre ou de livrer du fret.

L'exigence d'un accord préalable avec la Somalie pour chaque État désireux d'intervenir dans ce cadre est nécessaire pour rendre les opérations de poursuite dans ses eaux de souveraineté conformes au droit international. Dès lors qu'il y a accord de l'État côtier, il s'agit d'une opération menée en coopération bilatérale, ce qu'a toujours le droit d'organiser ledit État dans les approches maritimes de son territoire, tout comme il a le droit de lancer un appel à la coopération internationale pour le contrôle en haute mer et éventuellement le déroutement de navires battant son pavillon. La résolution permet également aux États qui auront été habilités – ceux-là mêmes qui auront passé accord avec la Somalie – à « recourir à tous les moyens nécessaires [dans le respect des] dispositions du droit international concernant les actions en haute mer. » La validité initiale de cette résolution était de six mois.

**La résolution 1838 du 7 octobre 2008** réaffirme sur le fondement du chapitre VII de la charte des Nations unies, la condamnation de « tous actes de piraterie et vols à main armée commis contre des navires au large des côtes somaliennes ; demande à tous les États intéressés par la sécurité des activités maritimes de participer activement à la lutte contre la piraterie visant des navires se trouvant en haute mer au large des côtes somaliennes [...] ; demande instamment aux États qui en ont les moyens de coopérer avec le Gouvernement fédéral de transition dans la lutte contre la piraterie et les vols à main armée commis en mer. »

**La résolution 1846 du 2 décembre 2008** est intervenue comme relais temporel de la résolution 1816 dont elle prolonge l'application d'une année. Elle demande également qu'une assistance technique soit prêtée aux États côtiers de la région pour leur permettre de participer effectivement à la lutte contre la piraterie et le vol à main armée en mer. Cette coopération peut comprendre un volet judiciaire en remettant les présumés pirates appréhendés à des pays de la région et en leur apportant une aide technique dans le traitement de ces affaires. Mais il s'agit avant tout d'incitations faites aux États présents en mer et aux États territoriaux de la région de passer entre eux des accords bilatéraux ou multilatéraux en vue de donner effectivité aux prescriptions du Conseil de sécurité.

**La résolution 1851 du 16 décembre 2008** vient élargir l'espace géographique de la lutte en autorisant les pays participant aux opérations dans le golfe d'Aden et au large des côtes plus australes de la Somalie à exercer, sous réserve d'un accord préalable avec ce pays, un droit de poursuite terrestre et aérien sur son territoire. La résolution n'a pas suivi cependant la demande complémentaire des États-Unis en vue de la constitution d'une force de maintien de la paix de l'ONU qui aurait été déployée sur le territoire somalien pour faciliter parallèlement la reconstruction du pays.

**La résolution n° 1976 du Conseil de sécurité du 11 avril 2011** revêt une bien plus grande ampleur. Selon le Bureau maritime international (BMI), le premier trimestre 2011 avait vu s'établir un nouveau record dans l'activité prédatrice des pirates : 142 attaques, pour l'essentiel au large de la Somalie, avec une violence jamais vue jusque-là et qui avait engendré 7 morts et 34 blessés parmi les marins, tandis que les pirates faisaient 344 otages. Au total, en ce début du mois de mai 2011, 800 marins étaient détenus par les pirates somaliens dans leurs fiefs côtiers. L'activité, devenue une criminalité structurée, entraînée, renseignée sur les cibles à attaquer, se montrait plus florissante que jamais.

Face à cette situation, le Conseil de sécurité de l'ONU a adopté le 11 avril 2011 la très ample résolution 1976, avec l'objectif d'apporter à la piraterie, selon les mots du Secrétaire général Ban Ki-moon, une réponse « globale et complète » intégrant trois fronts : la dissuasion ; la sécurité et la primauté du droit ; le développement (message du 18 avril 2011 lancé à l'adresse de la conférence de Dubai sur la piraterie). Le Groupe de contact sur la lutte contre la piraterie au large des côtes somaliennes avait émis le même avis à l'issue de sa huitième séance le 21 mars 2011, évoquant la nécessité d'adopter des approches multiples : l'augmentation des capacités carcérales en Somalie, l'adaptation de la législation pénale et du système judiciaire de ce pays, de même que l'augmentation du fonds d'affectation spéciale des Nations unies en vue de développer les compétences, judiciaires notamment, des États de la région dans cette lutte.

Le dispositif de la résolution 1976 prévoit tout un arsenal de mesures dont on ne mentionnera ici que les principales :

- nécessité pour les États de la région d'ériger la piraterie en infraction pénale dans leur propre droit interne. Il s'agit même dans les termes de la résolution d'une « exhortation » faite à ces États ;
- nécessité pour les États d'enquêter sur les meneurs, donc de tenter d'atteindre les commanditaires de la piraterie somalienne ;
- nécessité pour les États de poursuivre effectivement les personnes soupçonnées de piraterie et qui ont été appréhendées ;
- nécessité pour les États d'apporter le plus grand soin à recueillir et établir les éléments de preuve afférents à tout acte de piraterie (haute mer) ou de vol à main armée en mer (zones de souveraineté maritime des États) ;
- demande faite aux États et aux institutions internationales « d'aider le Gouvernement fédéral de transition et les autorités régionales en Somalie à créer un système de gouvernance et à instaurer l'État de droit [...] » ;
- demande faite aux États et à l'ONUDC d'aider la Somalie à accroître ses capacités pénitentiaires « notamment en construisant à court terme des prisons supplémentaires dans le Puntland et dans le Somaliland » ainsi qu'à former son personnel pénitentiaire ;
- prière faite aux États et aux organisations régionales d'appuyer la croissance économique durable de la Somalie ;
- invitation faite aux États d'aider la Somalie à délimiter « dans les plus brefs délais » ses espaces maritimes, à protéger les ressources naturelles de ses eaux et à lutter contre la pêche illégale ;
- invitation faite aux États d'« examiner leur cadre juridique interne de rétention en mer des pirates pour s'assurer que leurs lois prévoient des

procédures raisonnables, conformes au droit international des droits de l'homme applicable [...] » ;

– décision d'étudier d'urgence la possibilité de créer des tribunaux spéciaux somaliens aussi bien en Somalie que dans la région y compris une cour somalienne spécialisée et extraterritoriale (un délai de deux mois est donné au Secrétaire général pour rendre un rapport à cet effet).

Comme on le voit, la résolution a essentiellement pour objectif d'accroître la capacité judiciaire régionale à poursuivre les actes de piraterie. Seulement, elle traduit également fort bien par elle-même l'ampleur de la tâche et surtout l'importance exceptionnelle de la coopération internationale à mettre en œuvre, le tout dans un contexte somalien qui demeure pour le moins instable, fragile, compliqué. La Banque mondiale relève toutefois en ce début d'année 2013 une évolution positive, soulignée par un rapport qu'elle a présenté en avril à Mogadiscio devant les membres du nouveau gouvernement somalien : retour de dizaines de milliers d'expatriés, croissance de l'activité de l'aéroport de Mogadiscio, investissements.

**La résolution 2077 du 21 novembre 2012** lance un appel à la Somalie pour qu'elle prenne toutes ses responsabilités pour combattre elle-même la piraterie. Voilà une résolution qui résonne d'un son nouveau, en ce que le Conseil de sécurité demande instamment aux autorités somaliennes « à capturer les pirates qui opèrent au large des côtes somaliennes, à mener des enquêtes sur ceux qui ont été appréhendés et à les poursuivre en justice, ainsi qu'à patrouiller dans les eaux territoriales somaliennes afin d'empêcher la commission d'actes de pirateries et de vols à main armée en mer. » La résolution manifeste une certaine impatience du Conseil face à l'inertie de la Somalie qui tarde à adopter les dispositions législatives qui lui permettraient de s'inscrire plus directement dans le combat contre la piraterie qui prend corps sur son territoire : le Conseil lui demande ainsi de se doter d'un dispositif législatif complet en ce domaine de même que d'instituer par la voie d'une déclaration une zone économique exclusive (conformément aux dispositions de la convention des Nations unies sur le droit de la mer). L'enjeu est essentiel car il s'agit pour la Somalie de se doter ainsi des moyens de protéger ses ressources halieutiques jusqu'à 200 milles marins de ses côtes, ce qui constitue à n'en pas douter un facteur de résorption futur de la piraterie en recréant des ressources exploitables pour les populations littorales.

Un second élément intéressant de cette résolution est le fait qu'elle admet la possibilité pour les États du pavillon de prévoir l'embarquement à bord des navires devant transiter par le golfe d'Aden et l'océan Indien au large de la Somalie, d'équipes de protection embarquées (EPE) recrutées sous contrats privés. C'est la reconnaissance par l'ONU de l'efficacité de ce dispositif. Mais pour le Conseil de sécurité, il ne doit pas être déployé par les États sans certaines garanties puisqu'il leur est demandé d'élaborer, chacun pour ce qui le concerne, des règles organisant le déploiement de telles équipes, notamment en ce qui concerne le recours aux armes. Selon les termes de la résolution, le Conseil de sécurité « engage les États du pavillon et les États du port à étudier plus avant la mise au point de mesures de sûreté et de sécurité à bord des navires, y compris, s'il y a lieu, l'établissement de règles applicables au déploiement de personnel de sécurité armé sous contrat privé à bord des navires. »

On prend encore toute la mesure des enjeux juridiques en constatant qu'encore une fois le Conseil demande aux États d'améliorer et de compléter leur droit interne pour rendre la lutte contre la piraterie plus efficace. Il s'agit pour le Conseil de faire en sorte que la société internationale se donne les moyens juridiques de pouvoir frapper les pirates « au portefeuille » comme les États le font envers les terroristes ou les systèmes criminels transfrontières. Ainsi, le Conseil de sécurité engage-t-il « instamment tous les États à prendre les mesures voulues dans le cadre de leur droit interne en vigueur pour empêcher le financement illicite d'actes de piraterie et le blanchiment des produits qui en sont tirés ».

## II. La piraterie dans le golfe de Guinée

**La résolution 2018 du 31 octobre 2011** est issue d'une initiative conjointe de six États (Allemagne, France, Gabon, Inde, Nigeria, Royaume-Uni). Elle est la première concernant l'activité de piraterie dans le golfe de Guinée. Préalablement, c'est le 19 octobre 2011 que, pour la première fois, le Conseil de sécurité avait été saisi de la montée en force d'une nouvelle menace sur l'espace maritime représentée par la répétition d'actes de piraterie et de vol à main armée en mer dans les eaux du golfe de Guinée. La résolution est une conséquence de ce premier débat au sein du Conseil, à l'issue duquel, le secrétaire général de l'ONU, Ban Ki-moon, avait fait part de sa décision d'envoyer sur place une mission d'évaluation de la menace et d'inventaire des moyens existants pour y assurer la sûreté et la sécurité maritimes, afin de formuler des recommandations sur les mesures que l'ONU pourrait proposer.

La progression inquiétante de l'activité criminelle en mer dans le golfe de Guinée ne pouvait pas laisser indifférent la communauté internationale car là aussi est désormais posé un problème de sécurité collective. La piraterie et le brigandage maritimes viennent s'ajouter à l'instabilité politique et sécuritaire de la zone sahélienne par ailleurs atteinte par des pénuries alimentaires.

Le Conseil se déclarant « vivement préoccupé par la menace qu'ils font peser sur la navigation internationale, la sécurité et le développement économique des États de la région », la résolution incite les États de la région à s'engager vivement, au sein de leurs organisations internationales à caractère régional, dans la lutte contre les actes de piraterie et de vol à main armée en mer, par des actions concertées et notamment la mise en place de patrouilles maritimes conjointes. En même temps, il est intéressant de relever que le Conseil de sécurité prend les mêmes précautions juridiques que celles qu'il a prises dans les premières résolutions concernant la piraterie somalienne, en vue de préserver la souveraineté des États concernés. Il déclare ainsi « son attachement à la souveraineté et à l'intégrité territoriale des États du golfe de Guinée et de leurs voisins ; [...] que les dispositions de la présente résolution s'appliquent à la seule situation dans le golfe de Guinée » et « que le droit international, tel que codifié dans la convention des Nations unies sur le droit de la mer du 10 décembre 1982, en particulier en ses articles 100, 101 et 105, définit le cadre juridique de la lutte contre la piraterie et les vols à main armée en mer [...]. »

**La résolution 2039 du 29 février 2012** a été adoptée à l'unanimité. Elle voit le Conseil de sécurité « vivement préoccupé par la violence exercée par les pirates et les personnes impliquées dans les actes de piraterie et les vols à main armée en mer dans le golfe de Guinée. » Il incite très vigoureusement les États de la région à « *élaborer une stratégie régionale de lutte contre la piraterie* » qui pourra être définie par un sommet des États en relation avec l'Union Africaine et à mettre en place un mécanisme transrégional couvrant toute cette région en s'appuyant sur les organisations régionales déjà existantes comme la Communauté économique des États de l'Afrique centrale (CEEAC), la Communauté économique des États de l'Afrique de l'Ouest (CEDEAO) et de la Commission du golfe de Guinée (CGG), le tout en liaison avec l'Organisation Maritime Internationale (OMI), cette dernière ayant déjà pris un certain nombre de mesures. Cette stratégie pourra viser notamment à instituer, outre des modalités spécifiques de coopération comme une structure facilitant l'échange d'informations, un instrument juridique, entendons une convention spécifique, permettant de « réprimer les actes de piraterie et les vols à main armée en mer, ainsi que de poursuivre les auteurs de ces crimes. »

Dans l'immédiat, le Conseil prescrit aux deux États déjà engagés dans la lutte contre la piraterie dans la zone, le bénin et le Nigeria, de poursuivre leurs patrouilles communes à la mer, avec le cas échéant l'appui d'États extérieurs à la région dans un cadre partenarial.

## III. La politique juridique du Conseil de sécurité : l'appel au respect du droit international en vigueur

Observons que c'est à bon droit que les résolutions du Conseil de sécurité appellent au respect du droit international de la mer en son état actuel. Il était utile d'inscrire de façon claire et forte cette référence. Cela s'applique d'une part à la définition même de la piraterie, qui ne doit pas être confondue comme on l'a vu avec le vol à main armée commis en mer ; cela s'applique d'autre part aux conditions de répression de la piraterie au moyen de l'exercice de la compétence universelle, ce qui implique que ladite compétence demeure limitée à la haute mer.

Il est vrai que de fortes pressions ont été exercées au sein du Conseil de sécurité en faveur de cette référence et de ce rappel au droit international public positif par plusieurs États. Ceux-ci craignaient que, au prétexte que pourraient exister, aujourd'hui ou demain, sur leurs côtes, des foyers de piraterie, les grandes puissances maritimes viennent mener des opérations navales dans leurs zones maritimes de souveraineté. C'est à l'aune de cette même crainte qu'il faut comprendre également la clause de la résolution 1816 indiquant qu'en aucun cas, les modalités de traitement de la piraterie somalienne et en particulier le recours au droit de poursuite inversé ne pourraient servir de fondement, en tant que précédent, à l'établissement d'une coutume internationale.

Au demeurant, sans contredire ces prescriptions, lorsqu'il agit au titre du chapitre VII de la charte pour les nécessités du maintien de la paix et de la sécurité internationales, le Conseil de sécurité peut décider de déroger pour un temps – celui nécessaire à la solution d'une crise particulière – au droit international conventionnel ou coutumier en vigueur. C'est précisément ce qu'il a fait en autorisant localement un droit de poursuite inversé avec l'accord de l'État côtier. Pour autant, le Conseil de sécurité sait qu'il n'est pas un « législateur » de droit international. Il ne lui appartient pas d'énoncer en la matière de nouvelles règles en lieu et place des conférences diplomatiques ayant une fonction normative qui ont été réunies dans le passé et qui le seront dans l'avenir.

Le fait que le Conseil de sécurité renvoie pour le reste à la convention sur le droit de la mer, permet de conserver toute sa signification à la notion de piraterie prise dans son sens strict, en ne la fusionnant pas avec celle de vol à main armée, ou ce qui revient au même, en n'étendant pas l'aire d'application de la piraterie à l'ensemble des zones maritimes. Le risque aurait été de faire naître une résistance des États maritimes à lutter contre la piraterie et peut-être même une remise en cause des distinctions afférentes aux titres de compétence, ce que ne pouvait pas envisager le Conseil de sécurité lui-même. En l'état du droit international, le vol à main armée pratiqué en mer n'est certes que l'exercice de la même activité criminelle, mais dans une sphère géographique différente de celle de la piraterie. Pour autant, la subsistance de deux infractions différentes en fonction du lieu de leur réalisation est une complication évidente au regard de la répression de cette activité criminelle quand bien même y aurait-il des titres de compétence différents à maintenir.

# Section 3. Autres problématiques juridiques liées à l'acte de piraterie

## I. Le rejet de l'assimilation de l'acte de piraterie à un acte de nature politique ou terroriste

Ce double rejet est essentiel dans la bonne appréhension de l'acte de piraterie et dans la perspective de son traitement judiciaire.

En premier lieu, le crime de piraterie est absolument exclusif de toute finalité politique et donc d'une quelconque justification politique des attaques perpétrées contre des navires à des fins privées et de lucre. On ne peut à la fois vouloir s'enrichir à titre privé et poursuivre un objectif politique, censé être mû et orienté par la recherche d'un supposé bien que l'on croit être celui d'un pays d'une entité territoriale, d'une nation.

L'action de piraterie, parce qu'elle revêt par définition le caractère d'une attaque commise à des fins privées dans un simple but d'enrichissement, ne peut entrer dans le champ de la criminalité politique. Elle est d'abord une infraction de droit international public ; et lorsqu'elle est prise en compte dans le droit interne d'un État, elle ne peut être qu'une infraction de droit commun. Le pirate ne sera donc pas cet « aristocrate de la criminalité » comme on a parfois présenté, dans l'histoire de la criminologie, l'auteur d'un crime politique[24].

Enfin, parce qu'il est l'objet de poursuites sur le fondement d'une compétence universelle des États, l'acte de piraterie peut justifier une extradition de la part de l'État qui détient ses auteurs et qui n'entend pas réprimer lui-même, alors que le crime politique, à tout le moins en droit français, ne permet pas l'extradition (article 696-4 du Code de procédure pénale – CPP). Le crime politique bénéficie même d'un traitement relativement « libéral » puisqu'on lui applique un régime de droits de la défense identique à celui des infractions de droit commun et que ce sont les mêmes juridictions qui sont compétentes pour les traiter. En revanche, ce n'est pas le cas de l'acte de piraterie ou ce qui lui est assimilé dans le Code pénal.

C'est aussi la raison pour laquelle il y a une double erreur à vouloir parfois assimiler l'acte de piraterie à un acte terroriste et la lutte contre la piraterie comme une action relevant de l'anti-terrorisme. Les deux infractions de droit international public ne sont pas réductibles l'une à l'autre, les éléments de leur définition étant opposés, notamment le but d'enrichissement personnel qui définit le pirate et qui n'est jamais mentionné dans la définition du terroriste. D'ailleurs le mobile, qui joue un rôle essentiel

---

24. Voir Jean Pradel, *Droit pénal général*, citant J. Graven, Paris, Cujas, 2008, 17e éd. (2008-2009), p. 256.

dans la qualification de l'acte de piraterie, n'est pas une condition d'existence de l'acte terroriste, que ce soit en droit international ou en droit interne français. Pour ce dernier, il sera caractérisé par la constatation que l'acte incriminé est « en relation avec une entreprise individuelle ou collective ayant pour but de troubler gravement l'ordre public par l'intimidation ou la terreur [...]. »

Les pirates eux-mêmes n'ont aucun intérêt à une telle confusion avec le terrorisme au cas où, étant pris, ils auraient à assumer les conséquences judiciaires de leurs actions contre la libre navigation internationale. Car le terrorisme, dont il existe encore de multiples définitions juridiques en droit international, mais qui est clairement défini en droit français par la loi du 9 septembre 1986, a au moins pour constante l'objectif de semer la terreur parmi les populations par des meurtres sauvages et presque toujours indiscriminés[25], alors que l'acte de piraterie, s'il est toujours assimilé à une violence, ne se traduit pas toujours par une atteinte à l'intégrité physique de ses victimes.

Ainsi, en France, l'acte terroriste est-il bien une infraction de droit commun sur lequel s'abat la plus grande sévérité. En témoignent : le fait que la peine prévue est la réclusion criminelle et non la détention criminelle (appliquée aux infractions politiques) ; le fait que la garde à vue qui lui est appliquée est plus longue qu'en droit commun (4 jours au lieu de 2 ; article 706-23 du CPP) ; le fait que la cour d'assises n'est pas celle de l'infraction criminelle de droit commun (sept magistrats uniquement, pas de jurés ; articles 698-6 et 706-25 du CPP) ; le fait que le délai de prescription est de 30 ans au lieu de 10 pour le crime et de 20 ans pour le viol sur mineur ; le fait que les perquisitions lors de l'enquête préliminaire peuvent avoir lieu de nuit (article 706-24 du CPP).

Mais là où le pirate et le terroriste se rejoignent malgré tout, c'est que dans les deux cas, « on est aux antipodes de l'infraction dont l'auteur est animé d'un mobile noble[26]. » Les pirates somaliens ont bien tenté parfois de se faire admettre comme des acteurs politiques nationaux. Ils ont argué tour à tour de l'accomplissement d'une mission de redistribution de leurs butins aux populations côtières pauvres[27], d'une mission de défense des pêcheurs somaliens, et certains se sont même qualifiés de corps de

---

25. Même s'ils sont provoqués de façon indirecte, comme ce serait le cas par une attaque contre certaines installations industrielles.

26. *Ibid.*, p. 263.

27. Voir Carolin Liss, "Privatising the Fight Against Somali Pirates", cahier de recherche, n° 152, novembre 2008, Asia Research Center, Murdoch University, Perth, Western Australia, p. 6. L'auteur cite les propos d'une mère de famille de la côte somalienne expliquant que ses enfants n'ont plus faim, qu'ils vont à l'école le matin et jouent au football l'après-midi, bref, qu'ils sont heureux grâce à l'argent distribué par les pirates.

« garde-côtes volontaire de Somalie[28]. » De la même façon, les pirates qui agissent au large des côtes du Nigeria dans le golfe de Guinée ont avancé des motifs politiques pour se justifier. Néanmoins, les modalités de leur action – justement l'acte de piraterie ou de vol à main armée en mer – ne permettent pas d'accorder la moindre considération à ces allégations, parce que lesdites modalités sont par elles-mêmes juridiquement disqualifiantes.

La société internationale a eu l'occasion dans le passé de traiter d'actes de violence à main armée commis en haute mer à des fins manifestement politiques. Bien que s'étant traduits par la capture des navires attaqués, ils n'ont pas alors été traités comme étant des actes de piraterie, en raison même de la finalité poursuivie par leurs auteurs qui agissaient pour des motifs expressément révolutionnaires. Des affaires comme celles du *Santa Maria* (1961) ou de l'*Anzoategui* (1968) ont été emblématiques à cet égard. Elles prouvent qu'il est parfaitement possible de faire la différence entre les actes de piraterie et d'autres actions fondées sur des mobiles étrangers au simple désir de lucre[29].

L'affaire du *Santa Maria* a pris naissance le 22 janvier 1961. Un commando de 25 hommes prend alors, au large des Antilles, le contrôle de ce paquebot battant pavillon portugais avec 800 passagers à son bord. Leur mobile est clairement politique : lancer grâce à cette action d'éclat – et elle aura effectivement un très grand retentissement – un message à l'opinion publique internationale contre la dictature du président Salazar. Le détournement du navire, sans violence envers les passagers autres que la durée de leur rétention, dura une semaine. Il s'est terminé dans le port brésilien de Recife avec la médiation des États-Unis qui obtinrent que le Brésil accorde l'asile politique aux membres du commando. Mais ce fut le début de la fin pour le régime dictatorial de Salazar.

Dans le cas de l'*Anzoategui*, cargo battant pavillon vénézuelien, ce sont neuf étudiants de la même nationalité appartenant à un groupe politique dénommé « Forces armées de libération nationale », qui s'en sont emparés en 1963. L'épopée se termina encore une fois au Brésil où le même traitement fut accordé aux membres du commando, à savoir l'asile politique.

Il faut toutefois reconnaître que dans ces deux cas comme dans celui des actions à la mer entreprises par des commandos relevant de mouvements de décolonisation, les auteurs des attaques peuvent faire valoir des mobiles politiques identifiables et crédibles. Ainsi, ceux qui agissaient dans le cadre d'un mouvement de libération nationale étaient officiellement considérés

---

28. Jay Carafano, Richard Weitz, Martin E. Andersen, "Maritime Security. Fighting Piracy in the Gulf of Aden and Beyond", *Heritage Special Report*, Washington, Heritage Fondation, juin 2009, p. 9.

29. C. Goyard, "L'affaire du Santa Maria", *Revue générale de droit international public*, 1962, p. 123-142.

comme des belligérants s'en prenant exclusivement aux intérêts d'une puissance coloniale, qu'ils combattaient sur terre et, éventuellement, en mer ou dans l'espace aérien, en vue de l'indépendance de leur territoire. Dans le contexte des luttes de la décolonisation, les mouvements de libération nationale étaient considérés ni plus ni moins comme puissances belligérantes[30] et leurs membres comme des combattants… d'un futur État.

## II. Tout acte de violence commis en haute mer envers un navire est-il un acte de piraterie ?

### A. L'affaire Paul Watson et Sea Shepherd Conservation Society

L'abordage volontaire est-il nécessairement un acte de piraterie ? C'est en tout cas par la positive ce que vient de répondre le 25 février 2013 la Court of Appeals de Washington (neuvième district) aux États-Unis, à l'encontre des actions menées par l'ONG Sea Shepherd Conservation Society et son dirigeant, Paul Watson, contre les navires japonais qui chassent la baleine à des fins prétendument scientifiques.

Les faits incriminés avaient consisté en des abordages volontaires accompagnés de modalités d'attaques diverses telles que l'usage de faisceaux lasers et bombes fumigènes, mais aussi des tentatives d'endommagement du système de propulsion, utilisées contre des navires de l'« Institut japonais de recherches sur les cétacés en océan austral ». Nul doute que tout cela fut potentiellement dangereux pour la sécurité du navire et de son équipage. En tout cas, il n'en a pas fallu plus pour que le tribunal déclare à l'encontre de Paul Watson et de son groupe de militants écologistes, par la bouche de son *Chief Justice* : « *You don't need a peg leg or an eye patch. When you ram Ships [...] you are, without a doubt, a pirate, no matter how high-minded you believe your purpose to be.* »[31]

Nous voilà bien mal embarqués, sur le plan juridique, avec ces nouveaux pirates… des mers australes !

Le propos n'est pas ici de discuter de l'hypocrisie des chasseurs de baleines dissimulant leurs activités commerciales derrière un paravent, en l'occurrence un prétexte de recherche scientifique (autorisée par les conventions internationales), dont personne n'est dupe aujourd'hui dans le monde. La question a déjà été traitée sur le blog gCaptain. Depuis le temps que nos amis japonais chassent année après année des centaines et

30. Voir Eddy Sommers, "Piraterie et droit international", in Facultés universitaires catholiques de Mons, *Criminalité et trafics maritimes : des enjeux politiques aux conséquences juridiques*, Namur, Presses universitaires de Namur, 2007, p. 17.

31. Article de Mike Schuler, « Paul Watson and Sea Shepherd Are Pirates, U.S. Court Says », sur le blog gCaptain, 27 février 2013.

des centaines de baleines à des fins de recherche scientifique, ils devraient finir par tout savoir sur le cétacé. Eh bien non !

Nous nous attacherons uniquement à discuter ici de la qualification d'acte de piraterie.

Car si l'on veut que le droit ait un sens, il faut que les juges, tant internes qu'internationaux, sachent conserver aux concepts qu'ils utilisent un sens précis et rigoureux.

Or dans la définition de la piraterie il y a les éléments suivants : un acte de violence, commis en haute mer, de l'extérieur, à des fins privées (entendre ici des fins de lucre) à l'encontre d'un navire, de son équipage et de ses passagers. En l'espèce, s'il y a bien usage d'une certaine forme de violence non létale et sans armes, la finalité de l'enrichissement en est absente. L'intention de *Sea Shepherd* n'est aucunement de s'approprier le navire ni les biens ou des personnes à son bord. Il s'agit donc typiquement de ce que l'on appelle un acte de violence en mer ! Et non d'un acte de piraterie.

On pourrait opiner dans le sens du juge américain en considérant que *Sea Shepherd*, même s'il ne poursuit pas un but de lucre, cherche à réaliser un but privé puisqu'il s'érige en justicier « privé » dans un combat dont l'ONG, une association, donc une personne morale de droit privé, a décidé par elle-même qu'il était juste et légitime. C'est clairement ce qu'a voulu entendre le juge, quitte à faire une application quelque peu abusive de la notion d'acte de piraterie. Bien, bien ! Mais si pirate il y a… quelle est la suite ? C'est en tout cas la première fois que l'on verra un pirate condamné à une injonction de ne pas s'approcher à moins de 500 mètres de ses « proies » potentielles !

Ce type d'actes, s'il peut être considéré comme une catégorie particulière de violences commises en mer, ne vise d'abord pas à s'emparer d'un navire mais d'entraver son activité. Cette violence non létale commise à des fins écologiques, qui sont en définitive des fins politiques, ne relève ni du terrorisme ni de la piraterie.

Il y avait eu au moins un précédent à cette affaire, lui aussi ressortissant à des motifs écologiques : les attaques menées en haute mer par un navire de l'ONG Greenpeace œuvrant sous pavillon des Pays-Bas, le *Sirius*, durant l'année 1985, à l'encontre de navires battant pavillon de la Belgique et déversant des déchets. Saisie du cas, la Cour d'Anvers n'hésita pas à qualifier ces attaques d'actes de piraterie dans un arrêt du 19 juillet 1985 qui fut ensuite confirmé en cassation le 19 décembre 1986. Les deux juridictions ont considéré en l'espèce que Greenpeace agissait certes pour un motif politique mais sur le fondement d'une appréciation d'une situation qui lui était propre, donc à partir d'un point de vue strictement privé. Les actes de violence en cause, commis en haute mer, ne se rattachant à aucun État « commanditaire », quand bien même n'auraient-ils pas mis en danger l'intégrité physique des équipages des navires attaqués, ni réellement mis en danger les navires eux-mêmes et les biens à leur bord, pouvaient donc être considérés, selon l'appréciation portée par les juges, comme étant commis à des fins privées. On opposera toutefois à ce type de décision les mêmes arguments que précédemment : la notion d'acte commis à des fins privées comme condition constitutive de l'acte de piraterie doit avoir pour limite la finalité de recherche du profit. Si cette dernière n'est pas présente, l'acte en cause, en fin de compte, ne saurait être un acte de piraterie.

### B. L'affaire de l'*Artic Sunrise*

Des militants de l'ONG Greenpeace se sont hissés à bord d'une plateforme pétrolière offshore de Gazprom, dans la mer de Pechora. Les autorités russes ont alors arraisonné le navire de l'organisation, l'*Arctic Sunrise*, qu'elles ont remorqué avec ses vingt-neuf membres d'équipage dans le port sibérien de Mourmansk où il est arrivé le 24 septembre 2013. Les marins y ont subi une incarcération de deux mois et n'ont pu être libérés qu'en contrepartie du versement d'une lourde caution dans l'attente de leur procès.

Les autorités russes entendent en effet exercer des poursuites pénales à l'encontre de ces vingt-neuf personnes sur une incrimination de piraterie et sur le fondement de la convention de Rome du 10 mars 1988 (dite convention SUA) relative à la répression des actes illicites contre la navigation maritime et de son protocole ayant trait à « la répression d'actes illicites contre la sécurité des plateformes fixes situées sur le plateau continental ».

Or, là encore, aucune de ces deux intentions n'est recevable au regard du droit international. Il est parfaitement clair que les éléments de l'acte de piraterie ne sont pas réunis en l'espèce. Ensuite, l'action des militants écologistes qui visait à s'introduire sur la plateforme offshore de Gazprom afin de protester contre une activité jugée néfaste pour l'environnement marin de l'Arctique et d'y déployer une banderole n'a aucunement mis en péril la sécurité de cette installation. Enfin, comme on l'a vu, la convention de 1988 ne vise pas les actes de piraterie mais les actes de violence terroriste portant atteinte à la sécurité de la navigation et à l'intégrité des plateformes offshore.

Entre-temps, les Pays-Bas ont engagé une action devant le Tribunal international du droit de la mer (TIDM) en vue d'obtenir la libération de cet équipage. L'*Arctic Sunrise* bat en effet pavillon de ce pays. Le TIDM a rendu sa décision le 22 novembre 2013 : il ordonne la libération immédiate de l'ensemble des personnes encore détenues (la Russie avait quelque peu anticipé en libérant la plupart d'entre elles quelques jours auparavant contre une caution de 45 000 euros) mais également qu'elles puissent quitter le pays. Le TIDM enjoint également de lever la saisie du navire contre une caution de 3,6 millions d'euros. Quant aux autorités russes, elles ont immédiatement fait savoir qu'elles ne reconnaissaient pas la compétence du TIDM dans cette affaire et qu'elles n'entendaient pas donner suite à sa décision.

## III. Les expériences du passé visant à étendre indûment le concept juridique de piraterie

L'apparition des sous-marins durant la Première Guerre mondiale et les dégâts occasionnés aux flottes de commerce alliées et neutres par les sous-marins allemands utilisés comme instruments d'une guerre de course ont profondément impressionné les opinions publiques et les États. À l'issue du conflit, et jusqu'aux approches mêmes de la Seconde Guerre mondiale, des tentatives furent faites pour appliquer le concept de piraterie aux attaques de sous-marins contre des navires civils.

C'est ainsi qu'en premier lieu, un traité de Washington du 6 février 1922, pour ainsi dire mort-né, puisque jamais ratifié par aucun État, avait expressément prévu de traiter comme pirates, les marins et officiers sous-mariniers qui, en temps de conflit, s'engageraient dans une guerre de course, donc dans des attaques non précédées d'un avertissement, contre des navires de commerce de puissantes belligérantes ennemies ou de puissances neutres. C'était non seulement une remise en cause des lois de la guerre, quelle que soit la part qu'elles puissent faire à la cruauté, mais une extension aberrante du concept juridique de piraterie, ne serait-ce que parce qu'il suppose un acte de violence en mer commis à des fins personnelles (entendons par-là : indépendamment d'instructions données par un État) et de lucre, conditions qui n'étaient pas réalisées dans un tel cas de figure, s'agissant de marins engagés dans un conflit et œuvrant à des fins militaires. Après coup, les États prirent conscience de cette anomalie, avec pour conséquence que le traité resta lettre morte.

Une quinzaine d'années plus tard, une seconde tentative, mais cette fois couronnée de succès, fut faite en vue d'étendre le concept de piraterie pour parer aux attaques de sous-marins contre les navires marchands, en Méditerranée, durant la guerre d'Espagne. Ce que l'on appela l'arrangement de Nyon, en date du 14 septembre 1937, décréta que les équipages des sous-marins ainsi que d'aéronefs (pour ces derniers, un arrangement complémentaire fut conclu le 17 septembre) qui s'en prendraient à ces navires seraient considérés comme des pirates et traités comme tels dans le cas où ils seraient pris. Dans la pratique, tout en étant entrés en vigueur, ces accords n'eurent pas à s'appliquer car leur seule édiction suffit alors à faire cesser les attaques en question contre les flottes marchandes[32].

32. Charles Rousseau, *Droit international public*, Paris, Dalloz, 1987, p. 238.

Chapitre 2

# Pirateries de Somalie et d'ailleurs : la fabrication d'une menace majeure

Même si la piraterie a toujours constitué un fléau endémique, l'accélération du rythme des attaques et son indiscutable résurgence médiatique datent de 2008. Cette année-là, le nombre d'incidents et de captures recensés a dramatiquement augmenté[1]. La tendance était à la hausse depuis l'année précédente ; toutefois, on restait encore loin du pic de 2000, année qui avait vu une hausse de 52 % des actes dans le monde et un record de 471 incidents recensés. Mais, en 2008, les instances onusiennes se sont emparées du dossier « piraterie » et ont multiplié les résolutions. Quatre résolutions (1816 du 2 juin, 1838 du 7 octobre, 1846 du 4 décembre et 1851 du 16 décembre) ont ainsi été votées, à l'initiative en particulier de la France dont deux voiliers, le *Ponant* et le *Carré d'As* avaient été capturés, l'un en avril 2008, l'autre en octobre. Ces attaques contre des navires de plaisance avaient, en outre, suscité une couverture médiatique exceptionnelle.

---

1. Avant mai 2008, il était recensé 2,8 attaques par mois. Après mai 2008, la moyenne atteignait 17,1. Voir l'étude publiée le 1er octobre 2012, "The Welfare Cost of Lawlessness : Evidence from Somali Piracy", http://www.dartmouth.edu/~neudc2012/docs/paper_121.pdf (p. 30).

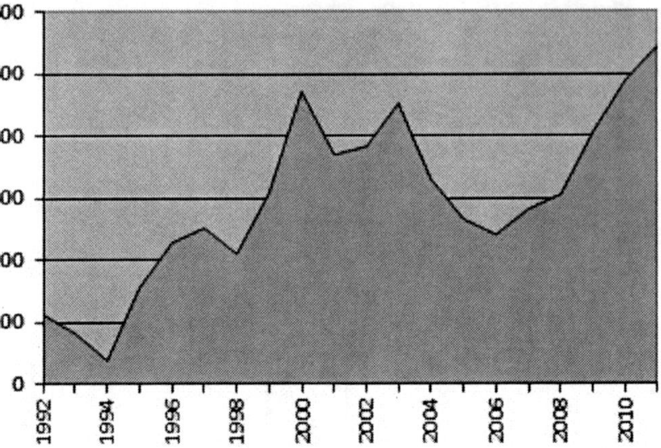


L'analyse des chiffres du Bureau Maritime International (BMI)[2] et de l'International Maritime Organization (IMO)[3] atteste clairement de cette résurgence, même si leurs chiffres sont marginalement différents. L'IMO, une agence onusienne, a compilé des données mondiales depuis 1984 et recensé jusqu'en 2011, 6 260 actes de piraterie. Ses données sont plus précises depuis 1992 et elles permettent de mieux appréhender une tendance à l'évidence (voir le diagramme ci-dessous) globalement haussière en dépit de ralentissements ponctuels.

Les données de l'IMO montrent en effet une tendance décroissante jusqu'en 1994 (39 actes alors recensés) puis d'un basculement. 156 actes ont été recensés en 1995, 228 l'année suivante. Le nombre d'actes de piraterie a culminé en 2000 (avec un chiffre record de 471 actes, chiffre qui ne sera dépassé qu'en 2010). Une nouvelle décroissance s'est ensuite amorcée ; elle a duré jusqu'en 2006, année où 241 actes de piraterie ont été recensés par l'IMO. La tendance s'est ensuite inversée (282 actes en 2007, 406 en 2009, 544 en 2011), non pas du fait de l'ouverture d'un nouveau « front » dans l'océan Indien mais de l'accélération du nombre des attaques dans cette zone où la piraterie était déjà endémique depuis 1995 et où, en 2008, elle s'est littéralement envolée. En 2012, toutefois, 341 actes ont été recensés, soit une baisse de 37,32 % par rapport à 2011[4].

Des données plus précises de l'IMO témoignent des variations du nombre d'attaques dans les principaux « foyers » de piraterie (voir pages suivantes) :

2. http://www.icc-ccs.org/icc/imb

3. http://www.imo.org/Pages/home.aspx

4. Voir le rapport annuel de l'IMO, http://www.imo.org/OurWork/Security/SecDocs/Documents/PiracyReports/193_Annual2012.pdf

## Rapport IMO pour 1997, diffusé le 13 mars 1998

| | |
|---|---|
| Côte est africaine : | 11 |
| Mer d'Arabie : | 0 |
| Océan Indien : | 41 |
| Mer de Chine : | 101 |
| Détroit de Malacca : | 8 |
| Caraïbes/Am. du Sud : | 45 |
| Afrique de l'Ouest : | 30 |
| Méditerranée : | 11 |
| Vaisseaux capturés : | 0 |
| Victimes recensées : | 0 |

## Rapport IMO pour 1998, diffusé le 15 mars 1999

| | |
|---|---|
| Côte est africaine : | 19 |
| Mer d'Arabie : | 0 |
| Océan Indien : | 25 |
| Mer de Chine : | 94 |
| Détroit de Malacca : | 6 |
| Caraïbes/Am. Du Sud : | 38 |
| Afrique de l'Ouest : | 22 |
| Méditerranée : | 2 |
| Vaisseaux capturés : | – |
| Victimes recensées : | 51 |



## Rapport IMO pour 1990, diffusé le 17 mars 2000

| | |
|---|---|
| Côte est africaine : | 16 |
| Mer d'Arabie : | 0 |
| Océan Indien : | 51 |
| Mer de Chine : | 136 |
| Détroit de Malacca : | 37 |
| Caraïbes/Am. du Sud : | 29 |
| Afrique de l'Ouest : | 36 |
| Méditerranée : | 0 |
| Vaisseaux capturés : | 9 (+ 1 vaisseau détruit et 7 vaisseaux manquants) |
| Victimes recensées : | 2 |

## Rapport IMO pour 2000, diffusé le 31 mars 2001

| | |
|---|---|
| Côte est africaine : | 29 |
| Mer d'Arabie : | 0 |
| Océan Indien : | 109 |
| Mer de Chine : | 140 |
| Détroit de Malacca : | 112 |
| Caraïbes/Am. du Sud : | 41 |
| Afrique de l'Ouest : | 33 |
| Méditerranée : | 0 |
| Vaisseaux capturés : | 2 (+ 1 vaisseau détruit et 3 vaisseaux manquants) |
| Victimes recensées : | 72 |

### Rapport IMO pour 2001, diffusé le 31 mars 2002

| | |
|---|---|
| Côte est africaine : | 22 |
| Mer d'Arabie : | 0 |
| Océan Indien : | 86 |
| Mer de Chine : | 120 |
| Détroit de Malacca : | 58 |
| Caraïbes/Am. du Sud : | 23 |
| Afrique de l'Ouest : | 58 |
| Méditerranée : | 0 |
| Vaisseaux capturés : | 16 (+ 1 vaisseau détruit et 2 vaisseaux manquants) |
| Victimes recensées : | 17 |

### Rapport IMO pour 2002, diffusé le 17 mars 2003

| | |
|---|---|
| Côte est africaine : | 24 |
| Mer d'Arabie : | 0 |
| Océan Indien : | 66 |
| Mer de Chine : | 140 |
| Détroit de Malacca : | 34 |
| Caraïbes/Am. du Sud : | 67 |
| Afrique de l'Ouest : | 47 |
| Méditerranée : | 0 |
| Vaisseaux capturés : | 12 (+ 8 vaisseaux portés manquants) |
| Victimes recensées : | – |

### Rapport IMO pour 2003, diffusé le 27 avril 2004

| | |
|---|---|
| Côte est africaine : | 22 |
| Mer d'Arabie : | 0 |
| Océan Indien : | 96 |
| Mer de Chine : | 152 |
| Détroit de Malacca : | 38 |
| Caraïbes/Am. du Sud : | 72 |
| Afrique de l'Ouest : | 67 |
| Méditerranée : | 0 |
| Vaisseaux capturés : | 11 (+ 11 vaisseaux portés manquants) |
| Victimes recensées : | – |

### Rapport IMO pour 2004, diffusé le 5 mai 2005

| | |
|---|---|
| Côte est africaine : | 13 |
| Mer d'Arabie : | 0 |
| Océan Indien : | 141 |
| Mer de Chine : | 113 |
| Détroit de Malacca : | 60 |
| Caraïbes/Am. du Sud : | 46 |
| Afrique de l'Ouest : | 57 |
| Méditerranée : | 0 |
| Vaisseaux capturés : | 9 (soit 140 marins) |
| Victimes recensées : | – |

### Rapport IMO pour 2005, diffusé le 22 mars 2006

| | |
|---|---|
| Côte Est Africaine : | 49 |
| Mer d'Arabie : | 51 |
| Océan Indien : | 0 |
| Mer de Chine : | 97 |
| Détroit de Malacca : | 20 |
| Caraïbes/Am. du Sud : | 26 |
| Afrique de l'Ouest : | 23 |
| Méditerranée : | 0 |
| Vaisseaux capturés : | 16 (soit 652 marins) |
| Victimes recensées : | – |

### Rapport IMO pour 2006, diffusé le 13 avril 2007

| | |
|---|---|
| Côte est africaine : | 31 |
| Mer d'Arabie : | 4 |
| Océan Indien : | 53 |
| Mer de Chine : | 66 |
| Détroit de Malacca : | 22 |
| Caraïbes/Am. du Sud : | 31 |
| Afrique de l'Ouest : | 31 |
| Méditerranée : | 0 |
| Vaisseaux capturés : | 10 (soit 180 marins) |
| Victimes recensées : | 17 |

### Rapport IMO pour 2007, diffusé le 10 avril 2008

| | |
|---|---|
| Côte est africaine : | 60 |
| Mer d'Arabie : | 7 |
| Océan Indien : | 40 |
| Mer de Chine : | 67 |
| Détroit de Malacca : | 12 |
| Caraïbes/Am. du Sud : | 25 |
| Afrique de l'Ouest : | 60 |
| Méditerranée : | 0 |
| Vaisseaux capturés : | 16 (avec 194 marins) |
| Victimes recensées : | 22 |

### Rapport IMO pour 2008, diffusé le 19 mars 2009

| | |
|---|---|
| Côte est africaine : | 134 |
| Mer d'Arabie : | 1 |
| Océan Indien : | 26 |
| Mer de Chine : | 72 |
| Détroit de Malacca : | 2 |
| Caraïbes/Am. du Sud : | 19 |
| Afrique de l'Ouest : | 50 |
| Méditerranée : | 0 |
| Vaisseaux capturés : | 38 (soit 774 marins) |
| Victimes recensées : | 6 |

### Rapport IMO pour 2009, diffusé le 29 mars 2010

| | |
|---|---|
| Côte Est Africaine : | 222 |
| Mer d'Arabie : | 2 |
| Océan Indien : | 27 |
| Mer de Chine : | 71 |
| Détroit de Malacca : | 27 |
| Caraïbes/Am. du Sud : | 36 |
| Afrique de l'Ouest : | 46 |
| Méditerranée : | 0 |
| Vaisseaux capturés : | 56 (soit 746 marins) |
| Victimes recensées : | 8 |

### Rapport IMO pour 2010, diffusé le 1er avril 2011

| | |
|---|---|
| Côte est africaine : | 172 |
| Mer d'Arabie : | 16 |
| Océan Indien : | 77 |
| Mer de Chine : | 134 |
| Détroit de Malacca : | 3 |
| Caraïbes/Am. du Sud : | 40 |
| Afrique de l'Ouest : | 47 |
| Méditerranée : | 0 |
| Vaisseaux capturés : | 57 (soit 1 027 marins) |
| Victimes recensées : | 1 |

### Rapport IMO pour 2011, diffusé le 1er mars 2012

| | |
|---|---|
| Côte est africaine : | 223 |
| Mer d'Arabie : | 28 |
| Océan Indien : | 63 |
| Mer de Chine : | 113 |
| Détroit de Malacca : | 22 |
| Caraïbes/Am. du Sud : | 29 |
| Afrique de l'Ouest : | 61 |
| Méditerranée : | 2 |
| Vaisseaux capturés : | 50 (soit 569 marins) |
| Victimes recensées : | 0 |

### Rapport IMO pour 2012, diffusé le 2 avril 2013

| | |
|---|---|
| Côte est africaine : | 39 |
| Mer d'Arabie : | 61 |
| Océan Indien : | 33 |
| Mer de Chine : | 92 |
| Détroit de Malacca : | 24 |
| Caraïbes/Am. du Sud : | 21 |
| Afrique de l'Ouest : | 64 |
| Méditerranée : | 6 |
| Vaisseaux capturés : | 26 (soit 313 marins) |
| Victimes recensées : | 5 |

Les données du Bureau Maritime International (BMI) témoignent des mêmes évolutions ainsi que le tableau ci-après le montre[5] :

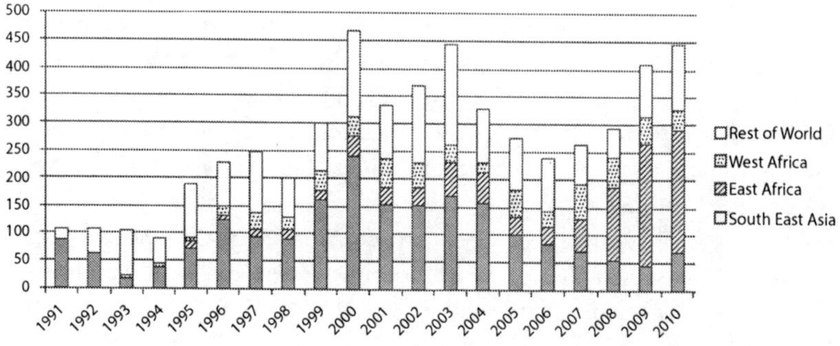


Source : International Maritime Bureau

Toutes ces données démontrent que les mers d'Asie (en particulier les côtes de l'Indonésie et le détroit de Malacca), jusqu'en 2004, ont été le théâtre majeur d'actes de piraterie et que leur première place sur le podium leur a été ravie en 2007 par l'océan Indien. Cette rétrogression (de 252 actes en 2000 à 135 en 2011) a été incontestablement la conséquence de la mise en œuvre de mesures agressives de protection des navires en transit ; pour autant, la menace n'a pas disparu puisque, depuis 2009 (98 actes), on assiste en Asie du Sud-Est à une nouvelle hausse (137 actes en 2010, 135 en 2011)[6]. Les chiffres de ReCAAP (*Regional Cooperation Agreement on Combating Piracy and Armed Robbery against Ships in Asia*) témoignent des mêmes tendances : 100 actes en 2007, 96 en 2008, 102 en 2009, 167 en 2010, 155 en 2011[7] mais 132 en 2012[8] du fait d'une sécurité portuaire accrue.

La petite baisse enregistrée dans l'océan Indien en 2011 s'est confirmée en 2012 selon le BMI qui précise dans un rapport de janvier 2013 avoir recensé 75 incidents, 14 captures de navires, 250 otages et 2 morts. Au plan mondial, le BMI a recensé 297 attaques (contre 439 en 2011, 445 en 2010 et 410 en 2009) ; ces attaques ont provoqué la capture de 28 navires, la prise en otages de 585 personnes, la mort de 6 marins (32 autres ont été blessés).

5. Tableau tiré de la présentation faite par Paul Tourret de l'Institut supérieur d'économie maritime de Nantes lors de la conférence de l'International Union of Marine Insurance, 18 au 21 octobre 2001, à Paris.

6. Sur ce sujet, lire la note de l'IRIS de janvier 2011 : « Questions maritimes en Asie du Sud-Est. Déclin et résurgence de la piraterie », par Alexandre Besson qui introduit le facteur « Tsunami de 2004 » parmi les facteurs ayant contribué à la baisse des activités des pirates.

7. Voir http://www.recaap.org

8. Voir le rapport 2012 http://www.recaap.org/DesktopModules/Bring2mind/DMX/Download.aspx?Command=Core_Download&EntryId=288&PortalId=0&TabId=78

Cette décroissance est à mettre au crédit des opérations navales préventives lancées par les marines étatiques et à l'action défensive des équipes de protection embarquées dont la présence dissuade les assaillants ou permet de les repousser[9]. Une telle amélioration de la situation sécuritaire a suscité un enthousiasme médiatique peut-être prématuré ; une dépêche de l'agence AP du 25 septembre 2012 était ainsi titrée : « *Party seems over for Somali Pirats* ». « Fin de partie » ? Si cette décroissance se confirme (ce qui était le cas aussi pour le premier trimestre de l'année 2013, selon le BMI), elle ne signifiera pas pour autant qu'il ne subsistera pas une piraterie résiduelle dans l'océan Indien et en particulier au large de la Somalie. Elle ne signifiera pas, non plus, que l'attention ne restera pas focalisée sur cette zone sensible à bien des égards.

## Section 1. Le cas particulier de l'océan Indien

Alors que la piraterie du début des années 2000 en Asie du Sud-Est n'avait pas incité l'ONU à voter des résolutions spécifiques et que la riposte avait été le fait d'instances nationales et régionales[10], les attaques lancées à partir de 2007 au large de la Somalie puis dans la moitié nord de l'océan Indien, ont retenu toute l'attention des États membres et du Conseil de sécurité, suscité une attention médiatique toute particulière et entraîné le déploiement de flottes militaires internationales. Deux questions se posent : Pourquoi une telle attention ? Cette attention portée à l'océan Indien ne perturberait-elle pas la perception globale du phénomène ?

### I. Pourquoi une telle attention ?

Pour répondre à cette première question, il est nécessaire de prendre en compte quatre paramètres.

Premier paramètre : l'importance du trafic maritime dans l'océan Indien. Cette zone constitue un « incontournable pivot du commerce maritime mondial » et le « carrefour commercial le plus important au monde »[11] en dépit de l'instabilité du commerce maritime depuis 2008 (la World Trade Organization estime que la baisse, due en particulier à l'essoufflement des économies des pays du G20, a été de 10 % entre 2008 et 2009). Si 15 % du trafic maritime mondial (qui représente 90 % du transport mondial

9. Il faut préciser qu'aucune capture de navires protégés par une EPE n'a été enregistrée (constat fait en juin 2013).

10. *Information Sharing Center* (2004), *Malacca Straits Sea Patrol* (2004), patrouilles aériennes dans le cadre du programme *Eyes in the Sky* (2005), *Intelligence Exchange Group* (2006).

11. Amit Pandaya, Rupert Herbert-Burns et Junko Kobayashi, *Maritime Commerce and Security : The Indian Ocean*, The Henry L. Stimson Center, février 2011, p. 18.

en volume et 80 % en valeur) transitait par l'océan Indien en 1960, ce pourcentage est passé à 25 % en 1990 et dépasse désormais les 30 %. Pour le seul golfe d'Aden, on évalue à 33 000 le nombre annuel de mouvements de navires. La hausse du trafic de conteneurs entre l'Europe et l'Asie illustre parfaitement cette hausse : en 1995, l'équivalent de 4,4 millions de EVP (« équivalent vingt pieds ») a transité entre les deux continents *via* l'océan Indien, 7 millions en 2000, 13,8 millions en 2005 et 16,8 millions en 2009[12]. Les mouvements de brut y sont, par ailleurs, les plus importants au monde : en 2011,17 millions de barils transitaient quotidiennement par le détroit d'Ormuz, 3,4 par celui de Bab el-Mandeb et 15,2 par celui de Malacca. Ajoutons que plus de 80 % du brut qu'importe la Chine transite par cet océan et ces détroits stratégiques et que l'Inde voit 90 % de son commerce passer par les routes de cet océan. Outre le trafic maritime, la pêche constitue aussi une activité majeure[13]. Les volumes de prises sont passés de 861 000 tonnes en 1950 à 10,2 millions en 2006, et encore ce dernier chiffre semble-t-il sous-évalué puisque, selon la FAO (Organisation des Nations unies pour l'alimentation et l'agriculture), les volumes réels pêchés dans certains pays est africains seraient de 50 % à 100 % plus élevés.

Deuxième paramètre : un « haut niveau de conflictualité »[14]. Dans un numéro paru en 2012 de la revue *Hérodote*, numéro consacré à « la géopolitique de l'océan Indien », Isabelle Saint-Mézard rappelait que « l'océan Indien concentre des États fragiles, voire défaillants, dont l'instabilité intérieure se répercute souvent sur le voisinage, avec des effets néfastes »[15]. Effectivement, certains des États littoraux connaissent des crises nationales ou régionales qui les pénalisent tout autant que leurs voisins plus stables. La liste des États riverains mérite d'être donnée : Afrique du Sud, Arabie Saoudite, Australie, Bahreïn, Bangladesh, Comores, Djibouti, Émirats arabes unis, Égypte, Érythrée, Inde, Indonésie, Iran, Irak, Israël, Jordanie, Kenya, Koweït, Madagascar, Malaisie, Maldives, Maurice, Mozambique, Myanmar, Oman, Pakistan, Qatar, Seychelles, Singapour, Somalie, Sri Lanka, Soudan, Tanzanie, Timor oriental, Thaïlande, Yémen. Soit 36 États riverains auxquels s'ajoutent la France et la Grande-Bretagne qui possèdent des îles dans cet océan. Les territoires ultramarins français comprennent La Réunion et Mayotte, les îles Éparses (canal du Mozambique) et les îles Kerguelen et Saint-Paul-et-Amsterdam (tout au sud de l'océan Indien).

12. *Review of Maritime Transport 2011*, UNCTAD, http://unctad.org/en/Docs/rmt2011_en.pdf

13. Ellen Laipson, Amit Pandya, *The Indian Ocean. Resource and Governance Challenges*, The Henry L. Stimson Center, 2009, p. 4-6.

14. Isabelle Saint-Mézard, « Quelles architectures de sécurité pour l'océan Indien », *Hérodote*, n° 145, second semestre 2012, p. 129.

15. *Ibid.*, p. 133.

Les *British Indian Ocean Territories* consistent en 55 îles dont une seule est habitée : Diego Garcia où stationne une force militaire américaine.

Selon des données du Stimson Center, un *think tank* américain[16], 19 % des 36 États littoraux sont engagés, à divers degrés, dans des conflits armés ; 31 % de ces pays doivent faire face à des menaces terroristes et certains abritent même (souvent contre leur gré) des groupuscules affiliés à al-Qaida ; 33 % de ces pays sont affectés par des actes de piraterie ou par des attaques crapuleuses menées dans leurs eaux territoriales ; 39 % de ces États sont politiquement instables ou sont le foyer de troubles socio-économiques sérieux ; 56 % sont en conflit avec des États voisins pour le partage de zones maritimes ; enfin, 56 % des États de la zone sont confrontés à des problèmes endémiques de trafics d'armes, de stupéfiants ou d'êtres humains[17]. En 2011, 142 des 388 conflits recensés dans le monde par le *Heidelberg Institute for International Conflict Research*[18] se déroulaient dans ces États, ainsi que 12 des 20 guerres ! Cette instabilité, conjuguée à l'importance stratégique des routes maritimes, explique pourquoi les « incursions » navales américaines[19], chinoises (Pékin a passé un accord avec les Seychelles, en 2012 pour accéder aux facilités portuaires locales), russes, japonaises (Tokyo dispose depuis 2011 d'une base à Djibouti) et européennes, etc., s'y multiplient.

Troisième paramètre : la question terroriste. Un tiers des États littoraux sont, effectivement, confrontés à la menace terroriste. Menace qui n'a pas attendu septembre 2001 pour se concrétiser. On se souviendra en effet qu'un destroyer américain, l'*USS Cole*, a été la cible d'un attentat le 12 octobre 2000 ; 17 marins périrent et 50 furent blessés lors de cette attaque qui se déroula à Aden, au Yémen. « Puis, à partir de l'automne 2001, c'est le pourtour de l'océan Indien dans son ensemble qui a été le principal théâtre de la guerre contre le terrorisme conduite par les États-Unis et leurs alliés »[20]. Ce développement dramatique a convaincu Washington de créer une Task Force navale dédiée à la lutte contre le terrorisme dans l'océan Indien ; cette TF150 dispose d'une base arrière à Djibouti. La France y contribue avec au moins un bâtiment. Depuis 2001, les terroristes ont frappé aussi bien à l'ouest de l'océan Indien (Kenya, Yémen…) qu'à l'est (Indonésie…) ; ils ont visé des cibles civiles et des objectifs économiques comme le pétrolier français Limburg qui a été attaqué le 6 octobre 2002, par un bateau-suicide, au

16. Voir http://www.stimson.org/

17. Amit Pandaya, Rupert Herbert-Burns et Junko Kobayashi, *Maritime Commerce and Security : The Indian Ocean*, *op. cit.*, p. 99.

18. Voir http://www.hiik.de/en/index.html

19. Il est assez surprenant de voir que trois flottes américaines se partagent la responsabilité de cette zone : la 5e (nord-ouest de l'océan Indien), la 6e (sud-ouest) et la 7e (est).

20. Isabelle Saint-Mézard, « Quelles architectures de sécurité pour l'océan Indien », *op. cit.*, p. 134.

large du Yémen. Les détroits périphériques de l'océan Indien (Bab el-Mandeb, Ormuz, Sunda ou La Sonde, Lombok, auxquels s'ajoutent le canal de Suez et le canal du Mozambique) constituent aussi des zones sensibles, voire des cibles, dont la paralysie pourrait avoir des conséquences dommageables sur les échanges maritimes mondiaux.

Quatrième paramètre : la faillite somalienne. La Somalie n'en finit pas de sombrer dans la déliquescence et figure toujours aux premières places du Failed States Index du Fund for Peace qui dresse annuellement la liste des pays qui ne parviennent plus à assurer leurs missions essentielles, en particulier le respect de l'État de droit. Dans l'index 2012, la Somalie caracolait en première place devant la RDC et le Soudan[21]. Depuis son indépendance en 1960, la Somalie a été chroniquement affectée par des famines (dont celle, particulièrement meurtrière, de 1984), des guerres (dont la guerre de l'Ogaden, en 1977), des conflits claniques, une corruption et un népotisme endémique… Les interventions internationales pour tenter de venir en aide aux populations n'ont guère été couronnées de succès. On se souviendra de l'opération « Restore Hope » de décembre 1992, censée imposer la paix et permettre à l'ONUSOM de mener à bien ses opérations humanitaires. Au fiasco de « Restore Hope » succéderont les sécessions du Somaliland (1997) et du Puntland (1998), l'avènement de l'Union des tribunaux islamiques qui s'empareront de Mogadiscio en 2006 et y imposeront la charia, l'intervention éthiopienne de la même année, le déploiement des Casques verts de l'AMISOM (la Mission de l'Union africaine en Somalie) en janvier 2007, l'intervention du Kenya en 2011 contre les milices islamistes al-Shebab qui lançaient des raids contre son territoire et les succès, en 2012, d'une coalition rassemblant des troupes gouvernementales, quelques milices claniques ralliées, des forces éthiopiennes et kenyanes, et les Casques verts rwandais et burundais de l'AMISOM (soutenus logistiquement et financièrement par les États-Unis et les Européens). La reprise du contrôle de Mogadiscio en juillet 2012, puis celle en septembre du port de Kismayo (sud) témoignent d'un affaiblissement des islamistes mais ils contrôlent toujours une partie du territoire et recourent à la guérilla pour maintenir l'insécurité. À cette instabilité chronique est venu s'ajouter le paramètre « piraterie » qui a contribué à renforcer la volonté internationale de trouver une issue à la crise somalienne en soutenant les autorités transitoires, en renforçant les capacités de l'AMISOM et en assurant la protection des navires du Programme alimentaire mondial (PAM) qui acheminent l'aide humanitaire aux populations locales.

21. L'index est consultable sur http://www.fundforpeace.org/

## II. Une perception faussée

À la deuxième question posée précédemment, on ne peut répondre que par l'affirmative : l'attention portée à la piraterie somalienne, depuis 2008, masque effectivement d'autres développements inquiétants et significatifs dans au moins deux zones maritimes mondiales : l'Asie du Sud-Est et l'Afrique de l'Ouest où le brigandage maritime est notable. La spécificité de la piraterie somalienne tient dans la capture de navires dont la cargaison importe peu (le pillage des cargaisons est rare à la différence de ce qui se pratique en Asie du Sud-Est et en Afrique de l'Ouest) mais dont les équipages deviennent des otages « précieux » qui ne sont libérés qu'après paiement de rançons[22]. Le nombre d'hommes d'équipage retenus par les pirates de Somalie est élevé : 746 en 2009, 1 027 en 2010 et 569 en 2011 ! Parmi ces membres d'équipage, une minorité d'Occidentaux et quelques ressortissants français : des plaisanciers (comme dans le cas du *Carré d'As* et du *Tanin*) et des employés travaillant sur des navires de croisière (*Ponant*). Leur capture puis les conditions de leur libération au terme d'opérations de l'armée française[23] ont enclenché une importante couverture médiatique et suscité un élan de sympathie populaire ainsi qu'un regain d'intérêt pour la question de la piraterie. D'où une éclipse médiatique et politique de la piraterie dans les autres zones affectées par un tel fléau. Or, même si les chiffres sont moins dramatiques, la piraterie est une réalité dans d'autres zones que l'océan Indien.

Entre 1992 et 2006, les mers et détroit d'Asie du Sud-Est ont constitué les « *hot spots* » de la piraterie et des vols à main armée. Ainsi, en 2004, 93 des 329 attaques recensées par le BMI ont eu lieu au large de l'Indonésie. Ces attaques étaient le fait de pêcheurs qui pratiquaient un « brigandage des mers de subsistance » puisque les eaux dont ils tiraient leurs revenus étaient victimes de la surpêche et que la pollution avait provoqué une déplétion des espèces marines dans les estuaires et zones côtières où ils pratiquaient leurs activités. Dans le détroit de Malacca, le tonnage pêché a diminué de 40 % entre 1970 et 2000, selon Carolyn Liss[24]. D'autres attaques étaient le fait de gangs mafieux, plus sophistiqués, capables de

22. Dans son rapport d'avril 2013 « The Pirats of Somalia. Ending the Threat, Rebuilding a Nation », la Banque mondiale rappelle que la première prise d'otages date de 2005 et que 150 équipages ont été échangés contre des rançons dont le montant estimé se situe entre 315 et 385 millions de dollars. Voir p. XXI.

23. Opération « Thalathine » en avril 2008 pour libérer les otages du *Ponant* ; libération du *Carré d'As* en septembre 2008 ; libération du *Tanit* en avril 2009 (mort du skipper français).

24. Voir « The Roots of Piracy in Southeast Asia ». Consulté sur le site du Nautilus Institute : http://nautilus.org/apsnet/the-roots-of-piracy-in-southeast-asia/

s'emparer d'une cargaison et de l'écouler dans l'économie parallèle[25], voire de revendre les navires capturés (six remorqueurs ont ainsi disparu depuis 2008). La coopération régionale et la mise en place de dispositifs robustes de protection ont permis de réduire les risques et les attaques. Pour autant, le danger n'a pas disparu ; il s'est déplacé, par exemple dans le sud de la mer de Chine où 13 attaques avaient été recensées en 2009, 30 en 2010 et 41 pour les six premiers mois de 2011 selon un article du *China Post* paru le 4 juillet 2011. Globalement, la menace est en hausse.

En Afrique de l'Ouest, ce sont les eaux du golfe de Guinée (6 000 km de côtes) qui sont désormais menacées par la piraterie et le brigandage. Les chiffres ne sont, jusqu'à présent, ni précis ni alarmants. Pour 2011, le BMI recensait ainsi 53 attaques et l'IMO 64, mais tout le monde s'accorde pour reconnaître qu'ils sont sous-estimés. L'évolution des attaques, quant à elle, reste peu significative si l'on se réfère aux rapports annuels du BMI :

| Dates | 2003 | 2004 | 2005 | 2006 | 2007 | 2008 | 2009 | 2010 | 2011 |
|---|---|---|---|---|---|---|---|---|---|
| Attaques | 64 | 56 | 25 | 31 | 53 | 59 | 48 | 39 | 53 |

Pourtant, le Conseil de sécurité de l'ONU a estimé, le 27 février 2012 que « la piraterie dans le golfe de Guinée était une menace claire à la sécurité et au développement économique de la région »[26]. Certains États occidentaux ont manifesté leur inquiétude et agi en conséquence. Les États-Unis ont lancé quelques initiatives dans le cadre de l'African Partnership Station mais un unique navire et quelques actions de formation des forces de sécurité locale ne peuvent avoir qu'un effet limité. La France déploie aussi un navire dans le cadre de la mission Corymbe mais elle n'a pas proposé la création d'une force européenne similaire à celle déployée au large de la Somalie. Pour le reste, et puisque la plupart des attaques n'ont pas lieu en haute mer, c'est aux États côtiers d'agir contre la piraterie et la criminalité maritime. À l'Angola, au Bénin, au Cameroun, à la Côte d'Ivoire, au Gabon, à la Gambie, au Ghana, à la Guinée, à la Guinée Équatoriale, à la Guinée-Bissau, au Liberia, au Nigeria, à la République du Congo, à la

---

25. En octobre 2012, dans le détroit de Malacca, des pirates ont attaqué une barge (RNG280) qui avait quitté Singapour en direction du port de Tauranga en Nouvelle-Zélande ; cette barge transportait du matériel destiné au sauvetage du porte-conteneurs *Rena* qui avait fait naufrage sur les récifs de l'Astrolabe Reef en octobre 2011. Les pillards se sont emparés du matériel de pompage et des équipements de découpe entreposés sur la barge.

26. Cette déclaration faisait suite au "Report of the United Nations assessment mission on piracy in the Gulf of Guinea" (7-24 novembre 2011). À consulter sur http://www.securitycouncilreport.org/atf/cf/%7B65BFCF9B-6D27-4E9C-8CD3-CF6E4FF96FF9%7D/Guinea%20S%202012%2045.pdf

RDC, à São Tomé et Príncipe, au Sénégal, à la Sierra Leone et au Togo de relever le défi avec leurs propres (et limités) moyens aéronavals.

Pourtant, les eaux et les pays du littoral produisent 70 % du pétrole africain et l'on estime que 7 % de la production nigériane serait détournée par des criminels des mers.

Pourtant, l'insécurité n'est pas absente de la zone, avec des pays déstabilisés par des rébellions (Nigeria, Sénégal, Mali), des mouvements terroristes (Boko Haram au Nigeria), aux pouvoirs politiques et aux économies affaiblis.

Pourtant, l'activité maritime régionale n'est pas négligeable (bien qu'en recul du fait de la crise économique mondiale et de l'insécurité) et la pêche hauturière y est surtout le fait d'armateurs européens, japonais, russes...

On a donc, dans le golfe de Guinée, tous les ingrédients d'un scénario « à la somalienne », pour peu que les assaillants se transforment en preneurs d'otages et ne commencent à exiger plus systématiquement des rançons ou que les attaques ne visent des pétroliers ou les infrastructures pétrolières. On y recense aussi tous les motifs stratégiques qui pourraient convaincre la communauté internationale de s'emparer de cette question ; mais il faut croire que le niveau de dangerosité y est jugé encore insuffisamment élevé.

## Section 2. Des facteurs de persistance du phénomène ?

Dans son rapport de 2009 sur la piraterie, le député finistérien Christian Ménard expliquait que « de façon assez schématique, trois conditions sont nécessaires pour permettre le développement de la piraterie : un positionnement géographique propice (golfes, détroits, côtes désertiques ou découpées, mangroves, archipels) sur un point maritime de passage de richesses ; une instabilité politique ou une autorité publique défaillante (État faible ou corrompu) ; une population pauvre habituée à aller en mer (typiquement : des pêcheurs). »[27]

Sa présentation « schématique » mais pertinente mérite d'être précisée.

### I. « Un positionnement géographique propice »

Les zones affectées restent les mêmes depuis les années 1990. L'océan Indien constitue la zone « piratogène » majeure puisqu'elle englobe le golfe d'Aden, le détroit de Bab el-Mandeb et le détroit d'Ormuz au nord, les eaux somaliennes jusqu'au canal du Mozambique à l'ouest, la côte indienne à l'est et, encore plus à l'est, les détroits d'Asie du Sud-Est. L'évolution des attaques depuis 2008 a démontré que la piraterie ne se

27. À consulter sur http://www.assemblee-nationale.fr/13/rap-info/i1670.asp#P172_16023

concentre plus le long des franges côtières et que les assaillants pouvaient frapper des navires jusqu'à 800 milles marins de la Somalie. Le super-tanker *Sirius Star* a été capturé, en novembre 2008, à 500 milles au sud-est de Mombasa ; le *Maran Centaurus* a été attaqué avec succès à 762 milles de la Somalie, en novembre 2009. Bien sûr, de tels raids hauturiers demandent l'assistance de bateaux-mères mais ils démontrent que même la haute mer indienne n'est pas sûre. En revanche, dans les autres *hot spots* affectés par la piraterie et la criminalité maritime, comme le golfe de Guinée ou les côtes sud-américaines, les zones à risques sont avant tout littorales, voire portuaires puisqu'un navire à l'ancre est un objectif tentant. La situation en Amérique du Sud est, à cet égard, éclairante. Le nombre des actes de piraterie y évolue de façon erratique selon les chiffres de l'IMO :

| Année | 1998 | 1999 | 2000 | 2001 | 2002 | 2003 | 2004 |
|---|---|---|---|---|---|---|---|
| Attaques | 38 | 29 | 41 | 23 | 67 | 72 | 46 |

| Année | 2005 | 2006 | 2007 | 2008 | 2009 | 2010 | 2011 |
|---|---|---|---|---|---|---|---|
| Attaques | 26 | 31 | 25 | 19 | 36 | 40 | 29 |

Cette criminalité maritime est essentiellement littorale et elle affecte des pays comme le Brésil, le Costa Rica, l'Équateur, le Venezuela, etc. Les cibles principales sont des bateaux de croisière mais des bâtiments marchands peuvent aussi constituer des cibles. Ainsi, des navires ont été attaqués au Venezuela (un cargo à l'ancre, le 18 juin 2011), en Équateur (un porte-conteneurs, le 7 octobre 2011, alors qu'il remontait l'estuaire de Guayaquil), un vraquier en Colombie (le 13 mai 2012), un porte-conteneurs à l'ancre au Costa Rica (le 17 mai 2012)… Objectifs des assaillants qui sont souvent armés : le vol.

On retrouve ce type de scénario dans le golfe de Guinée où le cabotage est périlleux. Les navires de type *supply* (facilement abordables par leur arrière) sont des cibles idéales pour des groupes d'hommes armés et disposant d'embarcations rapides. Les pétroliers, dont la cargaison vient grossir les volumes de carburant distribué sur le marché parallèle, sont tout aussi vulnérables. Les attaques (globalement plus brutales qu'en Somalie) peuvent survenir jusqu'à 70 milles marins de la côte. Cette insécurité affecte en particulier le Nigeria dont la production (2,12 millions de barils/jour au 2e trimestre de 2012) est pénalisée.

## II. « Une instabilité politique ou une autorité publique défaillante »

La piraterie affecte des zones de « désordre » et profite du moindre vide sécuritaire. La permanence géographique se double donc d'une permanence insécuritaire. L'exemple somalien, on l'a vu, est bien sûr éloquent. Certes, tous les pays affectés par la criminalité maritime, en particulier littorale, ne sont pas pour autant en guerre ou déstabilisés par des insurrections internes. Mais les appareils sécuritaires de tous ces pays sont inopérants, inexistants ou gangrenés par la corruption. En outre, les criminels ont un accès aisé aux armes. De huit à dix millions d'armes illégales seraient disponibles en Afrique de l'Ouest (dont 70 % au Nigeria) ; une telle « prolifération d'armes légères » a ému le Conseil de sécurité de l'ONU qui s'est fendu d'une déclaration alarmiste le 21 février 2012. À ces armes « illégales » s'ajoutent les armes « légales » perdues, volées ou vendues (début 2012, la police de Sierra Leone a dû acheter 50 mitrailleuses de 7,62 mm, une centaine de lance-grenades et 2 500 AK-47 pour recompléter ses stocks « naturellement » dégarnis). La situation n'est guère plus encourageante en Amérique du Sud où on estime le nombre d'armes illégales à 3,8 millions au Brésil, 2,7 millions au Venezuela et 2,2 millions en Colombie[28]. Il n'est donc pas surprenant que les pirates soient généralement « lourdement armés ». La société de sécurité maritime Greyside[29], dans une note de 2011, rappelait que la dotation traditionnelle des pirates somaliens consistait en fusils d'assaut AK-47, mitrailleuses de type PK (7,62 × 54 mm) et lance-roquettes RPG-7.

## III. « Une population pauvre »

La paupérisation des populations littorales est un facteur que le député Ménard a bien pris en compte. Effectivement, lorsque l'on assure que « la solution à la piraterie est à terre », on pense bien sûr à l'amélioration des conditions de vie des populations du littoral. Mais en attendant que le développement frappe à leurs portes, des milliers d'habitants des zones littorales comptent sur le banditisme et la piraterie pour survivre « Une rançon rapporte davantage qu'une campagne de pêche », expliquait ainsi le ministre des Ports, de la Pêche et du Transport maritime du Puntland à Patrick Forestier, journaliste de *Paris Match* et auteur d'un livre de 2010 sur la piraterie[30]. « Sans la pauvreté, ce phénomène n'existerait pas », assu-

28. Chiffres tirés de http://www.gunpolicy.org/

29. Voir son site web : http://greysidegroup.com/

30. Patrick Forestier, *Pirates et commandos. Les secrets des opérations spéciales*, Le Rocher, 2010, p. 173.

rait le ministre. Et un pirate pris en flagrant délit d'ajouter : « Ceux qui kidnappent les gens sont à 100 % des pêcheurs. Ils avaient jadis des filets, des navires et même des congélateurs pour les poissons qui ne servent plus à rien car de gros bateaux étrangers sont venus pêcher chez nous, dans nos eaux territoriales. Ils prennent tout le poisson »[31]. L'accusation du pirate somalien est fondée. On l'a vu, dans l'océan Indien, les captures ont augmenté. Ces prises croissantes ne sont pas le fait des pêcheurs locaux dont la sécurité alimentaire repose pourtant sur la capture des petits pélagiques[32]. Les plus gros tonnages réalisés sont le fait de navires asiatiques (venant de Chine, Corée du Sud, Taïwan...), russes et européens qui exploitent, voire surexploitent, les zones de pêche, privant de ressources les industries des pays est africains et les pêcheurs artisanaux dont les rangs ont été grossis, entre 2000 et 2005, par de nombreux éleveurs et paysans accablés par les sécheresses (en Somalie, au cours de ces cinq dernières années, le nombre de familles subsistant grâce à la pêche aurait doublé[33]). C'est ce qu'expliquait à IRIN[34], en 2006, un pêcheur somalien du nom de Jeylani Shaykh Abdi : « Ils ne nous volent pas simplement notre poisson ; ils essaient aussi de nous empêcher d'aller pêcher. On les voit tous les jours à quelques milles de nos côtes. Ils détruisent nos filets et prennent notre poisson. Si rien n'est fait, il n'y aura bientôt plus de poissons dans nos eaux côtières ». Selon la FAO, 75 % des zones de pêche de l'ouest de l'océan Indien (côtes africaines) sont exploitées à leurs capacités maximales et les 25 % restants sont surexploitées. Cité par John Vidal du Guardian, le président Farole, du Puntland assurait en 2011 que c'était bien « la violation des eaux somaliennes par les chalutiers étrangers qui a enclenché une réaction de résistance armée par les pêcheurs somaliens. Au fil du temps, le paiement d'une rançon aux pauvres pêcheurs du pays par les armateurs étrangers a encouragé l'escalade des attaques de pirates »[35].

Puisque la surpêche et le pillage de la ressource halieutique constituent certains des facteurs déclencheurs, la piraterie pourrait donc bien gagner les côtes du Sénégal et de Mauritanie où sévissent des navires russes, par

31. *Ibid.*, p. 176.

32. La FAO estime que plus de 30 % des protéines animales consommées au Mozambique, en Tanzanie, aux Comores et à l'île Maurice sont d'origine halieutique.

33. Jumaina Siddiqui, « Maritime Security and Resources in Somalia », in Ellen Laipson et Amit Pandya (dir .), *The Indian Ocean. Resource and Governance Challenges*, Stimson Center, 2009, p. 17.

34. IRIN est l'agence de presse de l'ONU.

35. Voir « Will overfishing by foreigners drive Senegalese fishermen to piracy ? », sur le site du *Guardian*: http://www.guardian.co.uk/global-development/poverty-matters/2012/apr/03/overfishing-foreigners-senegal-fishermen-piracy

exemple[36]. Ibrahima Samb, un responsable associatif du port de Joal, au sud-est de Dakar, soulignait en 2011 que « le nombre de captures dans les eaux territoriales sénégalaises a chuté de 75 % en l'espace de dix ans du fait de la présence accrue de navires étrangers. En 2004, nous avions capturé deux cent vingt mille tonnes de poissons. Désormais, nous n'en collectons plus que cent vingt mille par an. C'est une situation catastrophique [...] À ce rythme, il n'y aura plus de poissons dans dix ans ».[37]

En Amérique latine, les tensions sur les zones de pêche font que souvent pirates et pêcheurs se confondent. En juillet 2012, un navire de pêche artisanale français a été arraisonné par des pirates armés dans l'estuaire du fleuve Approuague, à l'est de la Guyane. Ce type d'incident n'était pas isolé. « C'est un phénomène en hausse depuis dix ans maintenant. Les pêcheurs brésiliens viennent pêcher en toute illégalité et armés dans les eaux de Guyane. Ils n'ont aucun scrupule à menacer et voler les pêcheurs de Guyane, qui ne disposent d'aucun moyen pour lutter contre eux », selon Jocelyn Médaille, président du comité régional des pêches maritimes et des élevages marins pour la région de la Guyane (CRPMEM), cité par *Le Figaro*[38].

## IV. L'accroissement du trafic maritime

90 % des échanges commerciaux se font par voie maritime et, malgré la récession de 2008 et le ralentissement économique mondial, les volumes (et leur valeur) ne cessent d'augmenter.

| Année | Pétrole | Vrac | Autres | Total en millions de T |
|---|---|---|---|---|
| **1970** | 1 442 | 448 | 676 | 2 566 |
| **2010** | 2 752 | 2 333 | 3 323 | 8 408 |

Depuis 2010, on estime que près de 8,5 milliards de tonnes de produits bruts ou manufacturés sont transportées par mer. Selon Martin Stopford, le *Managing Director* de Clarkson Research Services Ltd., si la tendance se maintient, en 2060, ce sont 23 milliards de tonnes de biens divers qui

36. Voir cet article consacré à un « récidiviste » russe, le *Oleg Naydenov* : http://www.lequotidien.sn/index.php/economie/item/8936-peche-illegale-surpris-dans-une-zone-interdite--un-bateau-russe-sanctionne-par-la-marine

37. Guillaume Duhamel, « La surpêche favoriserait la piraterie », article publié le 4 avril 2012 sur http://www.zegreenweb.com/sinformer/la-surpeche-favoriserait-la-piraterie,52044

38. Voir « Les pêcheurs guyanais exaspérés par la piraterie », *Le Figaro*, 27 juillet 2012.

transiteront par la voie maritime[39]. De telles prévisions peuvent paraître optimistes mais le développement des échanges régionaux en Afrique et la hausse du commerce asiatique et sud-américain contribueront certainement à un accroissement des tonnages.

Pour assurer ce transport, 103 392 navires de commerce étaient immatriculés en 2011, selon l'UNTAD (la Conférence des Nations unies sur le commerce et le développement)[40]. Des bateaux de taille et de tonnage variables mais qui possèdent des vulnérabilités propres : vitesse assez faible, poupe accessible (voiliers et *supply*), hauteur sur l'eau réduite, cargaisons de valeur, équipage limité... Rien de surprenant donc que les attaques en mer se concentrent le long des grandes routes maritimes, en particulier d'Afrique, d'Asie du Sud-Est et d'Amérique latine, ainsi qu'en témoigne la carte ci-après des grandes routes maritimes et des principales zones à risques.

## Section 3. Butins et rançons

Que recherchent les pillards de mers ? À s'enrichir, bien sûr. Leur butin est de deux types. Le premier provient du pillage du navire et du vol de la cargaison. Un rapport de l'IBM du 4 octobre 2012 illustre parfaitement ce premier type de butin :

*« IBM Live Piracy & Armed Robbery Report 04.10.2012 : 2030 UTC : Posn : 04:48.8N – 001 : 25.1E, around 80nm south of Lome, Togo. Around 10 to 12 pirates armed with automatic guns boarded a product tanker drifting in the STS area. The pirates hijacked the tanker and mustered all crew on the bridge while waiting for a barge to steal ship's cargo. When the barge arrived, the ship crew were forced to prepare the fenders for the barge to come alongside. After stealing the cargo the pirates locked the crew in the masters cabin, damaged some of the navigational equipment, stole ships cash, crew personal belongings, provisions, bonded store and electronics items and then left the vessel on 05.10.2012 in the early morning hours. All crew is safe apart from some physical injuries. »*[41]

Les assaillants de ce tanker (12 hommes armés) se sont emparés de la cargaison (produits pétroliers) et l'ont transférée sur une barge. Ils ont ensuite mis à sac le navire et volé des équipements de navigation et les biens personnels des membres de l'équipage. Ce *modus operandi* se retrouve dans le golfe de Guinée, en Amérique du Sud et en Asie du Sud-Est, trois des quatre zones les plus affectées par les « actes de piraterie ou de vol à main

39. Le texte de la conférence du 7 septembre 2010 (à Hambourg) est consultable à l'adresse suivante : http://www.clarksons.net/archive/research/freestuff/Martin%20Stopford%20How%20shipping%20has%20changed%20the%20world%20(paper).pdf

40. *Review of Maritime Transport 2011*, p. 36, http://unctad.org/en/pages/PublicationArchive.aspx?publicationid=1734

41. http://www.icc-ccs.org/piracy-reporting-centre/live-piracy-report/details/117/268

armée en mer ». Ainsi, selon l'IBM[42], dix attaques suivies de vols d'équipements, de biens et d'argent ont été répertoriées en Indonésie, entre le 4 septembre et le 4 octobre 2012. Pendant la même période, quatre attaques similaires ont eu lieu dans le golfe de Guinée, zone où les produits pétroliers constituent des cibles privilégiées.

Les otages constituent le second type de butin et c'est celui qui est privilégié par les pirates somaliens. Les équipages sont échangés contre des rançons (et parfois contre des pirates emprisonnés[43]), la cargaison restant intacte. Cette variante dans le modus operandi s'explique par l'absence d'infrastructures portuaires[44] et de mouillages discrets, en particulier le long des côtes de Somalie et du Yémen, qui permettraient le transfert puis le stockage des cargaisons. Les pirates de l'océan Indien ne recherchent donc qu'à monnayer leurs otages. Et ils y réussissent !

D'une part, le nombre d'otages est élevé comme en témoignent les chiffres suivants (le premier chiffre est celui des otages détenus par les pirates somaliens, le second celui du nombre mondial d'otages aux mains de pirates) fournis par le BMI et l'ONG Oceans Beyond Piracy[45]:

| Dates | 2008 | 2009 | 2010 | 2011 | 2012 (sept.) |
|---|---|---|---|---|---|
| Otages | 815 (889) | 867 (1 052) | 1 016 (1 181) | 470 (802) | 188 (284) |

Ces chiffres témoignent de la dramatique accélération des captures : entre 2006 et 2010, le nombre d'otages cumulé est passé annuellement de 200 à près de 1 200, avant de connaître une chute en 2011 puis en 2012. Ils démontrent aussi que la prise d'otages n'est pas réservée à la piraterie

42. Voir les rapports de l'IBM, http://www.icc-ccs.org/piracy-reporting-centre/live-piracy-report

43. C'était le cas dans l'affaire du *MT Gemini*. Ce tanker appartenant à Glory Ship Management (Singapour) transportait de l'huile de palme à destination du Kenya lorsqu'il a été capturé par des pirates somaliens le 30 avril 2011. Sept mois plus tard, et après paiement d'une rançon, les pirates ont libéré le navire et 21 des marins. Quatre marins sud-coréens sont restés aux mains des pirates qui exigeaient, d'une part, la libération de cinq des leurs capturés en janvier 2011 par la marine sud-coréenne et d'autre part le versement d'une somme compensatoire pour la mort de huit pirates tués lors de la reprise de vive force du *MV Samho Jewelry* par la même marine.

44. On voit mal, par exemple, comment les pirates qui avaient capturé le *MV Faina* auraient pu vider le navire de sa cargaison de chars T-72 et d'armes sans disposer d'infrastructures portuaires. Ce ro-ro ukrainien avait été capturé le 25 septembre 2008 et libéré, après paiement d'une rançon de 3,2 millions de dollars, le 6 février 2009.

45. Ces chiffres proviennent du rapport publié le 22 juin 2012 : « The human cost of Somaly Piracy 2011 ». http://www.icc-ccs.org/images/stories/pdfs/hcop_2011_version1.4.pdf

somalienne[46], même si elle réalise le plus grand nombre de rapts avec demandes de rançons. Ajoutons que certains otages peuvent rester captifs pendant de longues périodes (19 mois pour l'équipage du *MV Iceberg*, 20 mois pour un couple de plaisanciers sud-africains), et que leur captivité peut courir sur deux, voire trois années.

D'autre part, le montant de ces rançons a également connu une hausse. Même si les pirates, les armateurs et les pouvoirs publics restent discrets sur le versement de ces sommes d'argent liquide, certains chiffres ont été confirmés par plusieurs sources au journaliste spécialisé Mikhail Voytenko[47]. En 2012, les propriétaires des tankers Liquid Velvet et Fairchem Bogey auraient respectivement payé 4 et 8 millions de dollars pour la libération de leur navire et de l'équipage. En 2011, les rançons versées aux pirates somaliens se seraient élevées à 130 millions de dollars (en moyenne, 4,5 millions par navire capturé), alors que les estimations pour 2009 établissaient le montant total à une centaine de millions de dollars et le montant moyen des sommes versées à 2,5 millions de dollars[48]. Ces rançons sont toujours payées en liquide, soit *via* des intermédiaires, soit par largage de sacs de billets sur le pont des navires (une opération spectaculaire dont se chargent des sociétés comme Salama Fikira, entreprise fondée par un ancien du Special Boat Service, Conrad Thorpe).

## I. Une économie parallèle ?

Que les pirates pratiquent le pillage ou demandent des rançons, ils sont obligés de disposer de réseaux pour écouler les biens volés ou pour gérer leurs opérations (depuis l'équipement des *raiders* à la collecte des rançons et leur distribution).

En Somalie, « les pirates opèrent au sein de syndicats du crime organisé », explique le chercheur Charles Marts[49]. « En général, ces syndicats sont composés d'une milice maritime qui mène les attaques, d'une milice terrestre qui s'occupe de la logistique avant et après la capture et d'un responsable du financement. Les rançons sont payées en cash puis divisées entre les pirates en fonction de leur position au sein de l'organisation ».

---

46. La Banque mondiale estime que 3 741 marins de 125 nationalités différentes ont été pris en otages par des pirates somaliens. Voir « The Pirats of Somalia. Ending the Threat, Rebuilding a Nation ». Selon ces chiffres, entre 82 et 97 marins ont été tués lors d'attaques ou pendant leur captivité, p. XXII-XXIII.

47. Voir le site http://www.odin.tc/piracystat.htm

48. Les auteurs du rapport "The Welfare Cost of Lawlessness : Evidence from Somali Piracy » donnent le chiffre de 120 millions de dollars pour 2010. Voir http://www.dartmouth.edu/~neudc2012/docs/paper_121.pdf

49. Charles Marts, *Piracy Ransom. Conflicting Perspectives*, One Earth Future Foundation Working Paper, 13 août 2010.

C'est également ce qu'affirme Ademun Odeke dans un article paru en 2011 dans le *Australian and New Zeland Maritime Law Journal*[50]: « Les quelque 500 à 600 millions de dollars que les pirates ont gagnés jusqu'à présent ont certainement trouvé une porte d'accès dans le système financier et commercial légal. Une conséquence de l'argent des pirates a été la création d'un boom économique en particulier dans le foncier bâti, au travers des réseaux de blanchiment somaliens, kenyans, tanzaniens et ougandais, avec des ramifications dans des pays voisins comme l'Éthiopie, le Rwanda, l'Érythrée, Djibouti, le Soudan et les États du Golfe. Un des effets les plus visibles a été observé au Kenya où des ressortissants somaliens ont soudainement investi d'importantes sommes d'argent dans l'immobilier, sans qu'ils disposent de revenus connus et en période de récession mondiale. Les transferts semblent s'effectuer au travers du système sophistiqué de l'*hawala*, grâce à des porteurs, principalement des nomades somaliens, qui transportent les fonds en liquide en franchissant les frontières poreuses entre la Somalie et Djibouti, l'Éthiopie, le Kenya puis à travers la mer Rouge jusqu'à la péninsule arabique et les Émirats arabes unis où ils sont utilisés pour acheter des armes ou faire des placements dans des banques ». Toutefois, le système ne semble pas uniquement relever du crime organisé et de trafics transnationaux. Il existe des structures artisanales, mais très professionnelles, parmi les communautés de pêcheurs du Puntland et du Somaliland qui recourent aussi bien à la piraterie et au trafic d'armes qu'à la pêche pour survivre. En 2009, des populations de la région de Harardhere (400 km au nord de Mogadiscio), un des plus hauts lieux de la piraterie, avaient créé des coopératives dont l'objet social était le financement de la piraterie. « Pendant la mousson, quand on ne pouvait pas prendre la mer, on a décidé de mettre en place cette structure mutualiste pour financer nos activités, acheter des armes et du matériel, et permettre à tout le monde de bénéficier d'une part du butin », expliquait alors Mohammed, un ex-pirate reconverti dans la gestion de la coopérative. « On a fait de la piraterie une activité communautaire ». Sara Ibrahim, une jeune divorcée de 22 ans, avait investi l'équivalent du prix d'un lance-roquettes (autour de 5 000 dollars) : « Cela m'a déjà rapporté 75 000 dollars. Maintenant, j'attends de recevoir la part qui me revient de la rançon d'un thonier ». Abdirahman Ali, qui avait fui les combats de Mogadiscio, montait, lui, la garde sur un chalutier thaïlandais capturé en mer : « J'ai choisi de venir ici et j'ai un travail stable ». Lui aussi touchait les dividendes de la piraterie[51].

50. Ademun Odeke, « Somali Piracy. Effects on Oceanborne Commerce and Regional Security and Challenges to International Law and World Order », *Australian and New Zeland Maritime Law Journal*, 2011, vol. 25, n° 1, p. 144.

51. Extraits d'un article paru dans le quotidien *Ouest-France*, le 4 décembre 2009 : « Des pirates ont créé leur coopérative ! »

Harardhere, telle une ville du Far West au temps de la ruée vers l'or, a connu la prospérité, jusqu'en 2010[52], sous l'impulsion d'hommes comme Mohamed Abdi Hassan « Afweyne », l'un des premiers entrepreneurs qui s'est lancé dans le business de la prise d'otages, avant de devenir l'un des émissaires officieux du gouvernement transitoire somalien (TFG) et d'obtenir un passeport diplomatique (et l'immunité qui va avec... !)[53].

Peut-on pour autant parler d'une économie parallèle aux vastes ramifications intégrées aux réseaux structurés de blanchiment et d'investissements clandestins ? Certes, en Somalie, les sommes perçues par les pirates sont importantes et ont certainement contribué à financer les activités des commanditaires des pirates (des hommes d'affaires locaux qui touchent environ un tiers de la rançon), voire celles de milices islamistes qui percevaient une taxe (mais elles gagnaient certainement davantage d'argent avec le trafic de charbon en direction des pays du Golfe, *via* le port de Kismayo qui n'a jamais été soumis à un blocus naval, alors que c'était l'un des « poumons » économiques des islamistes jusqu'à sa capture en septembre 2012[54]). Toutefois, ce phénomène structuré est localisé à la zone océanique indienne, ainsi que l'a établi l'ONU, dans ses rapports de 2011 et 2012 sur la Somalie et lors de la conférence de 2011, à Djibouti, sur les flux financiers clandestins. En outre, le blanchiment ne concerne pas que les fonds issus des rançons mais principalement ceux générés par les trafics d'armes et de personnes, par les ventes clandestines de charbon aux pays du golfe Persique et par le pillage des fonds publics du gouvernement transitoire somalien (TAG)[55].

Dans les autres zones affectées par la piraterie et le brigandage maritime, à défaut d'économie parallèle structurée, il vaut mieux parler de réseaux locaux qui permettent d'écouler les marchandises volées et de redistribuer les gains au sein de communautés paupérisées. C'est le cas en Asie, où les trafics en tous genres, la pêche illégale et le banditisme côtier se conjuguent à la corruption des autorités maritimes pour faire de l'espace maritime une « zone grise ».

En Asie, un des faits remarquables est le vol de tugboats. Les remorqueurs constituent des cibles tentantes puisque faciles d'accès et mis en œuvre par des équipages réduits ; les tugboats capturés sont maquillés (on

52. Des islamistes se sont alors emparés de la bourgade, forçant les pirates à s'installer plus au nord, avec leurs otages et les bateaux qu'ils détenaient alors.

53. Voir le rapport 2012, de l'ONU sur la Somalie, p. 19. À consulter sur http://www.un.org/ga/search/view_doc.asp?symbol=S/2012/544

54. *Ibid.*, p. 147.

55. La Banque mondiale estimait, dans un rapport du 30 mai 2012 ("Summary of Financial Diagnostic Assessment of Audit Investigative Financial Report 2009-10"), que 68 % des fonds du TFG pour la période 2009-2010 ont disparu du fait de la corruption et de malversations.

parle alors de « phantom ships ») puis revendus[56]. Ce qui demande des complicités, voire des « commandes » spécifiques passées par des gangs organisés. C'est ce qu'affirme Carolin Liss dans une étude sur la piraterie en Asie du sud-est[57]. Selon elle, « alors que de nombreuses activités criminelles commises par des syndicats du crime d'Asie et d'Asie du Sud-Est ont lieu sur terre, d'autres activités illégales ont lieu dans le domaine maritime. Un exemple de ces activités est le détournement de navires par des gangs de pirates organisés. Ces groupes de pirates transnationaux capturent des navires de taille moyenne, dont des cargos, des vraquiers et des tankers. Ces attaques se caractérisent par un haut degré d'organisation et exigent une planification détaillée et un capital de départ ». Elle précise que « l'on ne connaît que peu de choses sur la structure des triades impliquées dans la piraterie et qu'à ce jour, aucun haut cadre de triades ou leader n'a été arrêté et condamné pour des actes de piraterie maritime ». Toutefois, il faut constater que la piraterie asiatique relève, majoritairement, du brigandage, voire du chapardage maritime[58]. Les deux tiers des attaques visent des navires au mouillage et ce sont surtout les équipages qui en font les frais, les cargaisons n'étant que partiellement pillées par des bandes de malfaiteurs opportunistes. L'activité de groupes mafieux, disposant de complices dans les capitaineries et de moyens offensifs et logistiques pour conduire des raids et écouler les butins, reste donc marginale. Et encore à démontrer[59].

En ce qui concerne le golfe de Guinée, il est difficile d'adhérer à la thèse de Freedom Onuoha, un chercheur du National Defence College d'Abuja (Nigeria) qui affirme qu'une « puissante mafia transnationale, connaissant parfaitement les opérations de l'industrie du pétrole, finance et dirige les opérations des pirates »[60]. Certes, les pirates, receleurs et revendeurs sont organisés et disposent d'armes (facilement accessibles dans toute l'Afrique de l'Ouest), d'embarcations rapides et de barges pour transférer le butin, ainsi que de mouillages sûrs (qu'évitent complaisamment les forces de sécurité locales) mais ces opérations restent d'une envergure limitée.

---

56. ReCAAP a d'ailleurs publié des "Guidelines for Tug Boats and Barges against Piracy and Sea Robbery", http://www.recaap.org

57. Carolin Liss, « The roots of piracy in southeast Asia », à consulter sur http://nautilus.org/apsnet/the-roots-of-piracy-in-southeast-asia/. Carolin Liss est aussi l'auteur de *Oceans of Crime. Maritime Piracy and Transnational Security in Southeast Asia and Bangladesh*, ISEAS Publishing, Singapour, 2011.

58. C'est ce que démontrent les rapports d'incidents du BMI. Voir http://www.icc-ccs.org/piracy-reporting-centre/live-piracy-report

59. Dans son livre de novembre 2012 sur les triades, Alain Rodier ne cite pas la piraterie dans la liste des activités criminelles des triades. *Les triades. La menace occultée*, éditions du Rocher, 2012.

60. Freedom Onuoha, *Piracy and Maritime Security in the Gulf of Guinea : Nigeria as a Microcosm*, Al Jazeera Center for Studies, 12 juin 2012, p. 6.

Dans le golfe de Guinée, outre le vol des équipements sur les navires et de l'argent des équipages, les pirates visent principalement les produits pétroliers raffinés qu'ils écoulent sur les marchés locaux. Les vols de carburant, par exemple, ont tout de « ponctions » opérées en fonction de la capacité des barges des assaillants. Le cas d'un pétrolier battant pavillon des Bahamas capturé en octobre 2012 au large d'Abidjan illustre cette technique : l'Orfeas a été vidé de 3 000 tonnes de fioul (sur 32 000) puis relâché. La même mésaventure était arrivée au *MT Cape Bird* au large du Nigeria (toujours en octobre) et à l'*Energy Centurion* au large du Togo (en août).

Un officier de marine français en mission au Bénin, à l'automne 2012, racontait comment les vendeurs ambulants s'approvisionnent au Nigeria et vendent à la sauvette, le long des routes : « Ils équipent des scooters de bidons de 200 litres qu'ils vont remplir chez les revendeurs nigérians et repassent la frontière sans jamais être inquiétés. Les revendeurs, non plus, ne semblent pas être inquiétés par les autorités de leur pays »[61]. Les prises alimentent donc le marché parallèle local et financent le train de vie de malfaiteurs nigérians dont l'appétit pourrait, c'est à craindre, grossir.

## II. La couverture médiatique

Le phénomène de la piraterie maritime ne peut aucunement être présenté comme une construction médiatique ; l'ampleur du phénomène dans l'océan Indien, son développement dans d'autres zones maritimes du globe, la violence qui l'accompagne, son coût humain et financier légitiment l'intérêt de la presse, des analystes, des juristes et des chercheurs.

« Toutefois, les médias ont une tendance à surévaluer cette question », estimaient, en 2005, deux universitaires anglo-saxons. « L'absence de recherches scrupuleuses mène à une "romanticisation" et à une incompréhension de la piraterie, si bien que, fréquemment, la fiction l'emporte sur la réalité »[62], poursuivaient les auteurs en regrettant que les seules sources utilisées par les médias soient les rapports du BMI et de l'IMO. Ces dernières sources offrent au moins l'avantage de fournir des statistiques suivies, permettant de constater l'évolution de la menace et l'efficacité des mesures prises pour réduire les risques.

Ces reproches sont-ils fondés ? Les médias contribuent-ils à une vision approximative du phénomène ? Les interviews de pseudo-pirates repentis, payés 200 dollars et soi-disant repliés à Nairobi pour se faire oublier,

61. Entretien avec l'un des auteurs, le 17 octobre 2012.

62. John Kleinen et Manon Osseweijer, « Piracy in the Asian Seas », *IIAS Newsletter*, n° 36, mars 2005, p. 6.

révélés en avril 2013 par la chaîne britannique Channel 4 n'ont pas contribué à renforcer la crédibilité des médias[63].

Plus sérieusement, il faut bien reconnaître que la couverture médiatique s'emballe souvent lors de la publication annuelle des chiffres de la piraterie (on peut désormais parler de « marronnier ») ou à une nouvelle capture, plus significative et plus surprenante par sa taille (le plus gros tanker !), sa localisation (la prise la plus éloignée des côtes somaliennes !), sa cargaison (des chars d'assaut !) ou par l'identité des otages. Autant d'éléments qui contribuent à la dramatisation de l'événement. L'attaque de mars 2003, dans le détroit de Malacca, contre le chimiquier *Dewi Madrim*, n'avait donné lieu à aucune violence et à aucun vol ; l'hypothèse que cet incident ait, en réalité, été une répétition en vue d'une attaque terroriste de grande envergure pour paralyser le détroit a circulé dans la presse, même la plus sérieuse[64]. La capture du *Maersk Alabama*, le 8 avril 2009 relève aussi de cette dramatisation médiatique qui a transformé le capitaine Richard Phillips en héros américain typique[65]. En réalité, à l'issue de l'assaut, les Navy Seals trouvèrent le capitaine, au demeurant assez courageux pour avoir tenté d'échapper à ses captifs alors qu'il était le seul otage entre leurs mains, « dans un état de confusion et de désorientation marqué [...]. Il souffrait d'un début de syndrome de Stockholm et, encore choqué par la fusillade, il ne comprenait pas ce qui venait de se passer ni pourquoi »[66].

À la dramatisation s'ajoute aussi la « romanticisation ». Le pirate devient alors un « Robin des bois des mers » ou une victime. La cruauté du pirate est tempérée par son courage et par sa détresse. Téméraire, il s'élance sur les flots dans des *skiffs* artisanaux pour des maraudes longues et périlleuses, au péril de sa vie[67]. En détresse économique, ses zones de pêche pillées par des navires étrangers ou polluées par des déversements toxiques clandestins[68],

---

63. Voir www.channel4.com/news/somali-pirates-journalists-jamal-osman-time-magazine-kenya.

64. Voir le magazine *Time* du 29 novembre 2004. Cette dramatisation a été relevée par un des commandants de la TF 151. Voir « Former CTF-151 Commander Says Media Attention Dramatizes Somali Piracy », *Defence Professionals, defpro.news*, 8 décembre 2009.

65. Phillips a raconté son histoire dans *A Captain's Duty : Somali Pirates, Navy SEALs, and Dangerous Days at Sea*, paru en 2010 chez Hyperion.

66. Mark Owen, *Ce jour-là. Au cœur du commando qui a tué Ben Laden*, Le Seuil, 2012, p. 110.

67. Voir « Life on the ocean waves with Somali pirates – and it's pretty grim", *The Guardian*, 17 janvier 2012. A consulter sur www.guardian.co.uk/world/defence-and-security-blog/2012/jan/17/somali-pirates-nato-royal-navy

68. Voir « You are being lied to about pirates. Some are clearly just gangsters. But others are trying to stop illegal dumping and trawling", *The Independent*, 5 janvier 2009. À consulter sur www.independent.co.uk/voices/commentators/johann-hari/johann-hari-you-are-being-lied-to-about-pirates-1225817.html

il ne peut que recourir au brigandage, à la prise d'otages pour assurer la survie des siens. C'est ce qui ressort aussi des comptes rendus d'audience, lors des procès de pirates où l'empathie l'emporte parfois quand le soi-disant « pirate » a tout d'un pêcheur égaré.

Enfin se pose la question des chiffres. Les actes de piraterie, et il faut s'en féliciter, font peu de morts : quelques marins captifs et davantage de pirates tués lors de l'intervention des forces armées. Ces victimes sont beaucoup moins nombreuses que celles des actes de terrorisme, des attaques aux engins explosifs artisanaux (IED) ou des guerres entre gangs mexicains. Seul le chiffre des otages, dans le cas de la piraterie, contribue à l'exacerbation de la couverture médiatique et de l'intérêt du public. Et le nombre de membres d'équipage et de plaisanciers captifs a effectivement été élevé ! Reprenons les chiffres précédemment donnés : 774 marins capturés en 2008, 746 en 2009, 1 027 en 2010 et 569 en 2011… Il y a, certes, de quoi susciter un élan populaire de sympathie envers ceux que les pirates somaliens détiennent et menacent.

Au final, entre dramatisation, romanticisation et décompte des otages, la vision donnée de la piraterie contribue à la faire ranger dans la liste des menaces majeures. Au même titre que le terrorisme. On assiste donc à « la surmédiatisation d'un épiphénomène qui pourrait être la cause d'un véritable problème stratégique »[69], alors que la piraterie n'affecte qu'une infime partie des gens de mer. Et des entreprises : en 2009, une enquête du Club des directeurs de sécurité des entreprises montrait que si seulement 2,66 % des sociétés sondées avaient été touchées par la piraterie maritime, 13,3 % l'avaient été par des kidnappings, 25,3 % par la piraterie routière, 30,6 % par des attaques armées et 73,3 % par des vols !

Qui a intérêt à cette (sur)médiatisation, qui n'a rien d'outrancière par bien des aspects, mais qui se suffit de quelques images saisissantes, de chiffres hors norme et d'hypothèses postulant la complicité de mouvements islamistes et de réseaux mafieux complices ?

69. Jean-François Daguzan, actes du colloque de la FRS du 7 décembre 2009, sur « la piraterie : menace stratégique ou épiphénomène ? », www.frstrategie.org/barreFRS/publications/colloques/20091207.pdf

Chapitre 3

# La répression des actes de piraterie et le droit

Dans les siècles passés, la répression des actes de piraterie relevait du plus simple appareil : la pendaison immédiate aux vergues des mats du navire qui était parvenu à s'emparer des forbans de la mer, sans aucun jugement préalable. L'ennemi de l'humanité, comme on le qualifiait alors, ne méritait pas la moindre attention de justice. Nous n'en sommes évidemment plus là. Bien au contraire, le processus de répression pénale de l'acte de piraterie s'est complexifié car il fait intervenir une superposition de plusieurs ordres juridiques : droit international public, droit européen pour les États membres de l'Union européenne, droit interne des États, outre un possible chevauchement de compétences entre une pluralité d'États selon les cas.

Nous nous interrogerons ainsi en premier lieu sur les conditions et modalités de la mise en œuvre de la compétence universelle des États qui s'exerce envers les auteurs d'actes de piraterie et la façon dont ce droit international impacte l'ordonnancement du droit pénal interne des États engagés dans la lutte contre la piraterie. Nous nous interrogerons en second lieu sur les exigences qui, en ce domaine, découlent du droit européen pour les États membres de l'Union européenne mais aussi pour les États membres du Conseil de l'Europe liés par la convention européenne des droits de l'homme (CEDH). Continuant de progresser du plus général au plus particulier, nous tenterons d'analyser comment les États les plus impliqués dans cette lutte se sont engagés dans la répression de la piraterie au sein de leur propre système judiciaire.

## Section 1. La mise en œuvre de la compétence universelle contre les actes de piraterie

En droit international de la mer, l'idée de compétence universelle des États est une composante indissociable de la notion de piraterie. Elle est le fondement de sa répression, directement liée au fait que l'acte de piraterie est un crime commis, par définition, dans des espaces maritimes voire aériens internationaux – la haute mer et l'espace aérien sus-jacent – dans lesquels aucune souveraineté étatique ne s'exerce.

### I. Principe et contraintes d'une compétence universelle des États

#### A. Sur un plan général

La notion de compétence universelle signifie que, dans un domaine où un tel titre juridique à agir est admis, le droit international public reconnaît à tout État, au regard d'une infraction déterminée, la compétence d'appréhender son auteur et de le juger, quelle que soit sa nationalité, et quelle que soit celle de ses victimes, quand bien même ledit État n'aurait pas eu à souffrir directement, en tant que tel ou en la personne de ses ressortissants, de l'infraction commise.

La compétence universelle, ou titre universel à agir, est ainsi l'« aptitude reconnue aux tribunaux de tout État à juger des faits commis à l'étranger, quels que soient le lieu de l'infraction et la nationalité de l'auteur ou de la victime (*ubi te invenero, ibi te judicato* : où je t'aurai trouvé, je te jugerai)[1]. » En matière de lutte contre la piraterie, il y a là une dérogation majeure aux principes qui régissent le jeu de la compétence personnelle – dans le sens de compétence qui s'attache aux personnes – des États en haute mer, qui est normalement régie par le principe de l'exclusivité de juridiction de l'État du pavillon. Dès lors que les forces navales de tout État ont le droit de s'emparer de pirates à la mer ainsi que de leurs embarcations, tout se passe comme si ces derniers n'avaient pas de pavillon puisque le principe d'exclusivité de juridiction de l'État du pavillon en haute mer cesse par définition de s'appliquer dans cette hypothèse. Quoiqu'il arbore, le pirate est pour

1. Jean Salmon (dir.), *Dictionnaire de droit international public*, Bruxelles, éd. Bruylant/AUF, 2001, p. 212.

ainsi dire un déclassé... il n'a pas de pavillon. Mais si ce n'est son navire, le pirate a, à titre personnel, une nationalité, ce qui permettra le cas échéant à l'État intercepteur de l'extrader vers son pays d'origine pour y subir les rigueurs de sa législation, si du moins ce dernier en fait la demande.

La question s'est posée de savoir si, dans un domaine où il n'existe pas au profit des États de compétence universelle organisée par voie de traité, il est possible d'en voir émerger une par la voie coutumière ? Ce fut jadis, précisément, le cas de la piraterie. Mais l'émergence de cette compétence universelle remontait à un temps séculaire où le droit international public, dans son état embryonnaire, relevait essentiellement d'un processus coutumier par accumulation ininterrompue de précédents sur un temps relativement long générant de la part des États, au bout du compte, l'idée – l'*opinio juris* – de se conformer non plus à un simple usage mais à une véritable obligation internationale.

La question s'est posée à notre époque au regard des États qui s'attribuent de façon unilatérale un titre universel à agir contre certains actes criminels. La Cour internationale de justice y a répondu par la négative dans son arrêt du 14 février 2002 consacré à l'affaire dite « des mandats d'arrêts », opposant la République démocratique du Congo à la Belgique[2]. Cela renforce le caractère exceptionnel de la compétence universelle totale existant en matière de lutte contre la piraterie sur l'espace de haute mer.

Il n'a donc pas été admis à ce jour que ce que l'on appelle le « phénomène social » générateur de la demande de normes et qui est considéré comme étant la base de tout processus coutumier, y compris dans la société internationale, puisse engendrer, spécialement en matière de compétence universelle, l'émergence de règles de droit international général allant au-delà de ce que prévoient les traités universels existants. Il faut dire que s'agissant de compétence universelle l'affaire est grave et l'enjeu considérable.

Il existe aujourd'hui une douzaine de domaines (voir l'encadré ci-après) dans lesquels les conventions internationales prévoient une compétence universelle des États à réprimer des actes commis hors de leur territoire, par un étranger, et considérés globalement comme constituant des atteintes fondamentales à la sécurité, voire à la dignité des personnes, où que ce soit dans le monde.

---

2. Requête formée par la RDC au regard des lois belges de 1992 et 1999 qui instituaient un titre universel à agir particulièrement large contre les crimes internationaux. La CIJ a nié l'existence d'une coutume internationale qui viendrait fonder la compétence universelle des États à poursuivre de tels crimes sans égard à la nationalité de leurs auteurs ni au territoire où ils ont été commis, ni au territoire sur lequel le prévenu est appréhendé.

• Crime d'apartheid : convention internationale sur l'élimination et la répression du crime d'apartheid, du 30 novembre 1973, art. IV (b)[3].

• Crime contre l'humanité.

• Génocide, sur la base de la convention du 9 décembre 1948 pour la prévention du crime de génocide (art. 211 Code pénal – CP – français).

• Crime de guerre (plus difficile à poursuivre sur un plan individuel que le crime de torture).

• Torture et autres traitements cruels, inhumains et dégradants, sur la base de la convention de New York du 10 décembre 1984 (puni plus sévèrement en France que le crime de guerre) : fait partie de cette catégorie d'actes, et peut relever à ce titre des juridictions françaises, le fait de séquestrer et jeter à la mer, en toutes zones maritimes, des passagers clandestins étrangers à bord d'un navire étranger (art. 689-2 Code de procédure pénale – CPP – français).

• Terrorisme et actes de barbarie, sur la base de la convention européenne pour la répression du terrorisme, Strasbourg, 27 janvier 1977 (art. 222-17 et 222-18 CP, art. 689-3 CPP).

• Appropriation et détournement de matières nucléaires (sur la base de la convention de Vienne et New York du 3 mars 1980 relative à la protection physique des matières nucléaires (art. 689-4 CPP).

• Atteinte à la sécurité de la navigation maritime et aux plates-formes pétrolières, sur la base de la convention de Rome du 10 mars 1988 (art. 689-5 CPP).

• Détournement ou destruction d'aéronef, sur la base de la convention de La Haye du 16 décembre 1970 et de la convention de Montréal du 23 septembre 1971 (art. 689-6 CPP).

– Actes illicites de violence commis dans les aéroports, sur la base du protocole de Montréal du 24 février 1988 (art. 689-7 CPP).

– Acte de terrorisme commis au moyen d'engins explosifs, convention de New York du 12 janvier 1998 pour la répression des attentats terroristes (art. 421-1, 421-2 CP et 689-9 CPP).

– Financement d'actes de terrorisme, convention de New York du 10 janvier 2000 pour la répression du financement d'actes terroristes (art. 421-1, 421-2 CP, art. 689-10 CPP).

– Atteinte aux intérêts financiers de l'Union européenne, sur la base de la convention UE de Dublin du 27 septembre 1996 (art. 689-8 CPP).

3. Voir *RTNU*, vol. 1015, p. 243.

### B. En matière de lutte contre la piraterie

Le pirate, en raison de l'insécurité qu'il faisait peser sur la navigation maritime à des fins strictement privées et de lucre, a été considéré dès l'Antiquité comme l'ennemi de l'humanité. À son égard, le titre universel des États, apparu initialement selon un processus coutumier, est aujourd'hui prévu par l'article 105 de la convention de Montego Bay : « Tout État peut, en haute mer ou en tout autre lieu ne relevant de la juridiction d'aucun État, saisir un navire ou un aéronef pirate ou un navire ou un aéronef capturé à la suite d'un acte de piraterie et aux mains de pirates, et appréhender les personnes et saisir les biens se trouvant à bord. Les tribunaux de l'État qui a opéré la saisie peuvent se prononcer sur les peines à infliger, ainsi que sur les mesures à prendre en ce qui concerne le navire, l'aéronef ou les biens, réserve faite des tiers de bonne foi. »

Les pirates qui ont effectivement commis leur forfait en haute mer et que l'on a capturés dans cette même zone, voire dans des eaux sous souveraineté dans le cas d'un droit de poursuite dit « inversé »[4], établi à titre exceptionnel par le Conseil de sécurité des Nations unies dans le cas de la piraterie somalienne parce qu'il est directement contraire au droit international de la mer[5], peuvent être soit remis à leur État de nationalité ou encore à l'État côtier d'où ils sont partis pour leur attaque, soit à un État tiers, ou bien encore transférés à son bord par le navire de guerre intercepteur pour être ensuite amenés sur son territoire afin qu'ils y soient jugés.

## II. Les options offertes à l'État par la compétence universelle

Le choix entre l'une ou l'autre de ces différentes options appartiendra à l'État qui se sera emparé de présumés pirates, en fonction d'un certain nombre de critères dont certains seront juridiques comme en matière d'extradition ou en considération de l'existence ou non d'instruments de répression de ce crime particulier dans son ordre juridique national. Mais il pourra aussi s'agir de considérations politiques en fonction de ce que ledit État aura eu à souffrir lui-même ou non de l'action de pirates ou bien encore des pressions qui pourront s'exercer dans sa direction par une ou

4. En droit de la mer, la poursuite d'un navire privé en infraction par un navire de guerre (ou tout autre moyen d'État tel qu'un aéronef), dite *hot pursuit*, doit s'exercer exclusivement dans le sens allant de la mer territoriale de l'État côtier – où l'infraction doit avoir pris corps – vers la haute mer et sur celle-ci. Elle doit de plus être continue et cesser dès lors que le navire poursuivi parvient à passer dans les eaux territoriales d'un autre État.

5. Ce droit de poursuite inversé est précisément prévu, s'agissant de la lutte contre la piraterie au large de la Somalie, par la résolution 1816 du Conseil de sécurité des Nations unies, du 2 juin 2008 (voir *infra*).

plusieurs autres puissances estimant qu'elles détiennent des compétences prioritaires à juger les personnes appréhendées.

### A. Remettre, juger, extrader

**Remettre** ou **Juger**. Ce sont deux options opposées. La première est utilisée par l'État capteur de pirates lorsqu'il entend ne pas les rapatrier sur son territoire pour exercer lui-même la répression à leur encontre. Cela peut être le cas lorsque les pirates ont une provenance clairement identifiée et que l'État sur le littoral duquel ils ont leur base logistique souhaite les appréhender, ce qui suppose au demeurant que son système judiciaire offre des garanties de répression effective mais aussi de respect des standards internationaux en la matière (respect des droits de la défense, respect de l'intégrité physique et morale des prévenus, etc.), autrement appelés en droit international « standards minimum de civilisation ».

Dans le cadre de la lutte contre la piraterie somalienne, domaine sur lequel s'est relativement focalisée au cours des dernières années l'attention des États et des organisations internationales concernées, l'élaboration d'instruments juridiques, bilatéraux et multilatéraux, a eu notamment pour objet de permettre aux puissances maritimes participant aux forces navales affectées à la lutte contre la piraterie de remettre directement à certains États de la région les pirates appréhendés : Kenya, Maurice, Seychelles, par exemple.

En revanche, lorsque l'État capteur a été lui-même victime de l'action de certains pirates, à travers ses ressortissants et des navires battant son pavillon, il est plus volontiers enclin à les rapatrier sur son territoire afin d'exercer lui-même la répression. Dans le cas somalien, il en a été ainsi par exemple de la France ou des États-Unis comme on le verra dans la suite de ce chapitre. Les deux États ont de cette façon tantôt remis des pirates capturés à d'autres États de la région, tantôt rapatrié d'autres sur leur propre territoire afin d'exercer eux-mêmes la répression, parce que les prévenus s'en étaient pris à leur pavillon.

**Extrader**. Cette troisième option n'est pas aussi facile que l'on pourrait le croire. Le cas particulier de la France, et même de la quasi-totalité des États du continent européen, peut en témoigner, pour ce qui est de la répression de la piraterie maritime. En effet, l'article 696-2 du Code de procédure pénale français prescrit que l'extradition peut être consentie aux gouvernements étrangers qui en font la demande eu égard aux personnes de nationalité étrangère faisant l'objet de poursuites et trouvées « sur le territoire de la République ». Par définition, des pirates capturés en mer dans l'océan Indien, n'auront pas été trouvés sur le territoire de la République, à moins que, par extraordinaire, ils n'aient été pris dans la mer territoriale de l'île de la Réunion ou sur une des îles françaises inhospitalières du canal du Mozambique.

De plus, l'extradition ne pourra pas être accordée par la France, de même que par tout autre pays lié par la Convention européenne des droits de l'homme, lorsque l'infraction est punie, par le droit pénal de l'État qui réclame l'extradition, « d'une peine ou d'une mesure de sûreté contraires à l'ordre public français » : peine de mort, risques de mauvais traitements, ce qui serait contraire notamment à l'article 3 de la CEDH. Il en va de même de certaines peines appliquées par des pays dont le système pénal pratique la charia musulmane. Néanmoins l'extradition pourra être accordée si le gouvernement de l'État détenteur des pirates obtient du gouvernement de l'État requérant, l'engagement que la peine de mort ne sera pas requise ou si elle est prononcée, ne sera pas exécutée. Apparemment, il n'y a pas dans ce cas contradiction avec la Convention européenne des droits de l'homme. Mais l'affaire n'est pas aussi simple car la Cour de Strasbourg demande aux États, avant toute extradition, de prendre de véritables garanties par écrit, un accord simplement verbal de l'État bénéficiaire n'étant pas jugé, à bon droit, suffisant en la matière, comme l'a énoncé la Cour dans son arrêt *Saadi c. Italie* de 2008[6], lorsque l'État en question est coutumier des mauvais traitements et plus encore lorsqu'il pratique la peine de mort.

L'extradition n'est en outre pas accordée par la France lorsque « la personne réclamée serait jugée dans l'État requérant par un tribunal n'assurant pas les garanties fondamentales de procédure et de protection des droits de la défense » (article 696-4 du CPP). Enfin, l'extradition d'un pirate ne devrait pas être accordée par la France s'il s'avérait que l'État requérant appuie sa demande non sur le fondement d'une disposition appropriée de son Code pénal (incrimination expresse de piraterie), mais sur le fondement de considérations politiques. Il s'agit là pour la France d'un principe fondamental reconnu par les lois de la République tel que l'a jugé le Conseil d'État dans un arrêt du 3 juillet 1996[7].

### B. La concurrence des titres de compétence à réprimer

Ensuite, peut venir jouer l'interférence de plusieurs titres de compétence. Elle trouve sa solution, variable selon les cas d'espèce, dans une sorte de logique découlant des événements eux-mêmes mais qui fait entrer en ligne de compte une pluralité d'éléments qui se hiérarchisent : nationalité des victimes, pavillon du navire attaqué par les pirates, nationalité des pirates, zone maritime dans laquelle ils ont agi, zone maritime dans laquelle ils ont été capturés[8]. Trois hypothèses seront envisagées.

---

6. CEDH, 28 février 2008, Grande Chambre, *Saadi c. Italie*, n°37201/06.

7. Dalloz 1996, p. 509 ; *Revue Française de Droit Administratif*, 1997, p. 870.

8. Sur la délicate question des titres de compétences multiples, voir Jean-Paul Pancracio, "L'affaire de l'Achille Lauro et le droit international », *Annuaire Français de Droit International*, 2005, p. 221 et suiv.

**Pour les auteurs d'actes de piraterie et capturés dans les eaux internationales.** Quels que soient la nationalité de leurs victimes et le pavillon du navire, l'État intercepteur possède le titre universel à les juger lui-même. Mais il a aussi toute liberté de remettre ces personnes à leur pays d'origine, aux autorités d'un État côtier ou à tout autre État qui les réclameraient pour avoir été victime de leurs agissements. Le titre universel à agir ouvre dans ce cas le plus large spectre de solutions.

**Pour les auteurs de vols à main armée capturés dans les eaux de souveraineté côtière n'ayant pas fait de victimes françaises.** En l'occurrence, il s'agit de la souveraineté somalienne – ce qui implique un accord de coopération avec l'État côtier autorisant l'intervention étrangère, même si celle-ci est réalisée sur mandat du Conseil de sécurité de l'ONU. L'hypothèse étant, comme indiqué, que les auteurs de ces actes criminels ne se soient pas attaqués à un navire français et n'aient pas fait, même temporairement, de victimes françaises, la compétence territoriale doit en ce cas logiquement prévaloir, puisque l'État intercepteur ne peut invoquer aucune compétence personnelle et qu'il agit dans une zone de souveraineté étrangère. À l'État côtier ensuite de décider, au vu d'éventuelles demandes d'extradition qui lui seraient faites, de remettre ou pas les prévenus à un autre État qui en a été victime.

**Pour les auteurs d'un vol à main armée perpétré dans des eaux de souveraineté et attentatoire à des ressortissants français ou à un navire battant pavillon français.** En premier lieu, s'il en a la volonté politique, l'État côtier peut fort bien faire prévaloir sa compétence territoriale. Elle s'impose en premier rang. Mais un accord de coopération autorisant l'intervention des forces armées françaises peut prévoir le transfert et le jugement en France des personnes appréhendées. En toute hypothèse, s'il n'y a pas d'accord général en ce sens, le transfert peut être négocié au cas par cas. La compétence territoriale de l'État côtier peut alors s'effacer devant la compétence personnelle de l'État du pavillon ou de l'État de nationalité des victimes, mais à la condition toujours nécessaire qu'un accord préalable, général ou spécifique, existe effectivement. Ensuite, un État tiers peut venir réclamer que les auteurs de ces infractions lui soient livrés s'il estime y avoir un intérêt (par le pavillon ou par les ressortissants). De nouvelles négociations peuvent alors intervenir. Si les victimes à bord du navire attaqué étaient de nationalités diverses, on aura tendance à considérer que c'est l'État du pavillon qui a vocation à traiter judiciairement l'affaire, ou si celui-ci accepte de s'effacer, l'État d'origine de la nationalité la plus nombreuse. Mais cela pourrait encore être l'État de nationalité des victimes les plus gravement lésées, par exemple dans l'hypothèse de décès d'otages.

C'est sur le fondement de ces multiples considérations qu'il faut comprendre le transfert en France des pirates qui ont directement lésé des intérêts français : attaque de navire arborant le pavillon français, détournement forcé de navire, prise d'otages, demande de rançon[9].

## Section 2. Les exigences du droit européen pour les États membres de l'UE et du Conseil de l'Europe

Elles se situent à deux niveaux : celui du droit européen en tant que tel et celui de la Convention européenne de sauvegarde des droits de l'homme et des libertés fondamentales. À ces deux niveaux correspondent deux jurisprudences contraignantes : celle de la Cour de justice de l'Union européenne (CJUE) qui siège à Luxembourg et celle de la Cour européenne des droits de l'homme (CEDH) qui siège à Strasbourg.

### I. Les contraintes de la jurisprudence de la CJUE

Dans des arrêts du 3 septembre 2008[10], la CJUE s'est déclarée compétente pour contrôler la légalité des mesures par lesquelles les institutions de l'Union, mais aussi par-devers elle ses États membres, mettent en application des résolutions du Conseil de sécurité prises au titre du chapitre VII de la charte, afférentes comme l'on sait au maintien de la paix et de la sécurité internationales et donc à la sécurité collective.

Le pas franchi par la CJUE à cette occasion est considérable parce qu'au-delà de l'affirmation de sa compétence, il permet désormais à la Cour d'imposer au Conseil et à la Commission ainsi qu'aux États membres de l'Union, quand ils agissent sur le fondement de résolutions du Conseil de sécurité, de respecter les valeurs communes sur lesquelles se fonde leur adhésion à l'Union. Comme le commente le professeur Philippe Weckel : « La Cour de Luxembourg a donné là une belle leçon d'indépendance en contraignant les États européens à être cohérents avec eux-mêmes, avec les valeurs qui forment leur identité collective[11]. »

---

9. Juin 2009 : les pirates somaliens détiennent selon l'ONG Ecoterra International, 18 navires de tous types (navires marchands, navires de servitude, navires de pêche et de plaisance) et 300 marins gardés en otages pour négocier la remise de rançons. Parmi ceux-ci, les Philippins, une des principales nationalités armant les navires marchands, sont les plus nombreux (121 marins détenus).

10. CJCE, Affaires jointes *C-402/05 Yassin Abdullah Kadi* et *C-415/05 Al Barakaat International, Fondation contre Conseil et Commission* du 3 septembre 2008.

11. Philippe Weckel, « Contrôle de la légalité des mesures relevant du chapitre VII de la Charte : un pas décisif a été franchi par la Cour européenne de Justice », *Sentinelle*, site Internet de la SFDI, 14 septembre 2008. Sur le même site à la même date, on peut se reporter très utilement à l'article d'Anne Raynaud, CJCE, *Affaires Yassin Abdullah Kadi* et *Al Barakaat International Fondation/Conseil et Commission* (3 septembre 2008), 8 p.

Avec finesse au demeurant, la Cour ne remet pas en cause la primauté du droit international public sur le droit communautaire. Elle ne se livre aucunement en l'espèce à un examen de la légalité d'une résolution du Conseil de sécurité. Elle affirme d'une part l'obligation pour les institutions de l'Union de respecter le droit communautaire et les principes qu'il met en œuvre en toute hypothèse, y compris dans l'application, par la voie de règlements communautaires, de résolutions du Conseil de sécurité prises dans le contexte de la lutte contre le terrorisme[12] ; ce qui implique l'obligation correspondante faite à la juridiction européenne qu'est le Tribunal de Première Instance (TPI) de procéder au contrôle de la légalité communautaire de ces mesures. Elle affirme subséquemment l'obligation qu'ont les juridictions nationales des États membres de contrôler la légalité des mesures prises par leurs gouvernements dans la mise en œuvre des résolutions du Conseil de sécurité, au regard des mêmes principes de droit communautaire. La Cour rappelle ce faisant que « la Communauté est une communauté de droit » fondée sur des traditions juridiques communes, sur un système normatif commun, sur un ensemble de droits fondamentaux et de principes généraux du droit dont la cohérence doit être maintenue en toute occasion. Cette communauté et ce qui la cimente sur le plan juridique ne sauraient ainsi se défaire au gré de normes internationales obligatoires émises par une institution internationale[13].

Pour la CJUE, l'Union comme ses États membres n'ont pas une obligation de moyens dans l'application des résolutions obligatoires du Conseil de sécurité. Ils pourvoient par conséquent à leur mise en œuvre dans le respect de leur ordre juridique interne : « La charte des Nations unies n'impose pas le choix d'un modèle déterminé pour la mise des résolutions adoptées par le Conseil de sécurité au titre du chapitre VII de cette charte, cette mise en œuvre devant intervenir conformément aux modalités applicables à cet égard dans l'ordre juridique interne de chaque membre de l'ONU[14]. »

Il n'est donc pas si simple pour une puissance maritime, spécialement un État membre de l'Union européenne et du conseil de l'Europe, de transférer sur son propre territoire aux fins d'y être jugés, des pirates présumés qu'elle a capturés ou qui auraient pu lui être remis par une autre puissance. À l'heure où la lutte contre la piraterie s'inscrit dans un cadre multilatéral

12. En l'espèce, il s'agissait du règlement du Conseil de l'Union européenne du 27 mai 2002 (n° 881/2002) mettant en œuvre un gel des avoirs financiers des personnes et entités figurant sur une liste « noire » et présumées être affiliées au réseau al-Qaida. L'arrêt reproche à ce règlement de n'avoir pas prévu de garanties des droits de la défense, notamment la possibilité pour les personnes et entités visées par ces mesures restrictives du droit de propriété d'être entendues préalablement à toute décision effective de gel de leurs avoirs financiers.

13. Voir notamment les paragraphes 283, 284, 298, 299 de l'arrêt du 3 septembre 2008.

14. Paragraphe 298 de l'arrêt du 3 septembre 2008.

et de coopération entre puissances maritimes et État de la région concernée, il est sans doute préférable, y compris d'un point de vue humanitaire et d'entraide judiciaire, de confier l'exercice des poursuites aux États de la région ciblée avec lesquels des accords de coopération auront été passés en ce sens, assortis des garanties nécessaires.

L'affaire des présumés pirates du *Ponant* n'est pas un cas d'espèce et tout porte à croire que les solutions qui lui seront données par l'autorité judiciaire française auront une influence sur le traitement procédural mais aussi juridictionnel des affaires suivantes. Outre ceux du *Carré d'As*, les pirates capturés sur le voilier *Tanit* le 4 avril 2009, ont eux aussi été entendus dès leur arrivée en France le 14 avril par la section de recherche de la gendarmerie de Rennes. Ils ont ensuite été mis en examen le 17 avril pour détournement de navire, séquestration et détention arbitraires commises en bande organisée sur plusieurs personnes dont un mineur et suivies d'un décès. Placés sous mandat de dépôt à la suite de cette mise en examen, ils ont été écroués, comme ceux du *Ponant*, dans des maisons d'arrêt différentes. L'instruction pénale est conduite par un collège de juges d'instruction de la juridiction interrégionale spécialisée (JRIS) de Rennes.

Au surplus, les incriminations pénales sur le fondement desquelles la procédure pour acte de piraterie est susceptible de se poursuivre en France, fournissent un autre champ d'interrogations. En matière de répression interne d'actes de piraterie, cet autre niveau de l'analyse ne saurait être éludé.

## II. Les contraintes de la jurisprudence de la Cour européenne des droits de l'homme. Le cas *Medvedyev* et ses suites

Cette affaire n'a pas concerné un acte de piraterie mais un acte de narcotrafic par la voie maritime. Les questions juridiques qu'elle a permis de poser sont toutefois parfaitement transposables à la répression de l'acte de piraterie, car c'est tout simplement la question de la validité procédurale d'une privation de liberté en mer qui était posée et ce cas a effectivement eu des répercussions sur le traitement des présumés pirates appréhendés en mer en provoquant une évolution des législations nationales.

Le problème de fond et le plus général est celui de la validité d'une procédure pénale lancée hors du territoire de l'État : cela peut être sur un territoire étranger[15] ou sur un navire de guerre français. En l'espèce, c'est précisément le cas du navire de guerre qui est posé.

15. Cela inclut une ambassade de France du fait que contrairement à un mythe juridique celle-ci n'est pas territoire français et que la législation pénale de l'État d'accueil s'applique dans ses locaux. Le fait qu'elle soit inviolable n'en fait pas pour autant une enclave de souveraineté étrangère, et donc de droit étranger, au sein du territoire de l'État d'accueil.

Là encore, il faut affirmer que contrairement à une fiction largement répandue mais aujourd'hui clairement réfutée par la doctrine et la jurisprudence, le navire de guerre n'est pas une partie du « territoire » de l'État du pavillon. Il bénéficie sans conteste d'une inviolabilité qui le protège de toute incursion d'une autorité étrangère, donc de tout acte de souveraineté étrangère à son encontre, mais il n'est autre, sur le plan juridique, qu'un véhicule qualifié d'ensemble organisé soumis à l'autorité d'un commandant de bord.

La question est de savoir à quel titre des personnes appréhendées en pleine mer peuvent y être maintenues en état de privation de liberté. La question est identique quand cette privation de liberté est opérée sur le navire de guerre intercepteur ou sur le navire intercepté et dérouté, sous la garde et la contrainte du navire de guerre. Est-on dans le cadre d'une procédure judiciaire au sens strict du terme ? Mais celle-ci peut-elle commencer et être diligentée à bord ? Ou bien est-on, dans l'attente de pouvoir entamer une telle procédure, dans le cadre d'un autre système ? La question qui est posée est évidemment celle de la légalité de la mesure privative de liberté entre le moment de l'arrestation et du transfert à bord des pirates ou auteurs de violences en mer et le moment où ils arrivent sur le territoire de la République. Paradoxalement, la loi pénale s'applique assez facilement sur le navire de guerre, mais l'application de la procédure pénale y rencontre des difficultés, parce que plus qu'aucune autre procédure, elle est évidemment contraignante. C'est bien là sa raison d'être, spécialement quand il y a privation de liberté !

Les autorités françaises pensaient jusqu'alors que le fait qu'un procureur de la République soit saisi immédiatement de l'affaire, dès l'arraisonnement du navire privé et l'arrestation des présumés délinquants présents à bord, pouvait constituer une garantie suffisante pour valider toute la procédure. Elles arguaient que la rétention des personnes appréhendées était ainsi placée sous le contrôle, même à plusieurs milliers de kilomètres de distance, d'une autorité judiciaire compétente. Compétente, la cour n'en doutait pas, mais suffisante… non !

Cette position a en effet été démentie par la Cour européenne des droits de l'homme dans le fameux arrêt *Medvedyev*, en date du 10 juillet 2008. Il était rendu dans une affaire d'arraisonnement d'un cargo cambodgien, le *Winner*. Alors qu'il transportait une grande quantité de drogue[16], celui-ci a été visité puis dérouté par un aviso de la marine nationale française, le

16. Estimée à deux tonnes mais la plus grande partie ayant été jetée à la mer à l'arrivée de l'aviso. Seuls 80 kg de cocaïne ont pu être saisis. Le cargo n'arborait aucun pavillon (ce qui autorisa son contrôle et son arraisonnement par tout navire de guerre), et refusait d'obtempérer aux sommations de stopper.

*LV Le Hennaff*. L'équipage du *Winner* a été ainsi détenu pendant plusieurs jours de mer, le temps de gagner le port de Brest.

Dans cette affaire, la Cour de Strasbourg a condamné la France pour manquement à l'article 5, paragraphe 1, de la Convention européenne de sauvegarde des droits de l'homme et des libertés fondamentales[17] sur le fondement de deux motifs :

Elle a estimé que le procureur de la république ne pouvait pas être considéré comme une autorité judiciaire, le Parquet n'étant pas selon elle indépendant à l'égard du pouvoir exécutif : « Force est cependant de constater que le procureur de la République n'est pas une autorité judiciaire au sens que la jurisprudence de la Cour donne à cette notion : [...] il lui manque en particulier l'indépendance à l'égard du pouvoir exécutif pour pouvoir être ainsi qualifié[18]. » D'autant que vient interférer avec l'article 5 paragraphe 1 de la Convention européenne, les dispositions de l'article 5 paragraphe 3 selon lesquelles « Toute personne arrêtée ou détenue dans les conditions prévues au paragraphe 1c du présent article, doit être aussitôt traduite devant un juge ou un autre magistrat habilité par la loi à exercer des fonctions judiciaires [...]. »

Elle a estimé également qu'une procédure pénale commencée et diligentée en mer sur un navire de guerre français manquait de base légale, compte tenu de ce que la loi du 15 juillet 1994 modifiée par la loi du 29 avril 1996, relative aux modalités de contrôle en mer, ne prévoyait pas les conditions dans lesquelles pouvaient être exercées sur un navire de guerre, des mesures privatives de liberté envers des personnes appréhendées.

Dans l'esprit de la Cour, il ne s'agissait pas de nier que puissent intervenir sur un navire de guerre, ou un navire privé arraisonné et placé sous son contrôle, des mesures privatives de liberté. Dans le cas contraire, elle annihilerait en effet toute activité de sécurité maritime, et ce n'est évidemment pas son propos. La Cour exigeait que ces mesures interviennent en application d'un cadre légal suffisamment élaboré pour être considéré comme respectant d'une part le principe général de prééminence du droit[19], d'autre part le principe du droit individuel à la sûreté, et que lesdites mesures

17. « Toute personne a droit à la liberté et à la sûreté. Nul ne peut être privé de sa liberté, sauf dans les cas suivants et selon les voies légales : [...] »

18. Arrêt CEDH, 5e section, n° 3394/03 du 10 juillet 2008, paragraphe 61, *Dalloz*, 2008, p. 3055 et suiv.

19. La Cour énonce dans le paragraphe 62 de son arrêt, le principe exigeant d'une « adhésion scrupuleuse à la prééminence du droit » et rappelle que, au titre de l'article 5 § 1 de la Convention, pour qu'une arrestation ou une détention, même sur un navire en haute mer, puisse être considérée comme ayant une base légale en droit interne, la loi de l'État doit en fixer les modalités et les garanties avec précision. C'est seulement dans ces conditions que la loi en question sera « compatible avec la prééminence du droit, notion inhérente à l'ensemble des articles de la Convention. »

ne soient pas considérées à l'opposé comme étant laissées à l'arbitraire du commandant de bord d'un navire de guerre ou de tout autre navire public habilité à une telle mission : « À titre liminaire, la Cour souligne qu'elle partage le point de vue du Gouvernement selon lequel il faut garder à l'esprit que les mesures prises par les autorités françaises à l'encontre du Winner et de son équipage s'inscrivaient dans le cadre de la participation de la France à la lutte contre le trafic international de stupéfiants. Comme elle l'a à maintes reprises indiqué, vu les ravages de la drogue, elle conçoit en particulier que les autorités des États parties fassent preuve d'une grande fermeté à l'égard de ceux qui contribuent à la propagation de ce fléau. Cependant, aussi légitime qu'elle soit, une telle fin ne saurait justifier tous les moyens : lesdits États sont tenus de garantir à toute personne relevant de leur juridiction les droits et libertés garantis par la Convention et les Protocoles additionnels qu'ils ont ratifiés, en toutes circonstances et dans les seules limites prévues par ces mêmes textes. [...] Ils se doivent d'être spécialement vigilants à cet égard[20]. »

Au passage, on relèvera aussi que la Cour n'a pas condamné la France pour une question de durée de la rétention – treize jours – de l'équipage du *Winner*. Sur ce point, elle a estimé que cette durée était normale au regard de la distance à parcourir pour rejoindre le port de Brest, et des circonstances dans lesquelles s'est effectué ce déroutement[21]. Elle en avait déjà décidé ainsi dans une précédente et similaire affaire qui avait opposé l'Espagne au capitaine d'un navire battant pavillon panaméen, M. Rigopoulos, pris en flagrant délit de transport de cocaïne et qui avait été arraisonné en haute mer par la marine espagnole à une distance similaire de la métropole (5 500 km)[22]. Dans l'arrêt *Medvedyev*, la Cour a expressément fait référence à ce précédent en constatant qu'« il y avait pareillement une impossibilité matérielle d'amener « physiquement » les requérants devant une telle autorité [un magistrat de l'ordre judiciaire] dans un délai plus bref[23]. »

On conçoit évidemment qu'il est exclu qu'un magistrat de l'ordre judiciaire séjourne en permanence sur nos navires de guerre pour le cas, toujours hypothétique, où un déroutement de navire en situation illicite devrait être opéré avec captation de son équipage. Le contrôle et le suivi judiciaire d'une privation de liberté en mer sur un navire de guerre ne peut être fait qu'à distance. Quand bien même donnerait-on le statut d'officier de police judiciaire à un officier du bord, cela ne suffirait pas à considérer

20. Arrêt *Medvedyev et autres*, précité, paragraphe 49.

21. De surcroît l'aviso voyait sa vitesse de navigation réduite par le fait qu'il remorquait le navire des trafiquants, lequel ne pouvait être tracté qu'à une vitesse de 5 nœuds à l'heure, la distance à parcourir jusqu'à Brest, port de déroutement, étant de 3500 km.

22. CEDH, arrêt Rigopoulos c/ Espagne, 12 janvier 1999, n° 37388/97, *Recueil des arrêts et décisions* 1999-II.

23. Arrêt précité, paragraphe 44.

qu'existe un contrôle de l'autorité judiciaire sur les actes et la situation privatifs de liberté : un officier de police judiciaire n'est pas un magistrat ni une autorité judiciaire indépendante au sens strict imposé par la CEDH.

Au fond, ce qui était reproché à la loi de 1994, telle qu'elle était libellée au moment des faits, c'est-à-dire en 2002 (et non dans sa version révisée de 2005), de ne pas faire le lien entre l'espace particulier constitué par le navire de guerre et la procédure pénale, en d'autres termes, de ne pas expliciter les conditions dans lesquelles en particulier des mesures privatives de liberté individuelle sont susceptibles d'intervenir sur un navire de guerre français : « Les normes juridiques sus-évoquées [...] n'encadrent pas les conditions de la privation de liberté à bord, notamment quant aux possibilités pour les intéressés de contacter un avocat ou des proches. Par ailleurs elles omettent de la placer sous le contrôle d'une autorité judiciaire [...][24] » dira la CEDH, qui en a tiré la conclusion que la procédure relative aux marins du *Winner* était viciée[25]. Par comparaison, la Cour avait considéré dans son précédent arrêt de 1999, que « la privation de liberté subie par M. Rigopoulos [en haute mer et pour une durée identique de treize jours] était intervenue sur ordre et sous le contrôle strict du tribunal central d'instruction de Madrid[26] », ce qui la rendait conforme à l'article 5, paragraphe 1 de la Convention.

Ces considérations portant sur la validité de mesures privatives de liberté étaient transposables *mutatis mutandis* au cas de présumés pirates, capturés en mer ou sur un territoire étranger, et objets d'un transfert en France. Mais la CEDH a statué en 2008 sur l'affaire du *Winner* au regard de l'état du droit français tel qu'il se présentait en 2002 lorsque les faits sont intervenus. Or ce cadre a évolué. Entre l'affaire du *Winner* et l'affaire du *Ponant* (premier de cas de pirates jugés en France), est intervenue d'abord la loi du 22 avril 2005 portant modification de la loi du 15 juillet 1994[27]. Puis est intervenue le 5 janvier 2011, la loi spécifique sur la piraterie (voir ci-après, section 3).

---

24. *Ibid.*

25. Des peines de prison avaient été prononcées par la cour d'assises spéciale de Rennes (2005) envers quatre des sept marins poursuivis pour trafic de drogue, puis en appel par celle de Nantes (juillet 2008). Trois d'entre eux s'étaient portés en appel. La cour de Nantes avait infligé les peines suivantes : 20 ans pour le capitaine du *Winner* (confirmation), 17 ans pour le mécanicien de nationalité chypriote (réduction d'un an), 12 ans pour le marin chilien (aggravation de deux ans). C'est à l'issue de ce verdict que ces marins et six autres du même équipage, avaient introduit une instance devant la CEDH.

26. Arrêt *Medvedyev et autres*, précité, paragraphe 68.

27. Inscrite d'une part dans l'article 18-5 du Code de procédure pénale, d'autre part dans les articles 1521-1 et suivants, plus spécialement l'article 1521-5, du Code de la défense.

Ajoutons que si nécessaire, l'article 18-5 du Code de procédure pénale peut entrer en application. Il prévoit qu'« Avec l'accord des autorités compétentes de l'État concerné, les officiers de police judiciaire peuvent, sur commission rogatoire expresse du juge d'instruction ou sur réquisition du Procureur de la République, procéder à des auditions sur le territoire d'un État étranger. » Cela permet le cas échéant, dans l'hypothèse où un acte de piraterie ou de vol à main armée en mer aurait lésé des ressortissants et navires français alors même que leurs auteurs seraient détenus, fut-ce provisoirement, par un autre État, d'assurer la validité d'une instruction pénale diligentée sur le territoire de ce dernier.

## Section 3. L'exercice effectif de la répression par les États

Au-delà des dispositions de la convention de Montego Bay qui autorisent les États à exercer leur compétence universelle en matière de lutte contre la piraterie, l'expérience des plus récentes années a prouvé que bien peu d'États, y compris parmi ceux qui peuvent se prévaloir de systèmes judiciaires perfectionnés, possédaient un dispositif de droit pénal interne permettant de conférer plein effet à la convention. Il a fallu y remédier tout en recourant parfois, dans un premier temps, à des subterfuges sur les incriminations utilisées, voire à des relaxes précipitées de présumés pirates.

### I. L'absence de caractère *self executing* des dispositions de droit international applicables

Ce point est essentiel, car il implique que chaque État apporte sa propre contribution à la répression des actes de piraterie par une adaptation adéquate de son droit pénal et de sa procédure pénale. Ayant soutenu ce principe dans notre précédente étude parue en juillet 2009[28], nous nous félicitons que la circulaire du gouvernement français du 13 juillet 2011, relative à l'application de la loi du 5 janvier 2011 sur la piraterie, l'ait repris alors que ce point de vue n'était pas réellement compris dans les années précédentes. Les mentions portées en liminaire de la circulaire l'admettent clairement : « La présente loi améliore les outils juridiques applicables à la lutte contre les actes de piraterie commis en mer. En effet, le régime juridique de droit international prévu par la convention de Montego Bay, adoptée le 10 décembre 1982, ratifiée par la France le 11 avril 1996 et

28. Jean-Paul Pancracio, « Le défi de la piraterie maritime et de son traitement judiciaire », Paris, *Cahier du CEREM*, n° 10, juillet 2009, p. 45 et s.

entrée en vigueur en France le 11 mai 1996, n'est pas d'applicabilité directe et n'avait pas jusque-là été transposé dans notre droit interne. »

On parle de disposition *self executing* d'un traité, lorsque celle-ci possède une clarté de sens et une précision qui induisent qu'elle peut être appliquée directement par les États sans transiter par un texte de droit interne. Il s'agit par conséquent d'un effet normatif direct en droit interne de dispositions émanant d'un traité qui, de ce fait, s'imposent telles quelles à l'autorité judiciaire de l'État qui a ratifié ledit traité (à la condition qu'il ait fait l'objet d'une publication) et dont les citoyens peuvent se prévaloir[29]. Mais c'est évidemment au juge qu'il revient d'apprécier au cas par cas si telle ou telle disposition d'un traité présente un caractère *self executing*. Il arrive ainsi que le juge distingue au sein d'un même traité une disposition qu'il considère *self executing* et d'autres auxquelles il dénie ce caractère, comme il l'a fait pour l'application en France de la Convention internationale sur les droits de l'enfant[30]. La doctrine de droit international s'accorde quant à elle à considérer que ce caractère est essentiellement appliqué aux dispositions de traités qui ont pour objet la protection internationale des droits de l'homme. La convention de Montego Bay sur le droit de la mer, et spécialement les dispositions relatives à la piraterie, n'ont évidemment pas cet objet-là.

La disposition de la convention de Montego Bay définissant le crime de piraterie ne peut être considérée comme étant *self executing*. D'ailleurs, l'acte de piraterie n'y est pas même qualifié de crime, ce qui ne pourrait que confirmer, si besoin était, l'absence de caractère auto-exécutoire de cette disposition en droit interne français. De plus, la sanction pour actes de piraterie maritime nécessite le recours à une procédure pénale interne d'un État, ce qui implique par voie de conséquence qu'en amont, le droit pénal incrimine lesdits actes : pas de procédure s'il n'y a pas d'incrimination. Il ne peut pas y avoir de disposition conventionnelle *self executing* dans le champ répressif en dehors de celles qui relèvent de garanties de droits reconnues à la personne, comme le respect des droits de la défense ou le droit à un procès équitable par exemple. D'une façon générale, l'organisation de la répression judiciaire au plan interne ne peut se satisfaire de dispositions générales directement appliquées à partir d'un traité ; elle exige des garanties adaptées, une mise en adéquation du droit international et du droit pénal interne, du droit pénal et de la procédure pénale. Ajoutons encore que dans l'idéal, le transfert et le complément des dispositions

---

29. Voir sur ce sujet, Denis Alland, "L'applicabilité directe du droit international considérée du point de vue de l'office du juge", *RGDIP* 1998, pp. 203-244.

30. Voir en ce sens, Conseil d'État, 27 juin 2008, *Dame Fatima A.*, Rec. 2008 (n° 291561) : article 12, paragraphe 2 de la Convention bénéficiant d'un effet *self executing* qui est en revanche refusé à l'article 3 paragraphe 2 (visa de long séjour refusé à son enfant).

conventionnelles dans le droit interne devrait être réalisé en une formulation qui ne crée aucune ambiguïté de correspondance et d'identification entre les termes du traité pris pour fondement de l'intervention de l'État en mer et les termes de la loi répressive qui vise à poursuivre les actes illicites constatés en mer.

Il est donc logique, pour qu'il puisse y avoir des suites judiciaires sur le territoire d'un État à l'encontre des auteurs de tels actes, que sa législation pénale le mentionne expressément. Et spécialement les États européens liés par la Convention européenne de sauvegarde des droits de l'homme et des libertés fondamentales, qui stipule en son article 7, que : « Nul ne peut être condamné pour une action ou une omission qui, au moment où elle a été commise, ne constituait pas une infraction d'après le droit national ou international. » Or le fait qu'une convention internationale mentionne le fait illicite d'une personne comme étant une infraction n'en fait pas nécessairement *ipso facto* un chef d'incrimination en droit pénal interne, quand bien même cette convention aurait été ratifiée par l'État et son texte publié à son journal officiel. Il fallait un effort législatif conséquent des États. Nombre d'entre eux l'ont réalisé.

## II. L'effort législatif des États en vue d'exercer une répression effective des actes de piraterie

La résurgence de la piraterie dans le monde contemporain et en plusieurs endroits du Globe a fait prendre conscience aux États les plus directement concernés, en fait au premier chef aux puissances maritimes susceptibles de capter des pirates, que leur droit pénal interne n'était pas forcément très bien adapté, d'une part en matière d'incrimination puisque tout commence par-là, d'autre part en matière de procédure, puisqu'en ce domaine se posent les exigences d'une justice moderne et respectueuse des droits des prévenus, spécialement lorsqu'ils sont appréhendés en mer. La lutte contre la piraterie somalienne ayant fait intervenir une pluralité de puissances maritimes, au contraire de celle qui s'est manifestée antérieurement dans le détroit de Malacca, a mis au jour les lacunes que comportaient la plupart des systèmes juridiques de celles-ci au regard de la répression de ce phénomène.

Il n'est d'ailleurs pas étranger à ce constat que les résolutions du Conseil de sécurité des Nations unies n'aient cessé de rappeler à l'intention de ces États, depuis 2008, l'exigence d'adapter leur droit pénal à ce nouveau défi judiciaire afin d'assurer une répression efficace de ce phénomène criminel et de prendre ainsi toutes leurs responsabilités au regard de cette mission de sécurité collective.

Il n'est pas de propos de nous lancer ici dans un état des lieux de toutes les législations pénales de tous les États concernés, mais de prendre l'exemple des plus emblématiques d'entre elles, en commençant, hors chronologie, par celles de la France et de la Belgique.

### A. La législation française

Comme on a pu le voir, lorsqu'une convention internationale a institué un cas de compétence universelle, il appartient ensuite à l'État d'intégrer l'incrimination correspondante – et non une incrimination approchante – dans son propre Code pénal. Tant qu'il ne le fait pas, il ne peut pas mettre en œuvre sur son territoire, le pouvoir de juridiction internationale que lui confère la convention.

Dans le Code pénal et le Code de procédure pénal français il existe actuellement treize clauses de compétence universelle, toutes assises sur les dispositions d'un traité ou d'un autre texte de droit international. Ce sont les dispositions du Livre I^er^ du Code pénal et les articles correspondants du Code de procédure pénale – articles 689-2 à 689-10 du Code – dans le titre IX « Des infractions commises hors du territoire de la République » qui procèdent à cette intégration dans notre ordre juridique interne. L'article 689-1 dispose que : « en application des conventions internationales visées aux articles suivants, peut être poursuivie et jugée par les juridictions françaises, si elle se trouve en France, toute personne qui s'est rendue coupable hors du territoire de la République de l'une des infractions énumérées par ces articles. »

Avant 2010, le cadre légal dans lequel la France pouvait éventuellement réprimer des actes de piraterie était un millefeuille normatif assez mal adapté aux standards internationaux contemporains. Le Code de la défense, le Code pénal, le Code de procédure pénale traitaient les uns et les autres de la piraterie (jusqu'en 2007), de violences en mer, de prises d'otages en mer, de détournement de navires, sur la base d'une très ancienne définition de celle-ci remontant au début du XIX^e^ siècle. Le crime de piraterie *stricto sensu* avait été supprimé des incriminations pénales, par une loi de simplification du droit de décembre 2007 destinée à moderniser le droit pénal français et à en expurger des incriminations jugées archaïques et inutiles. Mais là-dessus est intervenu le 10 juillet 2008, soit quelques mois après les premières interpellations de pirates et leur transfert en France, l'arrêt *Medvedyev c/France* de la Cour européenne des droits de l'homme (voir *supra*, ce chapitre).

Il fallait à la France un nouveau cadre législatif permettant à ses juridictions pénales de réprimer en toute sécurité juridique, entre autres, les actes de piraterie, et instituant un nouveau régime de rétention des individus en mer. Cette loi a été adoptée par le Parlement le 26 novembre 2010. Elle a été promulguée le 5 janvier 2011[31] sous l'intitulé de « loi relative à la lutte contre la piraterie et à l'exercice des pouvoirs de police de l'État en mer. »

---

31. Loi n° 2011-13.

Elle réintroduit d'une part le chef d'incrimination de piraterie dans le Code pénal. Elle introduit également un nouveau système de garanties judiciaires relatives aux conditions de rétention à bord des navires de guerre français. Elle fait du commandant du navire un officier de police judiciaire et prévoit l'intervention du juge des libertés et de la détention (le JLD), sans exclure pour autant celle du procureur de la République à qui il appartient de saisir le JLD. En effet, les commandants de navires doivent saisir en tout premier chef le procureur de la République près le tribunal de grande instance de Paris[32]. Cela répond à un souci de simplification et de rapidité dans des situations qui relèvent nécessairement de l'urgence. Ce dernier peut toutefois décider de transférer la compétence au procureur d'un autre ressort s'il l'estime nécessaire. C'est en tout cas le procureur qui saisit le juge des libertés et de la détention qui aura dans les 48 heures à compter du moment de l'appréhension des pirates en mer à statuer sur les mesures de restriction ou de privation de liberté qui leur auront été appliquées.

Pour ce qui est ensuite de la détermination de la juridiction compétente, la loi prévoit le dispositif suivant, qui est le même pour les actes de piraterie que pour la répression du trafic de stupéfiants en mer :

- Sur le territoire métropolitain, le tribunal de grande instance du siège de la préfecture maritime ou le tribunal de grande instance dans le ressort duquel se trouve le port vers lequel le navire a été dérouté ;
- Dans les départements et collectivités d'outre-mer, soit la juridiction de première instance compétente située au siège du délégué du Gouvernement pour l'action de l'État en mer, soit celle dans le ressort de laquelle se trouve le port vers lequel le navire a été dérouté ;

Le procureur de la République saisi devra en outre se rapprocher immédiatement du procureur près la « juridiction interrégionale spécialisée » (JIRS) pour apprécier d'un commun accord quelle sera la juridiction définitivement compétente. Le procureur d'une JIRS ne pourra être le lui-même le procureur territorialement compétent que s'il est le procureur de la juridiction du siège du préfet maritime, du délégué du Gouvernement ou de celle du port de déroutement.

La loi de 2011 adopte cependant une formule et un concept juridiques critiquables en instituant « une *compétence quasi universelle* pour juger des actes de piraterie commis hors de France, quelle que soit la nationalité du navire ou des victimes. » Cette notion, reprise de la loi belge de 2009 (voir ci-après) n'a, à vrai dire, aucun sens, bien qu'utilisée par un certain nombre de manuels et de publications de droit international public. Cette

32. L'article 693 du Code de procédure pénale prévoit selon ses propres termes une « compétence par défaut », dite également « résiduelle » du procureur de Paris pour les infractions commises hors du territoire de la République.

supposée compétence « quasi universelle » revêt deux sens différents, ce qui est une raison de plus pour la contester.

En premier lieu, elle supposerait qu'existât *a contrario* une compétence universelle totale, en entendant par-là, probablement, celle qui s'applique à la piraterie dans l'espace international qu'est la haute mer. Les conventions internationales qui ont institué un régime de compétence universelle des États pour d'autres crimes internationaux prévoient, tout à fait normalement, que cette compétence ne peut être exercée par un État qu'à la condition que la personne étrangère recherchée soit présente à un moment donné sur son territoire et qu'il puisse ainsi l'appréhender en toute licéité, sans empiéter sur la souveraineté territoriale d'un autre État. Mais cela ne crée pas d'opposition entre la compétence universelle s'exerçant envers les auteurs d'actes de piraterie appréhendés en haute mer et celle qui s'exerce envers les auteurs d'autres crimes internationaux sujets à un droit universel à réprimer. Dans les deux cas, il y a une compétence universelle pure et simple et… totale. La condition territoriale n'est pas exigée pour la piraterie précisément parce que ce crime ne peut, par définition, être perpétré que dans un espace échappant à toute souveraineté territoriale, la haute mer, et que ses auteurs peuvent y être captés par tout État. Au demeurant, cela n'empêche pas un État qui verrait passer dans ses zones de souveraineté terrestres ou maritimes des présumés pirates de pouvoir s'en emparer et de les juger le cas échéant au titre de la compétence universelle. La compétence quasi universelle, sous ce premier angle, est ainsi un concept dépourvu de toute pertinence.

En second lieu, cette formule peut vouloir signifier que la France n'exerce pas envers les auteurs d'actes de piraterie une compétence universelle entière dans la mesure où la loi de 2011 prescrit que pourront être jugés en France les seuls pirates qui auront été capturés par des militaires français. Mais là encore, c'est bien d'une vraie compétence universelle dont il s'agit, car potentiellement elle est susceptible de s'appliquer à tout ressortissant étranger ayant commis le crime en question et ayant porté atteinte à des intérêts qui ne sont pas limités aux seuls intérêts français.

Une autre formulation de la loi apparaît critiquable et maladroite. Celle qui mentionne que les navires de guerre français pourront appréhender les auteurs d'actes de piraterie commis en haute mer ou dans toute autre zone permise par le droit international. Or précisément, le droit international limite le concept de piraterie à la zone international qu'est la haute mer. Il ne faut pas confondre en l'occurrence droit international et résolution du Conseil de sécurité de l'ONU. Ce dernier ne crée pas le droit, sauf à instaurer par la répétition d'une pratique dûment acceptée par les États, une norme nouvelle constitutive d'une coutume internationale.

Le Conseil de sécurité n'est pas un législateur international. Donc, ce n'est pas du droit international qu'a émis celui-ci dans sa résolution 1618, en avril 2008, quand il a autorisé les États à entrer dans la mer territoriale de la Somalie pour y poursuivre le cas échéant des présumés pirates. C'est d'autant moins du droit international que la résolution a très expressément mentionné qu'en aucun cas cette faculté, temporaire et exceptionnelle, ne pourrait acquérir un caractère coutumier. Cette même faculté nécessite en outre que l'État concerné ait au préalable passé un accord avec la Somalie, l'autorisant à entrer dans sa mer territoriale.

Force est donc de reconnaître que s'agissant des aspects de droit international public dont elle traite, la loi du 5 janvier 2011 est mal rédigée.

La loi améliore toutefois le cadre juridique antérieur afin de permettre la rétention à bord des personnes appréhendées pour des actes illicites en mer, quelle que soit au demeurant leur nature (piraterie, trafic de stupéfiants, trafic d'armes, trafic de migrants, etc.). D'une part, elle accorde aux commandants des navires de guerre français les compétences d'officier de police judiciaire ; d'autre part, elle prescrit que toute interpellation en mer d'un individu devra être placée, au maximum dans un délai de 48 heures, sous le contrôle d'un juge des libertés et de la détention (JLD) et non plus d'un magistrat du Parquet comme auparavant. Il s'agit là d'une mise en conformité avec la Convention européenne de sauvegarde des droits de l'homme et la jurisprudence de la Cour européenne de sauvegarde des droits de l'homme qui veille, à Strasbourg, sur son application, en référence à l'arrêt *Medvedyev*. Dès son intervention, le JLD peut confirmer ou bien modifier le principe et les modalités de détention des présumés pirates sur le navire, jusqu'au débarquement de ces derniers. Ensuite, il appartient aux autorités françaises de décider si elles entendent soumettre ces personnes à la justice française ou les transférer à un autre pays.

Comme on l'a vu, il peut en effet se trouver des cas de compétence concurrente pour réprimer des actes de piraterie, mais il peut également, et c'est le cas en matière de lutte contre la piraterie somalienne, exister des accords internationaux permettant à des États capteurs de pirates de livrer ceux-ci à des États de la région comme le Kenya où la République des Seychelles.

Bien que récente, pour ce qui est des premiers mois de son application, la loi de 2011 a été mise en œuvre à deux reprises dans le cadre de la répression de la piraterie somalienne (elle l'a été déjà six fois dans le domaine de la répression du trafic de stupéfiants sur l'espace maritime). Mais, dans les deux cas, les autorités françaises ont préféré ne pas transférer en France les pirates capturés, ceux-ci n'ayant pas porté atteinte à des intérêts français[33]. Ils ont été remis à la Somalie.

---

33. Voir Jean-Claude Peyronnet et François Trucy, *Lutte contre la piraterie maritime : une loi utile, une mission sans fin*, Paris, Sénat, Rapport d'information n° 499 (2011-2012) fait au nom de la commission pour le contrôle de l'application des lois, déposé le 11 avril 2012.

### B. La législation belge

Avant que la piraterie somalienne ne prenne véritablement de l'ampleur et que soit lancée l'opération « Atalante » de l'Union européenne sous mandat de l'ONU, la Belgique était tout aussi dépourvue que la France en matière d'incrimination pénale adaptée à la répression des actes de piraterie maritime, de procédure pénale et de modalités d'intervention des navires de guerre en ce domaine. Ce caractère lacunaire du droit a été réparé par l'adoption de deux lois du 30 décembre 2009 relatives à la lutte contre la piraterie.

Est ainsi créée une incrimination appropriée de piraterie maritime avec des peines adaptées, de même que sont prévues les modalités d'intervention des commandants de navires de guerre belges et des équipes de protection embarquées de l'armée belge sur des navires civils. Il convient de noter que cette nouvelle législation confère un champ large à la lutte contre la piraterie en donnant aussi compétence aux forces navales pour prévenir la menace d'actes de piraterie. Et cette menace est également l'objet d'une incrimination pénale (article 3, paragraphe 1er de la loi). La loi prévoit de même l'hypothèse d'un mandat de l'ONU ou d'un accord spécifique d'un État côtier concerné permettant de pourchasser les pirates dans des eaux sous souveraineté et non plus seulement en haute mer.

Il y a dans le dispositif adopté en 2009 une restriction à la compétence des juridictions belges en ce que l'article 3 de la loi dispose qu'elles ne seront compétentes que dans les cas où « les faits se sont produits contre un navire belge ou lorsque les suspects ont été appréhendés par des militaires belges ». Mais comme on l'a vu précédemment, cette disposition ne saurait être qualifiée de « compétence quasi universelle » dans la mesure où la compétence des juridictions belges peut s'appliquer potentiellement à tout ressortissant étranger auteur d'actes de piraterie – ou de préparation de tels actes – n'ayant pas nécessairement porté atteinte à des intérêts belges.

Au contraire de la loi française, la loi de 2009 prévoit expressément la possibilité de recourir à des « équipes militaires de protection embarquées sur un navire civil » dont le commandant aura dans l'élaboration du procès-verbal d'arrestation, les mêmes prérogatives que le commandant de navire militaire (article 2, par. 1), sachant qu'il leur est demandé de dresser un procès-verbal aussi détaillé que possible, comportant notamment mention des preuves collectées, de « l'heure précise de la privation de liberté, la décision du Procureur fédéral quant à cette privation de liberté, ainsi que l'heure précise de la communication à l'intéressé de la décision du Procureur fédéral ».

La privation de liberté doit être confirmée dans les 24 heures, sinon le présumé pirate devra être remis en liberté. Si le Procureur fédéral décide de poursuivre et de placer le présumé pirate sous mandat d'arrêt, il désignera alors le juge d'instruction compétent, ce dernier pouvant annuler le mandat d'arrêt provisoire après audition directe et confidentielle (sauf présence d'un interprète) par radio ou tout autre moyen audiovisuel de l'intéressé, à moins que des circonstances insurmontables l'empêchent. Si le mandat d'arrêt provisoire est ensuite notifié, l'intéressé peut être transféré en Belgique dans le délai maximum d'un mois.

En cas d'abandon des poursuites par le Procureur fédéral, le présumé pirate sera relâché ou pourra éventuellement être livré à un autre État. À la condition sur ce dernier point que le système judiciaire de celui-ci soit conforme aux standards internationaux en matière d'indépendance et d'impartialité, de la justice et ne serait-ce que pour respecter les obligations internationales de la Belgique en matière de protection des droits de l'homme.

### C. Le cas du Royaume-Uni et du Danemark

Plus ancien, le *Marchant Shipping and Maritime Security Act* a été adopté en 1997. Il n'est cependant pas comparable aux législations spécifiques qu'ont adoptées la France et la Belgique dans le domaine de ce que l'on appellera, en termes génériques, « l'action de l'État en mer » selon la formule pratiquée en France. Le *Merchant Shipping and Maritime Security Act* couvre ainsi un vaste champ normatif. Seul son article 26 est consacré à la piraterie et celui-ci s'en remet essentiellement aux dispositions de la convention de Montego Bay en tant que « *part of the law of nations* ».

Du côté britannique, et l'on verra que la même solution a été choisie aux États-Unis, un navire privé s'est vu déléguer la mission d'escorte de convois de navires dans l'océan Indien et le golfe d'Aden. Sa première mission devait intervenir en avril 2013. Armée par la compagnie Typhon, celle-ci s'est proposé de recruter 240 anciens commandos *Royal Marines*. Elle utilisera un bateau-mère et plusieurs embarcations rapides de patrouille.

Le Danemark fut l'un des pays les plus prompts à réviser son Code pénal – en 1992 – afin d'y inclure l'incrimination de piraterie et d'y associer des peines appropriées (articles 183 A pour l'incrimination et 260 pour les peines). La piraterie y est constituée comme étant le fait d'une prise de contrôle d'un navire ou de fait consistant à entraver sa navigation par des moyens illicites. Des dispositions ont été également prises pour permettre que des pirates appréhendés puissent être transférés sur le territoire danois pour y être jugés, spécialement en matière de collecte des preuves et de suivi, par les autorités judiciaires du pays, des rétentions qui pourraient être opérées en mer par les commandants de navires de guerre.

### D. Une particularité du droit constitutionnel des États-Unis : la possibilité d'émettre des lettres de marque

Indépendamment du contenu du droit pénal interne, les États-Unis se distinguent sur le plan du dispositif normatif par une particularité de leur constitution du 3 septembre 1787 qui prévoit que le pays peut recourir à la vieille méthode des lettres de marque permettant à des armements privés de participer à des missions de lutte armée sur les espaces maritimes à l'instar des anciens corsaires. Et ils l'ont fait !

L'interdiction universelle de la course[34] est intervenue à l'issue du congrès de Paris réuni en février et mars 1856 au nouveau ministère des affaires étrangères de la France, quai d'Orsay. Par le traité de Paris du 30 mars 1856, le congrès met d'abord et principalement fin à la guerre de Crimée et consacre la défaite de la Russie[35]. Mais il continue ensuite ses travaux jusqu'au 16 avril dans le but d'examiner d'autres questions, notamment de droit de la mer. C'est ainsi qu'est adoptée la Déclaration de Paris mettant fin à la course.

Les États-Unis figurèrent toutefois parmi les rares pays à ne pas signer cette déclaration : « Le gouvernement américain craint que l'abolition de la course ne livre l'empire des mers aux puissances qui ont les moyens et la politique d'entretenir de grandes flottes de mer[36]. » Les lettres de course et lettres de marque étaient donc encore en ce milieu du XIXᵉ siècle, pour certaines nations, un moyen non négligeable d'assurer la défense de leurs intérêts sur l'espace maritime. Le Congrès des États-Unis possède ainsi de nos jours le droit constitutionnel d'autoriser la délivrance de telles lettres à des armements privés en cas de besoin. Elle lui accorde en effet compétence de « déclarer la guerre, d'accorder des lettres de marque et de représailles, et d'établir des règlements concernant les prises sur terre et sur mer [...] ».

Au sens strict cependant, les lettres de marque ne devraient pas être confondues avec les lettres de course. Ces dernières sont délivrées à un armement corsaire pour l'autoriser à attaquer au nom de son pays tout navire ennemi conformément aux lois de la guerre sur mer, ce qui suppose un état de belligérance entre au moins deux pays[37]. *Stricto sensu*, les lettres de marque étaient des lettres permettant à un armateur dont des créances n'avaient pas été honorées par des marchands étrangers, d'attaquer, à concurrence du montant desdites créances, un ou plusieurs navires

34. Notion que l'on se gardera de confondre avec celle de « guerre de course », régie par le droit des conflits armés contemporain.

35. Etaient représentés : l'Angleterre, la France, la Russie, l'Empire ottoman, le royaume de Sardaigne, la Prusse et l'Autriche, cette dernière en qualité de médiatrice.

36. Déclaration du Secrétaire d'État Marcy.

37. Le corsaire devient ainsi un véritable auxiliaire de la marine de guerre de son pays.

marchands du même pays donc du même pavillon que le débiteur, pour en capter la cargaison, aux fins de se payer[38]. Ces lettres de marque avaient en outre une échéance précise, d'assez courte durée.

Il semble que dans la Constitution des États-Unis, la notion de lettres de marque se confonde avec celle de lettres de course, confusion qui s'est répandue peu à peu dans le langage juridique contemporain. Elle est confirmée par le *Dictionnaire de la terminologie du droit international* édité en 1959. Il mentionne ainsi à la rubrique « lettres de marque » qu'il s'agit d'un « document remis par un État belligérant à un armateur pour l'autoriser à exercer la course[39] ».

La décision de recourir à cette formule ancienne a été prise en novembre 2007, non par le Congrès des États-Unis mais par le Président lui-même, sur le fondement du *September-11 Marque and Repraisil Act*, loi que l'administration américaine avait fait adopter par le Congrès à la suite des attentats terroristes du 11 septembre 2001 et qui autorise le Département d'État à délivrer des lettres de marque sans l'accord préalable du Congrès[40]. C'est la société militaire privée américaine spécialisée dans les opérations maritimes, Pistris Incorporated[41], qui en a été la bénéficiaire, en vue de participer aux opérations de sécurité maritime dans l'océan Indien (lutte contre la piraterie et le terrorisme). La société Pistris a ainsi été habilitée à armer deux bâtiments de 65 m de long, reliés aux satellites militaires d'observation, dotés chacun d'un hélicoptère armé, d'embarcations annexes ultra-rapides capables d'atteindre la vitesse de 50 nœuds et d'un équipage de cinquante hommes dont des commandos.

### E. Le cas des Maldives

Bien qu'étant un archipel de l'océan Indien situé dans le sud-ouest de l'Inde à l'opposé des côtes somaliennes, les Maldives se sont senties concernées par la lutte contre la piraterie et sa répression d'autant qu'elles ont été l'objet d'attaques à main armée en mer dans leurs eaux de souveraineté. Elles ont donc fait, début 2013, l'effort d'une révision approfondie de leur

---

38. De la même façon, les « lettres de représailles » étaient autrefois délivrées à un armateur dont le navire, alors sous pavillon neutre, avait indument été attaqué en mer, soit par un navire de guerre étranger soit par un navire corsaire étranger. En France, les dernières lettres de représailles ont été délivrées par le roi Louis XVI en 1778.

39. Jules Basdevant (dir.), *Dictionnaire de la terminologie du droit international*, Paris, Sirey, 1959, p. 369.

40. Voir Philippe Chapleau, Washington lâche des corsaires dans l'océan Indien, *Ouest-France*, 3-4 novembre 2007.

41. Voir le site Internet de la société Pistris : « Pistris, Inc., World Leader in Maritime Operations », http://www.pistris.com

législation pénale, dans laquelle n'existait pas jusqu'à présent d'incrimination appropriée.

Désormais, l'auteur d'un acte de piraterie y encourra une peine de 25 ans d'emprisonnement, tandis que l'auteur d'un acte de vol à main armée en mer (dans les eaux de souveraineté de l'État) y encourra une peine de 30 ans. En attendant, si un suspect a été reconnu coupable du meurtre d'une personne au cours d'une attaque de pirates présumés, ils seraient punis par la charia islamique à une peine supplémentaire de 30 ans d'emprisonnement. Les atteintes portées aux navires eux-mêmes et à la cargaison seront punies d'une peine de 15 années d'emprisonnement. La simple préparation d'actes de piraterie sera sanctionnée d'une peine de 10 ans d'emprisonnement.

### F. Quid de la Somalie ?

Elle inquiète le Conseil de sécurité par son inertie. Le Conseil de sécurité le manifeste clairement dans sa résolution 2077 du 21 novembre 2012, dans laquelle, en se fondant sur le chapitre VII de la Charte, il :

« 4. Souligne que c'est aux autorités somaliennes qu'incombe au premier chef la lutte contre la piraterie et les vols à main armée en mer au large des côtes de la Somalie, et prie les autorités somaliennes, avec l'aide du Secrétaire général et des entités compétentes des Nations unies, d'adopter sans plus attendre un ensemble complet de textes législatifs visant à combattre la piraterie, et de déclarer une zone économique exclusive conformément à la convention des Nations unies sur le droit de la mer ; [...] 6. Exhorte les autorités somaliennes à capturer les pirates qui opèrent au large des côtes somaliennes, à mener des enquêtes sur ceux qui ont été appréhendés et à les poursuivre en justice, ainsi qu'à patrouiller dans les eaux territoriales somaliennes afin d'empêcher la commission d'actes de piraterie et de vols à main armée en mer, notant qu'il importe de renforcer les capacités maritimes de la Somalie, et accueille avec satisfaction l'appui de la communauté internationale visant à renforcer les capacités de la Somalie dans ce domaine [...] ».

Et la dégradation de la situation intérieure au cours du mois d'avril 2013 n'est certainement pas de nature à rassurer les Nations unies quant aux capacités de la Somalie à se doter des dispositifs législatifs et répressifs qui lui permettraient de prendre toute sa place en ce domaine.

## III. La répression effective des actes de piraterie par les États

Dans son discours devant le Conseil de sécurité, réuni le 19 novembre 2012, pour traiter de la piraterie en Somalie, le représentant permanent de la France, Gérard Araud, a clairement fait le constat de la faible répression pénale dont font encore l'objet les pirates appréhendés. Le pourcentage de présumés pirates effectivement poursuivis devant des tribunaux apparaît en effet curieusement bas : « 80 % des pirates suspectés et capturés continuent d'être libérés, affectant ainsi l'efficacité, la crédibilité des opérations navales. En dépit du fait que 20 États, dont la France, aient engagé des procédures judiciaires, le poids de l'effort repose actuellement largement sur les pays de la région. À cet égard, un hommage particulier doit être rendu aux Seychelles, qui portent un poids considérable de cet effort. » Il souligne par ailleurs à l'appui de ce constat que la difficulté risque de perdurer estimant que « la réponse judiciaire restera peu dissuasive aussi longtemps que la Somalie et ses entités régionales ne seront pas en mesure de juger leurs propres ressortissants. »

Un document de travail du Conseil de l'Europe le confirme : « De nos jours, les pirates sont rarement traduits en justice : dans la majorité des cas, ils sont laissés en liberté même quand ils pourraient être appréhendés[42] » et c'est bien souvent sur le manque de preuves que butent les autorités judiciaires des démocraties, spécialement quand les présumés pirates ont été appréhendés hors flagrant délit d'attaque.

### A. La répression pénale de la piraterie en France

La France a transféré sur son territoire dix-huit pirates auteurs de trois attaques perpétrées en 2008/2009 contre des navires battant pavillon français, en l'occurrence des navires de plaisance. Les trois affaires ont d'ores et déjà été traitées par les juridictions (voiliers *Ponant*, *Carré d'As* et *Tanit*). Autant par la durée de la détention préventive, les difficultés de l'instruction, les condamnations finalement prononcées ainsi que les acquittements, elles font toutes les deux apparaître l'impératif d'un droit pénal aussi élaboré que possible et d'une collecte rigoureuse des preuves sur place.

La justice française, par la cour d'assises de Paris, a prononcé le 14 juin 2012 son délibéré dans l'affaire du voilier *Ponant*. Le navire avait été attaqué par des pirates somaliens le 4 avril 2008 au large des côtes de la province somalienne du Puntland, dans le golfe d'Aden. Ce voilier de grande croisière, propriété d'une filiale de la compagnie d'armement maritime CMA-CGM, était alors en convoyage en direction de la Méditerranée et avait à son bord 30 membres d'équipage. Ces derniers ont été retenus durant une semaine avant d'être libérés en échange du versement d'une rançon de 2,15 millions de dollars payée par l'armateur. Après la libération des otages, les forces françaises s'étaient lancées, à l'aide d'hélicoptères, à la poursuite d'un véhicule 4×4 roulant à vive allure sur une piste proche du lieu de remise de la rançon. Le véhicule ayant été immobilisé par un tir sur

---

42. Conseil de l'Europe, Comité européen pour les problèmes criminels (CDPC), *La piraterie maritime*, Strasbourg, 24 septembre 2012, www.coe.int/cdpc, p. 6.

son bloc-moteur, le fait est qu'une partie du montant de la rançon avait été retrouvée à son bord.

C'est la seconde fois que des présumés pirates somaliens sont jugés par la justice française, après une première série de condamnations afférentes à l'attaque du voilier *Carré d'As* (septembre 2008), prononcées par cette même cour en décembre 2011 envers cinq prévenus (un acquittement et quatre condamnations à huit ans de prison). On ne reviendra pas ici sur le détail des faits déjà commentés dans un précédent article. On insistera seulement sur le caractère mesuré des sentences prononcées.

Précisons d'emblée que les prévenus ont déjà passé quatre années en prison. Sur les six personnes présentes dans le box, deux ont été acquittées : elles clamaient depuis le début leur innocence et il y avait un manque de preuves quant à leur appartenance et leur participation effectives au groupe des pirates. Une autre a été condamnée à une peine de quatre ans d'emprisonnement qui se trouve donc couverte par la durée de la détention préventive effectuée (2008-2012). Les trois ont été libérés aussitôt. Parmi les trois autres prévenus, deux d'entre eux qui avaient admis être des ravitailleurs des pirates ont été condamnés à une peine de sept ans d'emprisonnement et devraient être libérés prochainement. Le sixième, seul à avoir reconnu sa participation active à l'ensemble de l'opération, s'est vu infliger une peine de dix ans d'emprisonnement.

Dans l'affaire du *Tanit*, la cour d'assises de Rennes a prononcé, le 18 octobre 2013, des condamnations à neuf ans de prison à l'encontre des trois pirates somaliens qui s'étaient emparés, le 4 avril 2009 à près de 500 milles nautiques des côtes somaliennes, de ce voilier français, prenant en otage les cinq personnes de l'équipage. Lors de l'intervention des commandos français, le skipper du voilier ainsi que deux pirates avaient été tués. Les ordres des militaires étaient précis : négocier en mer avec les pirates – ce que ces derniers ont refusé – et ne pas les laisser regagner les côtes somaliennes où ils auraient été en position de force.

Mais, là encore, comme à l'époque des événements le Code pénal français ne disposait pas d'une incrimination de piraterie, les pirates ont comparu pour des faits de « détournement de navire par violence ou menace, arrestation, enlèvement, séquestration ou détention arbitraire de plusieurs personnes commis en bande organisée ».

---

**Les indemnisations, conséquences des deux acquittements**

Le *Ponant*

90 000 euros au titre du préjudice moral. C'est ce qu'ont obtenu, chacun, les deux Somaliens acquittés en juin dans le procès de la prise d'otages du voilier de croisière français *Ponant*, détourné en

avril 2008. Les deux hommes, qui ont passé quatre ans en prison ont, de plus, obtenu 3 000 euros à 5 000 euros pour le préjudice matériel lié à leur incarcération (au sens de la somme qu'ils auraient pu gagner en travaillant durant cette période).

Les avocats, qui avaient demandé 450 000 euros pour chacun des Somaliens, n'ont pas été satisfaits par la décision de la justice française et ont décidé de faire appel. En attendant le résultat de cette procédure, leurs clients vont pouvoir toucher l'intégralité de la première somme qui leur est allouée. Remis en liberté en juin, à l'issue du procès, ils vivent actuellement, selon l'AFP, dans un foyer de demandeurs d'asile en Seine-Saint-Denis, près de Paris.

En tout, six hommes, interpellés le 11 avril 2008 en territoire somalien par les forces armées françaises après la libération du *Ponant*, ont comparu devant la cour d'assises de Paris. Quatre d'entre eux ont été condamnés le 14 juin à des peines allant de quatre à dix ans de prison.

Le *Carré d'As*

Le *Carré d'As* avait été attaqué le 2 septembre 2008 par des pirates somaliens qui avaient à cette occasion pris en otage durant deux semaines un couple de Français qui en était l'équipage. La rançon qu'ils demandaient s'élevait à 2 millions de dollars mais n'a jamais été versée. C'est un assaut des forces spéciales françaises qui avait permis leur libération et la capture des pirates. L'un d'eux avait été tué au cours de l'opération.

L'affaire a d'abord été jugée en première instance criminelle par la cour d'assises de Paris qui avait prononcé, le 30 novembre 2011, des peines de quatre et huit ans, outre un acquittement, alors que l'avocat général avait requis des peines de six à seize ans. Le Parquet ayant fait appel, le procès est venu devant la cour d'assises de Melun. Contre les cinq prévenus (un sixième, ayant des problèmes de santé n'était pas présent), l'accusation a requis des peines allant d'un à dix ans de prison. La cour d'assises d'appel a confirmé, le 1er février 2013, les peines prononcées en première instance. Les anciens otages des pirates, M. et Mme Delanne, avaient indiqué devant la cour qu'ils avaient été bien traités par les pirates, sans aucune violence physique ni manque de respect de leur part. En outre, les juges ont probablement tenu compte du fait que le commanditaire, clairement identifié (un ancien douanier somalien), n'était pas dans le box des accusés.

Le pirate condamné à quatre ans de prison a vu sa peine couverte par la durée de sa détention préventive.

### B. La répression judiciaire dans les autres pays

**En Allemagne.** La Cour d'État de Hambourg a jugé le 19 octobre 2012 dix pirates somaliens. En avril 2010, ils avaient attaqué puis détourné un cargo allemand, le *MV Taipan*, au large de la Corne de l'Afrique, à 530 nautiques des côtes et réclamé 1 million de dollars de rançon. Quelques jours plus tard, des commandos néerlandais les capturaient et ils étaient transférés sur le sol des Pays-Bas avant d'être extradés vers l'Allemagne, État du pavillon du navire attaqué. Leur procès, le premier du genre en Allemagne, est donc intervenu deux ans et demi plus tard. Le juge Steinmetz a déclaré avoir pris en compte le désarroi et la pauvreté des Somaliens du littoral pour atténuer les peines, le procureur ayant préalablement requis à leur encontre une peine de douze ans de prison. Les pirates du *MV Taipan* ont finalement été condamnés à des peines allant de trois ans de prison pour trois d'entre eux, jusqu'à sept ans pour les sept autres.

**Aux Pays-Bas.** Cinq pirates qui avaient attaqué le navire *Samanyulo* en janvier 2009 ont été condamnés à cinq ans de prison en juin 2010 (soit dix-huit mois après l'arrestation). Dans une autre affaire, neuf pirates qui avaient attaqué le navire de pêche iranien *Feddah* dans le golfe d'Aden et qui avaient été interceptés en avril 2012 ont été jugés par le tribunal de Rotterdam. Ils avaient tiré sur les marins du *Hr Ms Tromp* au moment de la visite de leur embarcation. Deux pirates avaient été tués dans l'échange de tirs tandis que 16 étaient appréhendés. Il en est resté 9 à être déférés (7 avaient étés libérés) qui ont été condamnés à quatre ans et demi de prison en octobre 2012.

**En Belgique.** Un des 7 pirates capturés par la frégate *Marie-Louise* le 29 novembre 2010 après la tentative d'attaque, en haute mer au large des côtes du Kenya, contre le navire sierra-léonais *Petra1* affrété par l'AMISOM a pu être jugé par la Belgique. Pourquoi lui et pas les autres ? Parce que, s'agissant de cette attaque, l'autorité judiciaire belge a considéré qu'elle n'avait pas porté atteinte à un navire belge ni à des intérêts belges. Elle s'est trouvée en cela limitée par les dispositions de la nouvelle loi de 2009. Elle a donc demandé la libération sur place des présumés pirates qui n'avaient pas encore été transférés en Belgique. En revanche, il est apparu grâce au film de l'interception réalisé à titre de preuve par l'hélicoptère de la frégate que l'un d'entre eux avait participé à une précédente attaque contre un navire battant pavillon de la Belgique, le *Pompei*. Sa photo ayant été reconnue par trois marins de ce navire. Le juge d'instruction de Bruges, l'a placé sous mandat d'arrêt provisoire, puis auditionné par les moyens audiovisuels avant de décider son transfert en Belgique. Il a été condamné en dernier recours par la cour d'appel de Bruxelles à dix années de prison.

**En Italie.** Ce pays a jugé le 30 novembre 2012 huit pirates somaliens accusés d'avoir attaqué le 10 octobre 2011 un cargo italien, le *Montecristo*, en haute mer, à 620 milles marins des côtes somaliennes. Les peines prononcées par la Cour d'assises de Rome sont de dix-neuf ans de prison pour le chef du groupe et de seize ans pour ses subordonnés. Le Parquet avait requis vingt-deux et dix-huit ans en tentant pratiquement un amalgame entre piraterie et acte de terrorisme, réclamant en l'occurrence une circonstance aggravante. Il n'a pas été suivi, à fort bon droit, par les juges du siège. Il faut dire que l'attaque et ses suites avaient été particulièrement violentes. Tandis que les pirates se hissaient sur le navire, l'équipage était parvenu à se retirer dans un compartiment de sécurité et à y demeurer confiné. Les pirates ont tout tenté pour les en déloger, usant même d'explosifs et allumant des feux pour asphyxier les marins en espérant qu'ils abandonnent leur refuge. La délivrance est finalement venue d'un commando de la marine britannique embarqué sur le *Fort Victoria*.

**Aux États-Unis.** On n'y badine pas avec la sécurité, quel que soit l'angle, et tout particulièrement la sécurité internationale qui impacte la sécurité des approvisionnements du pays. Un pirate comparaissait pour avoir attaqué le *Mv Maersk Alabama* en avril 2009. Il s'est vu infliger, en février 2011, une peine de trente-quatre ans de prison. Mais en août 2011, deux autres pirates ayant attaqué un yacht battant pavillon des États-Unis, le *Quest*, au large de l'émirat d'Oman le 18 février 2011, ont été condamnés à la prison à perpétuité par le tribunal de Norfolk (Virginie). Il faut dire que les quatre occupants américains du yacht avaient été tués par leurs ravisseurs alors que l'assaut avait été lancé par les commandos américains.

**En Espagne.** Le pays a frappé fort contre deux pirates accusés d'avoir attaqué et retenu en otage 36 membres d'équipage durant quarante-sept jours, avec une libération contre rançon (le paiement avait effectivement été réalisé) du thonier basque *Alakrana*. Le navire avait été attaqué le 2 octobre 2009 à près de 300 milles marins des côtes somaliennes. Les deux pirates avaient été arrêtés par la marine espagnole quarante-huit heures après la libération du navire et de ses marins. Le tribunal de Madrid (Audiencia nacional) les a condamnés le 3 mai 2011, par l'effet du cumul des peines, à quatre cent trente-neuf ans de prison et 100 000 euros d'amende chacun, notamment pour association de malfaiteurs, prise d'otages, vol avec violence, atteinte à l'intégrité morale, etc. En fait, leur peine réelle est de trente ans de prison, puisque c'est le maximum que prévoit la loi pénale espagnole. Là encore, la défense des pirates, pour imaginative qu'elle soit, laissait à désirer : ils ont prétendu avoir été eux-mêmes enlevés par des pirates alors qu'ils étaient en train de pêcher et qu'ils avaient été embarqués de force pour attaquer et garder l'*Alakrana* !

**Au Kenya.** Par sa position géographique continentale tout autant que sa position d'État côtier limitrophe de la Somalie, le Kenya a été très tôt engagé, un peu malgré lui, au regard du phénomène de la piraterie dans l'océan Indien. Il a d'abord accepté de traduire devant ses juridictions pénales les pirates qui lui étaient amenés par les puissances navales engagées dans l'océan Indien. Mais devant le déferlement des transferts de pirates opérés, le Kenya s'est ensuite montré beaucoup plus réticent, tant sur le plan politique que sur le plan judiciaire proprement dit.

Au titre de la première phase, on mentionnera par exemple les jugements intervenus dans ce pays, qui s'est doté d'une législation et d'une Cour de Justice spécialisée, financée par l'ONUDC (24 juin 2010) pour garantir les poursuites judiciaires contre les pirates qui lui étaient remis par les forces de l'opération « Atalante », sur le fondement d'un accord intervenu en mars 2009 avec l'Union européenne[43] ou d'un autre accord passé avec les États-Unis. En mai 2009, le pays avait assuré le jugement de dix pirates remis par les États-Unis, et les avait condamnés à sept ans de prison. En 2010, le Kenya avait déjà assuré le jugement de 43 pirates et était confronté à 123 affaires en cours. Le 6 septembre 2010, la Cour de Mombasa a condamné 7 pirates à cinq ans de prison. Interceptés par un navire allemand de la force Atalante, ils ont été les premiers pirates somaliens à être jugés dans le cadre de l'accord avec l'Union européenne. Le 23 septembre de cette même année la Cour de Mombasa a ainsi condamné à cinq ans de prison sept pirates somaliens qui avaient été capturés en 2009 par la Marine espagnole, puis quelques jours plus tard, le 30 septembre, aux mêmes peines, onze pirates capturés en avril 2009 par la Marine française. Le 6 novembre 2010, ce sont 17 présumés pirates qui ont été cette fois acquittés par cette Cour sur le fondement de lacunes dans la collecte des preuves (*lack of evidence*) à leur égard, alors même qu'ils avaient été capturés en mai 2009 au cœur même de la route maritime du golfe d'Aden en possession d'armements offensifs dont ils avaient fait usage envers un navire. Les commentateurs y ont vu une manifestation de mauvaise humeur envers les puissances maritimes et les réticences à accorder l'aide que le Kenya réclame.

Estimant que l'aide qui lui était apportée s'avérait insuffisante et qu'il manquait un tiers de financement par rapport au coût global qu'il supportait, de même qu'il redoutait de subir des représailles de la part des pirates ainsi que des Shebabs somaliens, le Kenya avait dénoncé en mai 2010 son accord avec l'Union européenne, laissant à cette dernière un préavis de six mois pour en négocier un second. L'Union européenne, par la voix de Mme Catherine Ashton, s'était d'ailleurs montrée compréhensive, acceptant l'idée d'une meilleure répartition des charges et le fait que le Kenya avait jusqu'alors supporté pratiquement seul, dans la région, le poids de la répression judiciaire de la piraterie.

43. Accord qui prévoit entre autres, au-delà d'une aide financière, que la peine de mort ne sera pas appliquée par le Kenya aux pirates condamnés.

Pour autant, le 6 août 2012, sept pirates somaliens ont été condamnés par la Cour de Mombasa à des peines lourdes de vingt ans de prison pour avoir attaqué un navire sri-lankais.

**Aux Seychelles.** La république des Seychelles est à l'heure actuelle l'État de l'océan Indien le plus impliqué dans la participation à la lutte contre la piraterie et dans sa répression sur le fondement d'accords internationaux. Le 5 novembre 2012, la Cour suprême a ainsi jugé pas moins de quinze pirates somaliens qui ont été condamnés à dix-huit ans de prison. Les peines peuvent paraître sévères mais il faut dire que l'affaire était un peu particulière. Les pirates avaient attaqué le *Sunshine*, un pétrolier dont l'équipage était parvenu à se réfugier dans le secteur sécurité du navire, à s'y enfermer et à lancer un appel de secours qu'a entendu un groupe naval de l'US Navy croisant non loin de là. Son intervention avait mis fin à l'attaque mais les pirates avaient pu s'enfuir. Peu après, ils s'en prenaient à un navire de pêche iranien, le *Al Molai*. Là, l'intervention des marins américains les fit prisonniers. Les pirates ayant été filmés par un hélicoptère lors de leur précédente attaque avortée, le rapprochement fut aisé à faire. Face au juge, les pirates ont pour le moins joué d'arguments de défense audacieux lui déclarant qu'ils n'étaient armés qu'à la seule fin de se protéger et que les tirs au lance-roquettes effectués sur un pétrolier pendant leur pêche avec des « amis » iraniens étaient pour le « fun » !

**Au Yémen.** Le tribunal du port de Mukalla, ville du sud-est du pays a condamné le 4 février 2013, seize pirates somaliens à une peine de dix ans de prison. Ils comparaissaient pour avoir attaqué et détourné un navire de pêche yéménite avec son équipage, dans la mer territoriale du Yémen.

## Chapitre 4

# La recherche de solutions internationales efficaces

Elles se doivent non seulement d'être innovantes mais aussi de correspondre à ce que l'on appelle les standards minimum de civilisation en matière de répression pénale des crimes internationaux. Et la piraterie en est un !

Il faut distinguer en ce domaine, par essence multilatéral, les solutions de type juridique et institutionnel, des dispositifs qui ont été mis en place sur l'espace maritime même.

## Section 1. Les solutions de type juridique et institutionnel

### I. Les solutions proposées par l'ONU

#### A. Le Rapport Lang du 25 janvier 2011

Comme nous l'avons vu, la convention de Montego Bay n'est pas un traité dont les dispositions sont *self executing*. D'ailleurs, l'acte de piraterie n'y est pas même qualifié de crime. Il en résulte que pour poursuivre valablement des pirates capturés, un État doit avoir préalablement inséré dans sa législation pénale, donc dans son droit interne, une incrimination de piraterie. Si elle n'y figure pas, l'État ne peut poursuivre les présumés pirates.

À titre d'exemple, pour ce qui est de l'Europe, en l'occurrence le Conseil de l'Europe, l'article 7 de la Convention européenne de sauvegarde des droits de l'homme et des libertés fondamentales stipule que : « Nul ne peut être condamné pour une action ou une omission qui, au moment où elle a été commise, ne constituait pas une infraction d'après le droit national ou international. » Or le fait qu'une convention internationale mentionne le fait illicite d'une personne comme étant une infraction n'en fait pas nécessairement ipso facto un chef d'incrimination en droit pénal interne, quand bien même cette convention aurait été ratifiée par l'État et son texte publié à son journal officiel.

La mission confiée par l'ONU à Jack Lang intervenait dans un contexte de grande incertitude. Il y avait d'une part les réticences, voire l'impossibilité juridique, éprouvées par certains États pour juger des pirates capturés par leurs propres navires ; mais il y avait aussi les difficultés à faire fonctionner la formule consistant en ce qu'un État de la région juge un nombre important de présumés pirates qu'il n'avait pas lui-même capturé (exemple du Kenya). Le moins que l'on puisse dire est que le dispositif de répression de la piraterie, relâché et incertain, ne donnait pas entière satisfaction.

Le rapport remis par Jack Lang au Secrétaire général de l'ONU, Ban Ki-moon, le 25 janvier 2011, en sa qualité de conseiller spécial pour les questions juridiques liées à la piraterie en Somalie, prend en compte ces différentes difficultés.

La solution qu'il préconisait mais qui nécessiterait d'être reprise par une résolution du Conseil de sécurité des Nations unies, était d'instituer un tribunal pénal somalien dit offshore. Cette appellation, plutôt appliquée à des plateformes en mer, ne manque pas d'humour, mais veut dire en l'occurrence qu'il s'agirait d'un tribunal composé de juges somaliens, statuant sur le fondement du droit somalien, mais qui serait délocalisé sur le territoire d'un autre État, a priori celui de la Tanzanie, à Arusha. Cela impliquerait évidemment une coopération judiciaire et une aide financière des grandes puissances avec ce pays. Elle commencerait par une aide juridique à la Somalie pour qu'elle complète son Code pénal.

L'Union européenne avait depuis plusieurs mois proposé une solution du type tribunal délocalisé et annonce qu'elle était très satisfaite des conclusions du rapport Lang.

Pour autant, il faudrait encore régler la question du lieu d'incarcération des pirates avant leur procès et trouver des États volontaires pour cela. En ce domaine, le rapport préconise que les pirates soient incarcérés dans les deux provinces sécessionnistes de la Somalie : le Puntland et le Somaliland, avec la construction de deux prisons de 500 places chacune qui commencent tout juste à être opérationnelles, ce qui a permis par exemple, en juin 2013, le transfert au Somaliland de pirates jugés aux Seychelles, ce qui deviendra également possible, probablement à partir d'août 2013, vers le Puntland.

### B. Le dispositif prévu par la résolution n° 1976 du Conseil de sécurité du 11 avril 2011

Selon le Bureau maritime international (BMI), le premier trimestre 2011 a vu s'établir un nouveau record : 142 attaques de pirates, pour l'essentiel au large de la Somalie, avec une violence jamais vue jusque-là, qui a engendré 7 morts et 34 blessés parmi les marins ainsi que 344 prises d'otages. Au total, en ce début mai 2011, 800 marins sont détenus par les pirates somaliens dans leurs fiefs côtiers. L'activité, devenue extrêmement structurée, renseignée sur les cibles à attaquer, mafieuse, est plus florissante que jamais puisque les rançons acquittées s'élèvent à un montant moyen de 3,4 millions d'euros.

Face à cette situation, le Conseil de sécurité de l'ONU a adopté le 11 avril 2011 sa très ample résolution 1976 qui se propose d'apporter à la piraterie, selon les mots du Secrétaire général Ban Ki-moon, une réponse « globale et complète » intégrant trois fronts : la dissuasion, la sécurité et la primauté du droit et le développement (message du 18 avril 2011 à l'adresse de la conférence de Dubai sur la piraterie). Le groupe de contact sur la lutte contre la piraterie au large des côtes somaliennes avait émis le même avis à l'issue de sa 8e séance le 21 mars 2011, évoquant la nécessité d'adopter des approches multiples dont l'augmentation des capacités carcérales en Somalie, l'adaptation de la législation pénale et du système judiciaire de ce pays de même que l'augmentation du fonds d'affectation spéciale des Nations unies en vue de développer les compétences, judiciaires notamment, des États de la région dans cette lutte.

Le dispositif de la résolution 1976 prévoit tout un arsenal de mesures dont on ne mentionnera ici que les principales :

- nécessité pour les États de la région d'ériger la piraterie en infraction pénale dans leur propre droit interne ; il s'agit même dans les termes de la résolution d'une « exhortation » faite à ces États ;
- nécessité pour les États d'enquêter sur les meneurs, donc de tenter d'atteindre les commanditaires de la piraterie somalienne ;
- nécessité pour les États de poursuivre effectivement les personnes soupçonnées de piraterie et qui ont été appréhendées ;
- nécessité pour les États d'apporter le plus grand soin à recueillir et établir les éléments de preuve afférents à tout acte de piraterie (haute mer) ou de vol à main armée en mer (zones de souveraineté maritime des États). Demande faite aux États et aux institutions internationales « d'aider le Gouvernement fédéral de transition et les autorités régionales en Somalie à créer un système de gouvernance et à instaurer l'État de droit[...] » ;

- demande faite aux États et à l'ONUDC d'aider la Somalie à accroître ses capacités pénitentiaires « notamment en construisant à court terme des prisons supplémentaires dans le Puntland et dans le Somaliland » ainsi qu'à former son personnel pénitentiaire ;
- prière faite aux États et aux organisations régionales d'appuyer la croissance économique durable de la Somalie ;
- invitation faite aux États d'aider la Somalie à délimiter « dans les plus brefs délais » ses espaces maritimes, à protéger les ressources naturelles de ses eaux et à lutter contre la pêche illégale ;
- invitation faite aux États d'« examiner leur cadre juridique interne de rétention en mer des pirates pour s'assurer que leurs lois prévoient des procédures raisonnables, conformes au droit international des droits de l'homme applicable [...] » ;
- décision d'étudier d'urgence la possibilité de créer des tribunaux spéciaux somaliens aussi bien en Somalie que dans la région y compris une cour somalienne spécialisée et extraterritoriale (un délai de deux mois est donné au Secrétaire général pour rendre un rapport à cet effet).

Comme on le voit, la résolution a essentiellement pour objectif d'accroître la capacité judiciaire régionale à poursuivre les actes de piraterie. Seulement, elle traduit également fort bien par elle-même l'ampleur de la tâche et surtout l'importance exceptionnelle de la coopération internationale à mettre en œuvre, le tout dans un contexte somalien qui reste pour le moins instable et compliqué.

### C. Le programme de lutte contre la piraterie de l'ONUDC

Dans les structures de l'ONU, ce qu'on appelle un « programme » est un organe subsidiaire d'un des deux organes principaux ayant vocation à en créer : l'Assemblée générale (article 22 de la Charte) et le Conseil de sécurité (article 29. L'article 7 § 2 de la Charte prévoit en effet que : « les organes subsidiaires qui se révéleront nécessaires pourront être créés conformément à la présente Charte. » Il s'agit en l'occurrence d'une ligne d'action spécifique, pérenne ou non, portant sur un domaine particulier, assortie d'un budget – un fonds individualisé au sein du budget de l'Organisation – et d'un secrétariat[1]. Tel est le cas du « Programme de lutte contre la piraterie[2] » lancé en 2009 et confié pour sa réalisation à l'Office

1. Les plus connus des programmes précédemment créés sont : le Programme des Nations unies pour le développement (PNUD, New York), le Programme des Nations unies pour l'environnement (PNUE, Nairobi), le Programme des Nations unies pour le contrôle international des drogues (PNUCID, Vienne), le Programme alimentaire mondial (PAM, Rome).
2. Voir la Brochure de l'ONUDC sur la lutte contre la piraterie internationale : UNODC, « Counter Piracy Programme », mars 2013, www.unodc.org/unodc/en/piracy/index.html.

des Nations unies contre la drogue et le crime (United Nations Office on Drugs and Crime-UNODC).

Le programme a été conçu dans un premier temps dans un objectif unique et simple : aider le Kenya à faire face au défi de la répression judiciaire de la piraterie somalienne puisqu'il avait accepté, le premier, de recevoir sur son sol et de soumettre à ses juridictions, les pirates que les puissances maritimes actives dans la lutte sur mer contre ce phénomène lui livreraient (à ce jour, 18 procès mettant en cause 147 suspects). Dans un second temps toutefois, sa mission s'est élargie matériellement et géographiquement : actions diversifiées et présence dans six États de la région : Kenya, Seychelles, Maurice, Tanzanie, Maldives et Somalie.

Ses missions consistent ainsi désormais, en présentant ici les plus importantes d'entre elles, à :

- Aider ces États à améliorer leur législation et leur système judiciaire pour le rendre plus apte à juger les présumés pirates dans le respect des standards internationaux en matière d'État de droit et de droits de l'homme.
- Améliorer les conditions de détention des prévenus et des condamnés pour faits de piraterie en construisant ou en modernisant les centres de détention ; c'est tout spécialement le cas en Somalie (régions du Somaliland et du Puntland), afin que les détenus puissent purger leur peine dans leur pays d'origine et y recevoir plus aisément et à moindre coût, les visites de leurs proches.
- Renforcer les capacités d'intervention des forces de police et des garde-côtes de ces pays.
- Permettre et faciliter le transfert de condamnés pour piraterie d'un État qui les a jugés à un État qui va assurer leur détention. C'est ainsi qu'en mars 2013 est intervenu le premier transfert de ce type, des Seychelles (pays ayant exercé la juridiction) au Somaliland (région autonome de Somalie exerçant la détention) avec l'accord des 17 pirates concernés (voir *supra*). Ils ont été transférés dans un centre de détention construit et géré par l'ONUDC dans le cadre du programme.
- Aider à la formation de l'ensemble des personnels de la chaîne pénale et pénitentiaire des pays concernés.
- Un tel programme est une réussite incontestable. Nul doute que sans lui les États de la région n'auraient jamais pu relever dans de bonnes conditions le défi autant que la charge matérielle de la répression judiciaire et de la détention des pirates. Cela permet notamment de répartir la charge de ces missions sur un plus grand nombre d'États de la région, les incitant à coopérer et initiant même des solidarités nouvelles entre eux. En témoigne l'engagement très concret de la République des Seychelles dans ce processus, avec actuellement 14 affaires en cours mettant en cause 118 suspects.

## II. L'hypothèse de création d'un tribunal pénal international spécialisé

L'heure est à la création tous azimuts de juridictions pénales internationales. Des tribunaux pénaux internationaux aux juridictions hybrides, la mise en œuvre de la convention de Rome instituant la Cour pénale internationale (CPI) n'a pas freiné cette prolifération produisant un manque de clarté et un effet de dispersion dont la « matière pénale », fut-elle internationale en l'occurrence, s'accommode mal. Il est toujours fâcheux de donner l'impression que chacun a son juge ! Néanmoins, la persistance du phénomène de piraterie maritime ainsi que les difficultés rencontrées par les États pour en assurer la répression judiciaire (voir *supra*), ont conduit à poser la question de la création d'une juridiction pénale internationale spécifique permettant de poursuivre les auteurs d'actes de piraterie et leurs commanditaires. Les deux juridictions internationales existantes susceptibles de traiter de droit de la mer – la Cour internationale de justice (La Haye) et le Tribunal international du droit de la mer (Hambourg) – ne sont pas conçues pour cela : pas de compétence en matière criminelle et pas de compétence envers les individus.

La création d'une juridiction pénale internationale suppose de poser la question préliminaire du but poursuivi. Si toutes répondent au but visé par le chapitre VII de la charte des Nations unies – la restauration et le maintien de la paix – une cour spécialisée en matière de piraterie correspondrait davantage à un organe juridictionnel de répression d'une criminalité transnationale que d'une juridiction assurant la répression des crimes contre l'humanité. Ce serait une première. Mais elle ne serait pas dénuée de difficultés et d'obstacles, autant juridiques que politiques, à surmonter.

### A. Quels seraient les contours d'une telle juridiction ?

Pour l'entrevoir, il nous faut examiner les différents éléments de sa compétence, à la lumière de l'article 101 de la convention de Montego Bay qui définit les éléments constitutifs de l'acte de piraterie.

**Sur la compétence *rationae materiae* (au regard des incriminations à poursuivre).** À cet égard, la convention de Montego Bay présente l'atout majeur d'avoir été ratifiée par 163 États. Ainsi, les actes de piraterie tels que définis par l'article 101 et la compétence universelle spécifiée à l'article 105 de la convention de Montego Bay constitueraient une source indiscutable pour asseoir la compétence matérielle d'une juridiction pénale spécialisée.

**Sur la compétence *rationae temporis* (au regard du temps).** C'est peu dire que les juridictions pénales internationales spécialisées (ex-Yougoslavie, Rwanda, etc.) créées jusqu'à présent ont souffert de vives critiques pour leur absence de respect du principe de non-rétroactivité de la loi pénale. En effet, seule la CPI, créée par la convention de Rome de 1998, respecte ce principe, fondamental en matière de droits de la défense. En l'absence de mention explicite contraire, l'entrée en vigueur de la convention de Montego Bay, le 16 novembre 1994, constitue un point de départ conventionnel, donc assuré juridiquement, de la compétence universelle des États en matière de répression de la piraterie et ainsi du principe de non-rétroactivité de la loi pénale.

**Sur la compétence *rationae loci* (au regard du lieu).** L'article 101 de la convention de Montego Bay situe la compétence territoriale en haute mer ou « dans un lieu ne relevant de la juridiction d'aucun État. » Nous serions donc en présence d'une juridiction qui serait supplétive par rapport aux juridictions pénales internes. Ces dernières pourraient connaître en effet : d'une part, d'actes de piraterie que l'État capteur de pirates ou qui en a obtenu le transfert, voire l'extradition, serait désireux de juger lui-même ; d'autre part, d'actes de vol à main armée en mer qui relèvent tout à fait normalement de sa compétence territoriale de l'État capteur, puisque commis dans ses espaces maritimes de souveraineté. Elles pourraient également avoir à connaître des poursuites engagées contre des commanditaires et complices (notamment du point de vue du financement) des actes de piraterie pourvu que le Code pénal de l'État considéré le prévoie.

**Sur la compétence *rationae personae* (au regard des personnes).** Cette compétence comprend deux aspects. Tout d'abord, la compétence personnelle active définie par l'article 101 concerne les victimes des actes de piraterie. La convention de Montego Bay désigne les propriétaires de navires ou aéronef, les personnes à bord, les propriétaires de biens présents sur les bateaux attaqués. La compétence personnelle passive, quant à elle, désigne les auteurs pouvant être poursuivis sur le fondement de cet article. L'article 101 vise ainsi toute personne commettant des actes de piraterie.

### B. Le défi de la création d'un nouveau tribunal pénal international

**Sur le principe.** À défaut d'être prévu par une convention internationale, la mise en place d'un tribunal pénal international nécessite en premier lieu une résolution du Conseil de Sécurité des Nations unies. Cette solution permet de recourir à la coopération forcée des États ainsi qu'à l'envoi d'une force spéciale telle que celle qui a été envoyée au Kenya afin de procéder à l'arrestation des prévenus recherchés par la CPI ou encore d'une résolution du Conseil de sécurité mandatant les États pour mettre en place une force navale internationale de lutte contre la piraterie.

Néanmoins les États parties à la convention de Montego Bay risquent de ne pas apprécier cette captation de leur potentiel juridictionnel en ce domaine, au profit de la société internationale. Nous avons vu que la définition de la piraterie donnée par l'article 101 de la convention suppose une juridiction dont la compétence *rationae loci* ne peut être envisagée que comme complément ou supplétif aux juridictions nationales. Une résolution du Conseil de sécurité dans ce sens serait impossible du fait du chapitre de la charte utilisé pour la création des TPI précédents, à savoir le chapitre VII. Or ce chapitre, qui vise selon son intitulé au « maintien de la paix et de la sécurité internationales » ne peut engendrer que des juridictions pénales *ad hoc*, par essence limitées dans le temps. Une cour pénale internationale pour la piraterie, dont la durée ne serait que temporaire, n'aurait guère de sens.

**Sur le financement.** Il faut aussi avoir à l'esprit, que les TPI génèrent un coût élevé pour ne pas dire prohibitif pour la communauté internationale. En employant 873 personnes (hors CPI qui en compte autant à elle seule), de 77 nationalités différentes, le budget global de ces institutions s'élèvera pour la période 2010-2013 à une somme allant de 250,8 à 286 millions de dollars. Le budget de la CPI pour 2012 s'élève à 117,7 millions d'euros.

Et une juridiction hybride ? Une plus grande acceptation de la justice internationale au niveau local ainsi qu'une meilleure coopération de la part des autorités locales sont deux atouts d'une telle juridiction. Leur inconvénient majeur réside cependant dans l'effet relatif des traités dont les juridictions hybrides tirent leur existence. Ceux-ci ne peuvent en effet s'appliquer et n'engager juridiquement que les États qui les ont signés et ratifiés. Dès lors, les enquêtes et poursuites seront dans ce cas limitées aux pays qui auront passé un accord spécifique avec les Nations unies. En matière de criminalité transnationale – voir en ce sens les difficultés rencontrées par le Tribunal spécial pour le Liban – cette forme de juridiction est à proscrire s'agissant du caractère permanent et multi-territorial de ce type particulier de criminalité « extraterritoriale » qu'est la piraterie. Et là encore, le coût d'une telle juridiction est à prendre en compte. Ainsi, le budget annuel pour 2008 du Tribunal spécial pour la Sierra Leone est de 36 millions de dollars américains. Le budget des tribunaux cambodgiens chargés par la société internationale de réprimer les crimes contre l'humanité commis par les Khmers Rouges s'élevait à l'automne 2009 à 19 085 378 dollars américains pour la partie cambodgienne et 72 706 954 dollars américains pour l'ONU.

## III. Un code de conduite international : le code de conduite de Djibouti du 29 janvier 2009

Ce code de conduite de Djibouti concerne « la répression des actes de piraterie et des vols à main armée en mer à l'encontre des navires dans l'océan Indien occidental et le golfe d'Aden ». Il a été négocié et signé par neuf États de la région : Djibouti, l'Éthiopie, le Kenya, Madagascar, les Maldives, les Seychelles, la Somalie, la République Unie de Tanzanie et le Yémen.

On sait qu'en droit international un code de conduite est un accord de *soft law* entre plusieurs États, en entendant par ces termes, un accord non contraignant. Il établit des lignes de comportement auxquelles les États signataires sont incités à se tenir mais sans que cela représente des obligations internationales au sens strict du terme puisqu'un acte ou une omission y portant atteinte n'est pas susceptible d'engager la responsabilité internationale de l'État.

Comme le Programme de l'ONUDC, il présente toutefois l'intérêt de coordonner l'action des États de la région dans leur lutte contre la piraterie maritime et de montrer à la société internationale qu'ils se mettent en ordre de bataille en tant qu'États les plus directement concernés mais aussi impactés par ce fléau. Là encore, nous en présenterons, de façon synthétique, les éléments les plus intéressants.

Le code de conduite est le premier texte international à définir dans son article 1er intégralement à la fois le crime de piraterie (en reprenant les termes de l'article 101 de la convention de Montego Bay), le vol à main armée en mer, la complicité dans l'accomplissement de ces actes et dans l'article 3, la qualification de « navire pirate » comme « navire dont les personnes qui le contrôlent effectivement entendent se servir pour commettre un acte de piraterie, ou qui a servi à commettre un tel acte, tant qu'il demeure sous le contrôle de ces personnes. »

Un principe de coopération : « les participants entendent coopérer dans toute la mesure du possible pour réprimer les actes de piraterie et les vols à main armée à l'encontre des navires », notamment en se notifiant les renseignements, et en facilitant cet échange grâce à un « point de contact national » dans chaque pays ; en assurant la notification des incidents à l'aide de critères homogènes afin qu'une évaluation exacte de la menace de piraterie ou de vols à main armée dans l'océan Indien occidental et le golfe d'Aden puisse être effectuée ; en assurant la répression de ces actes, en simplifiant « la prise en charge, le traitement et le rapatriement approprié » des victimes. La coopération s'étend aussi à l'échange d'« officiers embarqués » sur les navires respectifs des États signataires engagés dans la lutte contre la piraterie et le vol à main armée en mer. Enfin, elle peut tendre à mettre en œuvre des programmes pédagogiques et de formation, de mise en commun des retours d'expérience.

Un rappel des règles de compétence : « Le participant qui effectue la saisie d'un navire pirate peut « sous réserve des lois nationales de son pays, et en concertation avec d'autres entités intéressées, renoncer à son droit premier d'exercer sa compétence » et autoriser ainsi l'application de la législation de tout autre État, au navire et aux personnes à son bord. De même, toute poursuite ou saisie effectuée par un participant dans la mer territoriale d'un autre État de la région « devrait être soumise à la juridiction » de ce dernier.

La conduite des enquêtes : dans toute la mesure du possible, mener et appuyer la conduite d'enquêtes en tenant compte des normes et des pratiques internationales pertinentes, en particulier, des recommandations adoptées par l'OMI.

## IV. Le programme EVEXI d'Interpol

La lutte contre la piraterie et tout spécialement sa répression étant des actions susceptibles de se dérouler dans un cadre multinational, il est apparu qu'il pouvait être utile de permettre à des États de solliciter l'expertise d'Interpol (dont le siège est à Lyon) en matière de collecte des preuves et d'enquête. C'est la raison d'être de ce programme « Evidence-Exploitation-Intelligence » (EVEXI) qui a été lancé par l'Union européenne avec un cofinancement assuré par la France et la Norvège. Les États bénéficiaires de ce programme sont sept des États de la région de l'océan Indien occidental engagés dans la lutte contre la piraterie : Kenya, Madagascar, Maldives, Oman, Seychelles, Tanzanie et Yémen.

Il s'agit de former le personnel policier ou militaire engagé dans les investigations sur des faits de piraterie à la collecte de témoignages et preuves matérielles. Mais EVEXI se dit prêt aussi à être un système de collecte et de centralisation d'informations sur les attaques, les réseaux de pirates et de financement de la piraterie dans l'ensemble du monde. Europol s'est joint à ce processus et les deux organisations, l'une universelle, l'autre régionale, collaborent aujourd'hui étroitement à ces programmes de coopération judiciaire d'enquêtes criminelles.

## V. Les accords de l'Union européenne pour le transfert des pirates

En mars 2010, le Conseil des Ministres de l'Union européenne a donné mandat à la Haute représentante pour les Affaires étrangères et pour la Politique de sécurité commune, Catherine Ashton, de lancer des négociations avec plusieurs pays de l'Afrique australe et de l'océan Indien afin de rendre possible le transfert de pirates sur leur territoire pour qu'ils y soient jugés après avoir été capturés par la force navale européenne EUNAVFOR de l'opération « Atalante ». Il s'est agi au départ de cinq pays : Afrique du Sud, Maurice, Mozambique, Ouganda et Tanzanie[3].

Déjà, en 2009, un accord de même objet avait été passé entre l'Union européenne et les Seychelles d'une part, le Kenya d'autre part, premiers

3. L'Union européenne disposant de la personnalité juridique internationale, elle a la capacité de conclure des accords internationaux avec les États et d'autres organisations internationales.

du genre dans le domaine de la répression de la piraterie. Mais le Kenya, aussitôt submergé de pirates dans ses prisons et ses juridictions, insuffisamment préparé à cet afflux, et assumant un coût financier supérieur à l'aide qui lui était apportée, avait dès 2010 instamment demandé à ce que la charge soit répartie sur d'autres États de la région et menacé de rompre l'accord, ce qu'il a d'ailleurs fait à la fin de l'année. Le pays reçoit une assistance financière mais aussi pratique en ce domaine de la part de l'Union européenne et de l'ONUDC qui ont élaboré à cette fin un programme commun. Malgré cela, depuis lors, le transfert de pirates à ce pays n'est pas interrompu, mais il est l'objet d'accords spécifiques, passé au cas par cas. Les Seychelles, de leur côté, jouent pleinement leur rôle mais ont passé, assez intelligemment, des accords de transfèrement[4] de pirates jugés par ses juridictions en direction des régions somaliennes du Somaliland et du Puntland.

L'Union européenne a également conclu un accord avec l'île Maurice en juillet 2011. Les premiers pirates somaliens y sont arrivés en janvier 2012. Interpellés par la flotte des États-Unis au large de la Somalie, ils avaient été remis ensuite à un navire français de la force « Atalante » afin qu'ils puissent être remis à l'île Maurice pour y être jugés, accord dont ne disposaient pas les États-Unis. L'île Maurice entend toutefois ne pas engorger ses prisons de pirates somaliens, situation qu'ont vécue dans un premier temps le Kenya et les Seychelles, et envisage leur transfèrement vers leur terre d'origine à l'instar de ce que font précisément les Seychelles.

En ce qui concerne la Tanzanie, qui accueillait déjà, à Arusha, le Tribunal pénal international pour le Rwanda et qui aurait pu accueillir la juridiction pénale internationale sur la piraterie si ce parti avait été pris par l'ONU (principe évoqué dans la résolution 1976 du Conseil de sécurité), les négociations étaient en cours et en bonne voie, début 2013. Il restait à régler la question de la non-application ou non-exécution de la peine de mort aux pirates transférés.

À chaque fois, un programme commun UE/ONUDC vient s'appliquer, faisant de l'Union européenne le plus grand contributeur à l'ONUDC dans le domaine de la lutte contre la piraterie somalienne.

4. Nous proposons de distinguer les termes « transfert » et « transfèrement », ce dernier ayant un sens précis en droit pénal. Le premier doit s'appliquer à la simple remise de présumés pirates capturés mais non encore jugés. Le second s'applique en droit pénal à la remise à son pays d'origine de condamnés jugés dans un autre pays. Cela s'appelle le transfèrement de détenus afin que ceux-ci puissent purger leur peine dans leur pays et recevoir plus aisément les visites de leur famille. Le transfèrement nécessite l'existence d'un accord bilatéral préalable.

## Section 2. Les dispositifs coercitifs mis en place

L'année 2008 constitue une date importante dans l'organisation de la riposte internationale concertée pour prévenir ou combattre la piraterie au large de la Somalie. Les initiatives militaires se sont alors multipliées et plusieurs flottilles ont été rapidement déployées pour sécuriser les eaux au large de la Somalie et du Yémen.

Une des premières mesures a été la création de la Maritime Security Patrol Area (MSPA), un couloir de navigation recommandé à tous les bâtiments souhaitant traverser le golfe d'Aden. Des navires de guerre allaient assurer la protection des quelques 20 000 bâtiments de commerce qui y transitent chaque année et contrer les pirates qui y étaient alors particulièrement virulents[5]. Cette MSPA, qui longeait les côtes yéménites, a été mise en place le 22 août 2008, sous la responsabilité de la Task Force 150 américaine (puis de la Task Force 151).

En février 2009, cette zone de transit sécurisée a été remplacée par l'*International Recommended Transit Corridor* (IRTC), long de 492 milles marins, composé de deux lignes de navigation larges chacune de 5 milles, l'une au nord pour les navires transitant dans le sens est-ouest, l'autre à deux milles au sud pour les bâtiments allant de l'ouest vers l'est. Les navires marchands étaient regroupés selon leur vitesse et les convois ainsi constitués bénéficiaient d'une escorte militaire. Le succès a été immédiat et le nombre d'attaques a considérablement chuté. Avec pour conséquences négatives de mobiliser de nombreux bâtiments militaires dans le golfe d'Aden et de déplacer les attaques plus au sud et plus à l'est, en haute mer (jusqu'à 600 milles marins de la côte somalienne).

Toutefois, le nombre des navires affectés à la lutte anti-piraterie était alors en nette augmentation du fait de la mise en place de plusieurs missions internationales : CTF-151 d'inspiration américaine, CTF-465 (EU-NAVFOR, opération « Atalante »), CTF-508 (Otan, opération « Ocean Shield »), et nationales (chinoise, russe, indienne…).

### I. L'opération d'« Atalante »

L'Union européenne a lancé le 8 décembre 2008 une opération aéronavale de dissuasion, prévention et répression des actes de piraterie. Baptisée « Atalante », cette opération qui se prolongera au moins jusqu'en décembre 2014[6], a pour mission la protection des navires du Programme alimentaire mondial chargés d'acheminer l'aide humanitaire à destination de la

5. Lire les témoignages recueillis en novembre 2008 par la BBC, dont celui du capitaine Vinayak Anant Marathe, commandant d'un vraquier. Voir http://news.bbc.co.uk/2/hi/middle_east/7736170.stm.

6. Décision du 23 mars 2012.

Somalie ; la force européenne est également chargée d'assurer la sécurité des navires marchands croisant dans les zones à risques, y compris en recourant à l'usage de la force.

« Atalante » a fait l'objet d'une décision du Conseil de l'Europe le 10 novembre 2008. Ce Conseil exerce le contrôle politique de l'opération *via* son Comité politique et de sécurité, alors que le Comité militaire de l'UE assure le suivi opérationnel en liaison avec le commandant de l'opération. Cet officier supérieur est basé à Northwood, au Royaume-Uni ; il dispose d'un état-major de 80 personnes qui assure la planification et la conduite des opérations. En mer, la force navale européenne (EU Navfor) est commandée par un autre officier supérieur basé sur le navire-amiral. Cet amiral dispose d'un petit état-major (le FHQ) d'une vingtaine de militaires.

La composition de la force varie en fonction des mises à disposition de navires et aéronefs nationaux. En théorie, EU Navfor devrait rassembler de 4 à 7 navires de guerre et de 2 à 4 avions de patrouille maritime (« 5 à 10 navires de surface, 1 ou 2 navires de soutien et 4 avions de patrouille maritime » selon un document européen de 2009) ; à ces moyens aéronavals s'ajoutent quelques équipes de protection embarquées. « Le format de la force évolue en permanence », reconnaît, sobrement, l'état-major français. Gardons à l'esprit que la zone d'opérations d'EU Navfor couvre le sud de la mer Rouge, le golfe d'Aden, une partie de l'océan Indien et le « littoral » somalien pour permettre des interventions contre la terre[7]. Soit une superficie de 3,7 millions de km$^2$, qui est égale à celle de la Méditerranée et qui exige des moyens conséquents et réactifs.

Le bilan ? Si l'on en croit l'Union européenne, « les données collectées depuis 2008 montrent que la force EU Navfor, en collaboration avec ses partenaires des autres forces anti-piraterie, est devenue très efficace dans la prévention des attaques »[8]. Effectivement, avec 100 % de succès dans l'escorte des bateaux du Programme alimentaire mondial (173 escortes entre 2009 et avril 2013), avec une chute notable des attaques (176 attaques en 2011, 34 en 2012) et des captures (25 navires capturés en 2011, 5 en 2012), l'efficacité est au rendez-vous.

Toutefois, comme on va le voir, « Atalante » n'est qu'une arme dans un arsenal, un peu hétéroclite certes, qu'un effort dans une action concertée et multidimensionnelle de lutte contre la piraterie. « Atalante », c'est aussi l'illustration des limites des capacités européennes en matière de défense et de volonté de défense. En novembre 2011, le général suédois Hakan Syren,

---

7. Voir http://lignesdedefense.blogs.ouest-france.fr/archive/2012/03/27/atalante.html. L'extension de la zone a permis des frappes contre des objectifs à terre : http://lignesdedefense.blogs.ouest-france.fr/archive/2012/05/15/atalante-a-frappe-des-objectifs-somaliens-a-terre.html
8. Voir http://eunavfor.eu/mission

qui présidait alors le Comité militaire de l'UE, lançait un avertissement : « Atalante » n'allait pas être capable de déployer au moins quatre navires pendant le premier trimestre 2012 (en fait, seulement deux ou trois ont pu opérer en mer pendant cette période) et la force allait donc être au « niveau minimal en matière de navires et avions de patrouille maritime ». Pire : la différence entre les forces sur le papier et les moyens réellement déployés en mer a été dramatique à certaines périodes, la faute aux relèves, escales pour pannes, transfert de prisonniers ou ravitaillements à Djibouti en particulier... Quant aux moyens de l'aviation de patrouille maritime, ils restent déficitaires : la France fournit ponctuellement un Atlantique, parfois un AWACS, l'Allemagne, l'Espagne, la Suède alternent les déploiements d'un appareil (Orion ou Dash 8)... Toutefois, le Luxembourg finance, depuis septembre 2009, les opérations de deux appareils privés, des Merlin III de CAE Aviation basés aux Seychelles[9].

## II. L'opération « Ocean Shield » (Otan)

Après plusieurs opérations de circonstance (« Allied Provider » à l'automne 2008 puis « Allied Protector » de mars à août 2009[10]), l'Alliance Atlantique a lancé le 17 août 2009, pour une durée d'un an renouvelable, l'opération de lutte contre la piraterie « Ocean Shield », sous couvert des résolutions onusiennes 1814/1838/1846/1851.

« Allied Provider », avec trois navires[11] puis quatre, et un millier d'hommes, a démarré en octobre 2008, avec pour mission l'escorte des cargos du Programme alimentaire mondial (PAM). Cette mission d'escorte a permis l'acheminement sans encombre de 30 000 tonnes d'aide alimentaire. En mars 2009, l'Otan a annoncé le déploiement du Standing NATO Maritime Group One (SNMG1 ou Force de réaction navale 1) dans le cadre d'une nouvelle opération baptisée « Allied Protector ». La flottille était, en théorie, forte de six à dix frégates chargées de dissuader les pirates d'attaquer les navires marchands, d'escorter les bâtiments vulnérables, d'arraisonner et de fouiller tout navire suspect, de lancer des actions conjointes avec les autres forces internationales ou nationales déployées dans le golfe d'Aden. Le 17 août 2009, cette mission a été remplacée par « Ocean Shield ».

Prévue pour durer jusqu'à la fin de l'année 2014, cette opération otanienne a compté, au gré des circonstances politiques et des disponibilités opérationnelles, entre 2 (en milieu d'année 2012, par exemple) et

9. Voir http://lignesdedefense.blogs.ouest-france.fr/archive/2013/02/26/les-merlin-iii-de-cae-aviation-luxembourg-de-retour-au-sein.html
10. Voir www.nato.int/cps/en/natolive/topics_48815.htm#Protector
11. HS Temistokles (Grèce), ITS Durand de la Penne (Italie) et HMS Cumberland (GB).

6 navires[12]. Selon l'Otan, « l'opération "Ocean Shield" est axée principalement sur les opérations maritimes de lutte contre la piraterie. Les bâtiments de l'Otan effectuent par exemple des missions de surveillance par hélicoptère destinées à localiser et à identifier des navires dans la région, et ils contribuent à prévenir et à faire échouer les détournements et à mettre fin aux attaques à main armée. L'Otan a également accepté, à la demande des Nations unies, d'escorter les navires d'approvisionnement du Bureau d'appui de l'ONU à l'AMISOM (UNSOA) jusqu'à l'entrée du port de Mogadiscio. L'Alliance a élargi son approche de la lutte contre la piraterie en proposant, dans la limite de ses moyens et de ses capacités, aux États de la région qui en feraient la demande de les aider à développer leur propre capacité de lutte contre les actes de piraterie. Plus récemment, elle a aussi pris des mesures destinées à saper les bases logistiques et les moyens de soutien des pirates. »[13]

Par ailleurs, le manque de navires militaires a poussé l'Otan à mettre en place des détachements autonomes de protection des navires (*Autonomous Vessel Protection Detachment*). Ces AVPD sont constitués par une dizaine de militaires armés. Embarqués sur les navires du PAM, les détachements (fournis par les Pays-Bas, la Lituanie, la Croatie, l'Allemagne...) permettent de libérer des navires pour d'autres missions d'escorte.

## La CTF-151

Les Combined Maritime Forces (CMF)[14] de la 5e flotte ont créé le 8 janvier 2009 une Combined Task Force 151 (CTF-151)[15] à vocation de lutte contre la piraterie[16]. Son théâtre d'opérations ne se limite pas au golfe d'Aden, comme le précise une note du 4 juin 2009[17], même si les patrouilles et escortes dans l'IRTC constituent une part majeure de son champ d'action.

12. En mars 2013, quatre navires étaient affectés à cette mission.

13. Voir http://www.nato.int/cps/fr/natolive/topics_48815.htm

14. Les CMF englobent trois *task forces* : CTF-150 (anti-terrorisme), CTF-151 (anti-piraterie) and CTF-152 (sécurité et coopération dans le golfe Arabique). 27 pays en sont membres : Allemagne, Australie, Bahreïn, Belgique, Canada, Danemark, France, Grèce, Italie, Japon, Jordanie, République de Corée, Koweït, Malaisie, Nouvelle-Zélande, Pays-Bas, Pakistan, Portugal, Arabie saoudite, Seychelles, Singapour, Espagne, Thaïlande, Turquie, EAU, GB et USA.

15. http://combinedmaritimeforces.com/ctf-151-counter-piracy/

16. http://www.navy.mil/submit/display.asp?story_id=41687

17. http://www.nato.int

À son lancement, la CTF-151 regroupait trois navires : le transport de chalands de débarquement *USS San Antonio*, le destroyer *USS Mahan* qui disposait d'un drone[18]et la frégate britannique *HMS Portland.* Quatre ans plus tard, la composition de la flottille est extrêmement variable en origine et en nombre. Comme le dit pudiquement le site des Combined Maritime Forces, « *The force flow in CTF-151 is constantly changing as ships and aircraft from a variety of countries assign vessels, aircraft and personnel to the task force* ». Généralement, trois ou quatre navires sont mobilisés à tout moment pour la mission. Pour des résultats finalement satisfaisants : dissuasion réelle, nombreuses attaques avortées, arrestations de pirates... Seule ombre dans ce tableau : le sort des pirates interpellés dont beaucoup ont été désarmés et relâchés par manque de cadre juridique clair. Le cas de la frégate danoise *Absalon* est éloquent. Lors de sa première mission en 2009, ce navire a pu s'enorgueillir d'un joli palmarès : multiples interventions dissuasives, confiscation d'une soixantaine d'armes automatiques, arrestations de 88 pirates. Mais aucun de ces délinquants n'a été poursuivi... Ces chiffres ont été confirmés devant la commission des armées du Congrès américain par le vice-amiral William Gortney qui a expliqué que la moitié des quelque 250 pirates arrêtés par la CTF-151 avaient été remis en liberté. Le 3 février 2010, 11 pirates arrêtés en flagrant délit, alors qu'ils attaquaient le *MV Evita*, ont été relâchés en mer, sans arme, et leur bateau-mère a été détruit[19].

## III. Les interventions françaises

Outre sa participation aux opérations internationales, la France a conduit, en solo, un certain nombre d'actions préventives et répressives. Paris, on l'a vu, a ainsi décidé d'intervenir pour libérer les otages français du *Ponant* (opération « Thalathine », du 4 au 11 avril 2008), du *Carré d'As* (2-16 septembre 2008) et du *Tanit* (4-10 avril 2009). Des actions décidées par l'exécutif français et conduites par des unités déjà déployées dans l'océan Indien ou venues de métropole.

La France a, par ailleurs, également fourni des détachements de protection de navires, les EPE ou équipes de protection embarquées, composées de six à dix hommes. Ces unités ont protégé, à partir de juin 2009, des cargos du PAM, des thoniers senneurs concarnois qui pêchent au large des

18. http://www.navy.mil/submit/display.asp?story_id=42801

19. Voir http://www.navy.mil/submit/display.asp?story_id=52370

Seychelles (une équipe de 5 militaires par thonier), ainsi que des navires transportant des cargaisons stratégiques (des câbliers, par exemple). Selon un rapport sénatorial intitulé « Lutte contre la piraterie maritime : une loi utile, une mission sans fin » et rédigé par Jean-Claude Peyronnet et François Trucy en 2012, « les critères d'attribution d'une protection sont les suivants : pavillon français, présence de citoyens français à bord, nationalité française du propriétaire, transport d'une cargaison ou activité d'intérêt stratégique pour la France »[20].

« Nous travaillons dans un cadre légal, fixé par une ordonnance du Premier ministre. Celle-ci prévoit la possibilité du recours à la protection militaire pour les activités économiques qui ne peuvent être déplacées dans l'espace ou reportées dans le temps. Ce qui est le cas des thoniers », expliquait, en 2011 le contre-amiral Prazuck, commandant de la force des fusiliers-commandos, lors d'une interview au site Mer et Marines[21].

L'État français ne demande pas de contrepartie financière pour la mise à disposition d'équipes de protection embarquées, estimant que la sécurité est une mission régalienne. Toutefois, comme l'a précisé le ministre français de la Défense, le 8 septembre 2009, « s'agissant des conditions financières de cette protection, le bénéficiaire prend généralement à sa charge : les frais d'hébergement et de restauration des militaires ; les frais d'utilisation par l'équipe des moyens de communications du bord dans le cadre de sa mission de protection ; les dépenses supplémentaires résultant directement de la mission de l'équipe (majorations de solde, de traitement ou d'indemnité prévues par la réglementation ; frais de déplacement, de transport et de soutien, sur facture ; dépenses de transmissions, sur facture ; quote-part de 50 % des dépenses d'entretien et de réparations éventuelles des matériels mis en œuvre, sur facture). À l'issue de la prestation, les sommes dues à la marine nationale par le bénéficiaire sont recouvrées par le Trésor public au vu d'un titre de perception émis par l'état-major de la marine. » Au final, cela représente un coût moyen évalué à environ 2 000 euros par jour.

Les rédacteurs du rapport sénatorial ont aussi noté qu'en raison des moyens et des effectifs limités dont elle dispose, la Marine nationale ne peut répondre à toutes les demandes de protection émanant des navires français. Ils ont estimé que seulement la moitié des demandes peuvent être satisfaites. Ce qu'ont régulièrement confirmé des officiers généraux de la Royale qui précisaient que 200 militaires étaient mobilisés pour cette mission. D'où un recrutement large qui dépasse les seuls commandos marine ou les unités de fusiliers-marins, comme le confirme cet extrait d'un article paru sur le site Web du ministère de la Défense le

20. Voir http://www.senat.fr/rap/r11-499/r11-4999.html

21. Voir http://www.meretmarine.com/fr/content/la-formation-des-epe-un-stage-chez-les-commandos-marine-15

22 mars 2013 : « Parmi le personnel qui forme les prochaines EPE qui partiront aux Seychelles armer des thoniers, on retrouve plusieurs profils. « Dans nos groupes, il y a forcément des spécialistes de la force, fait remarquer le lieutenant de vaisseau (LV) Crépet. Le chef de détachement et son adjoint sont des fusiliers marins, voire des commandos. Ensuite, nous positionnons des marins de toute la Marine nationale. Ce stage permet une sélection du personnel, la définition des groupes embarqués et l'entraînement pour les préparer au mieux à la réalité du milieu ». Car tous les participants à ce stage n'iront pas au bout. « La sélection vient presque d'eux-mêmes » glisse le LV Crépet. « Certains ont compris, au cours de ces deux semaines, qu'ils n'étaient pas assez préparés pour partir en mission. » Mais de l'avis de plusieurs stagiaires, ils reviendront. Avec encore plus de motivation. Un jeune quartier-maître, manœuvrier sur un bâtiment brestois l'explique : « partir sur une telle mission, c'est une opportunité pour nous. Ce n'est pas tous les jours qu'on peut servir de cette manière la Marine. Même si on le fait tous les jours, cette mission EPE est vraiment particulière et le fait de l'ouvrir à différentes spécialités, avec une formation adaptée, motive beaucoup de marins. »[22]

Qu'elles aient été constituées de commandos marine, de fusiliers-marins ou de fourriers, ces EPE françaises ont été efficaces et aucun des navires dont elles assuraient la protection n'a été capturé. On peut en tirer deux enseignements. Le premier, qui sera confirmé au chapitre V, c'est que l'embarquement d'équipes armées constitue une parade des plus efficaces aux actes de piraterie. Le second, c'est qu'une équipe correctement armée, entraînée et encadrée suffit à mener à bien ce type de missions. Le recours, obligatoire selon certains prestataires de services militaires, à d'anciens soldats des forces spéciales (commandos de marine français, SBS britanniques, Navy Seals et Rangers américains, etc.), n'est qu'un prétexte pour pratiquer des tarifs exorbitants dignes de ceux pratiqués en 2004-2007 en Irak.

## IV. Les interventions russes

Moscou, dont 60 % du commerce transite par la voie maritime, a annoncé le lancement de sa mission de lutte anti-piraterie le 26 septembre 2008, avec le déploiement dans les eaux somaliennes d'une frégate de la Flotte de la Baltique, le *Neustrashimy*. Puissamment armée (un canon de 100 mm, des missiles mer-mer SS-N-25 et sol-air Sa-N-9, un hélicoptère Ka-27...), cette frégate avait pour mission d'assurer la sécurité des navires et des

22. Voir http://www.defense.gouv.fr/marine/actu-marine/zoom-sur-la-formation-des-equipes-de-protection-embarquees

ressortissants russes sur les océans[23]. La décision d'intervenir au large de la Somalie aurait été prise après la capture d'un remorqueur capturé au large du Puntland et relâché, début 2008, contre une rançon de 700 000 dollars. Mais en juillet 2008, des analystes mettaient en doute la volonté et surtout la capacité russe à projeter des navires dans l'océan Indien. Ainsi que le signalait le chercheur Simon Saradzhyan, la flotte russe était en piteux état et Moscou ne pouvait plus compter sur les ports que l'ex-URSS utilisait en Asie ou en Afrique[24].

Coïncidence, le *Neustrashimy* a pris la mer le jour même de la capture du *MV Faina*, le roulier ukrainien capturé, avec son équipage russo-ukrainien, au large de la Somalie, alors qu'il allait livrer un chargement d'armes (dont 33 chars *T-72*) au Kenya. La frégate russe aura le temps d'arriver sur zone et de prendre part aux opérations de surveillance du navire avant sa libération qui n'interviendra que le 5 février 2009, contre une rançon de 3,2 millions de dollars.

Depuis la fin de l'année 2008, la Russie maintient une présence dans l'océan Indien. Il s'agit, comme l'avait précisé le président Dmitry Medvedev en 2010, de « remplir nos obligations internationales dans le golfe d'Aden parce que, d'une part, nous devons protéger nos navires marchands et ceux des pays avec lesquels nous avons passé des accords et, d'autre part, cela nous permet de maintenir nos capacités et le niveau de préparation de nos personnels »[25].

Le bilan russe est toutefois peu éloquent : 130 missions d'escorte en un peu plus de trois ans… Il est vrai que les moyens engagés sont longtemps restés limités et qu'il a fallu attendre 2011 pour que des flottilles composées d'un destroyer, d'un ravitailleur et d'un remorqueur hauturier soient déployées, augmentant la capacité russe anti-pirates. En novembre 2012, Moscou a aussi proposé de baser à Djibouti un avion de patrouille maritime, pour renforcer le dispositif aérien international alors un peu dégarni.

Rapidement conscient de la faiblesse des moyens russes engagés, Moscou s'est rapproché de l'Otan, ce dont Medvedev s'est félicité en 2009 devant le secrétaire général de l'Otan, Rasmussen. Les navires russes opèrent donc dans le cadre de la Task Force 151. La collaboration a démarré dès novembre 2008 lorsque les hélicoptères du *HMS Cumberland*

---

23. *Ria Novosti*, 26 septembre 2008. Voir http://en.rian.ru/russia/20080926/117144421.html

24. Simon Saradzhyan, « Russian ships at the mercy of pirates », 10 juillet 2008. Voir http://www.isn.ethz.ch/isn/Digital-Library/Articles/Detail/?lng=en&id=88561

On lira aussi avec intérêt la contribution de ce chercheur : « The Dynamics of Russia's Response to the Threat of Piracy » in Silvia Ciotti Galletti, *Piracy and Maritime Terrorism : Logistics, Strategies, Scenarios*, IOS Press, 2012.

25. *Ria Novosti*, 25 novembre 2010. Voir http://en.rian.ru/military_news/20101125/161498820.html

et de la frégate *Neustrashimy* sont conjointement intervenus pour secourir un cargo attaqué par des pirates. En janvier 2009, la Russie a rejoint un groupe de 23 pays membres du Contact Group on Piracy off the Coast of Somalia. Depuis, de nombreux exercices conjoints ont eu lieu.

## V. Les interventions indiennes

L'Inde avait de bonnes raisons de s'engager dans la lutte contre la piraterie en 2008. Certes la capture d'un seul bateau indien (un *dhow*) avait été recensée jusqu'alors mais une trentaine de navires battant pavillon indien transitait, chaque mois, par le golfe d'Aden. En outre, l'Inde fournissant plus de 15 % des équipages mondiaux, ses ressortissants étaient donc fatalement menacés par les attaques croissantes dans l'océan Indien[26]. Autant de bonnes raisons pour décider, en septembre 2008, peu après la capture d'un navire japonais avec un équipage majoritairement indien[27], d'envoyer une frégate croiser dans les zones à risques et d'y escorter les navires marchands indiens.

Pour assurer des missions d'escorte des navires indiens, New Delhi a déployé la frégate *INS Talbar*, un bateau construit en Russie en 2004 et équipé d'un canon de 100 mm, de missiles et d'un hélicoptère de type *Chetak*. Le commandant du navire, et c'était une nouveauté, avait toute latitude pour déterminer les priorités ; il jouissait donc d'une grande autonomie. Dès le 11 novembre, l'*INS Talbar* est intervenu pour secourir le *MV Jag Arnav*, un cargo de la *Great Eastern Shipping Company*. L'*INS Tabar* a fait décoller son hélicoptère avec une équipe de commandos ; l'attaque a avorté et le cargo a pu reprendre sa route en toute sécurité. En revanche, ce succès a été suivi d'une bavure. Le 19 novembre, une semaine après l'affaire du *Jag Arnav*, les marins indiens ont coulé un bateau de pêche thaïlandais, avec son équipage de 16 marins, qu'ils avaient pris pour un bateau-mère pirate. L'enquête a démontré que ce chalutier avait été capturé par des pirates qui ont ouvert le feu sur le navire militaire, ce qui n'excuse pas le tir expéditif des Indiens et la mort de 15 marins et d'un nombre indéterminé de pirates. Dès le 20, l'*INS Mysore* reprenait la mission à son compte et le commandant du *Tabar* rentrait, lui, rendre des comptes.

Depuis ces débuts chaotiques, la marine indienne a poursuivi ses patrouilles et ses escortes, tout en constatant que la zone d'action des pirates se rapprochait des côtes indiennes et qu'en conséquence de nouveaux moyens étaient nécessaires pour contrer les tentatives de capture et assurer la sécurité.

---

26. Entre 2007 et 2011, 495 marins indiens ont été pris en otage par des pirates somaliens.
27. Il s'agissait du chimiquier *MV Stolt Valor*. Capturé le 15 septembre, il a été libéré le 16 novembre, après versement d'une rançon de 2,5 millions de dollars.

Parallèlement au déploiement de nouveaux navires militaires et au développement de leur aviation de patrouille maritime (un avion *Dornier* est basé aux Seychelles et un autre aux Maldives), les autorités indiennes ont décidé en 2012 de mettre sur pied une force spécialisée dans la protection des navires civils naviguant dans les zones à risques. Un premier groupe d'une centaine d'hommes a été entraîné par les commandos de la marine indienne (MARICOS) ; ces personnels appartiennent au Central Industrial Security Force, organisme qui dépend du ministère de l'Intérieur et qui assure la sécurité des sites sensibles dont les transports en commun et les ports de Mumbai, Navi Mumbai, Kolkata, Haldia, Paradip, Visakhapatnam, Ennore, Chennai, Kochi, Tuticorin, Mangalore, Goa and Kandla. Ils constituent des EPE (équipes de protection embarquées) qui assurent la sécurité des navires civils indiens.

## VI. Les interventions japonaises

Quatre navires japonais ayant été capturés en 2008[28], Tokyo a annoncé le 28 janvier 2009 l'envoi dans l'océan Indien de navires de la Force d'autodéfense.

Le gouvernement japonais considérait alors que la piraterie constituait « une menace majeure, non seulement pour le Japon mais pour la communauté internationale dans son ensemble » et que c'était donc « un problème à régler de façon urgente »[29]. Le déploiement de ces forces n'a pas été sans débats parlementaires vifs sur la constitutionnalité d'une telle mesure. Le parti au pouvoir et le ministre de la Défense, Yasukazu Hamada, ont réussi à convaincre le Parlement qu'il ne s'agissait pas d'une opération militaire mais d'une action de maintien de l'ordre (d'où la présence à bord des navires d'officiers des garde-côtes chargés des opérations de nature policière et des éventuelles arrestations de pirates). En mars 2009, deux destroyers ont donc commencé à patrouiller dans le golfe d'Aden, avec pour mission d'escorter et de secourir les navires battant pavillon nippon ou appartenant à des armateurs de l'archipel.

Le *Sazanami* et le *Samidare* ont donc constitué la première flottille. Le premier est un destroyer ASM de la classe *Takanami* équipé de missiles et d'un canon de 127 mm ; le second est armé de missiles mer-mer *Sea Sparrow* et d'un canon de 76 mm. Tous deux disposent d'un hélicoptère *SH-60K* et de deux embarcations rapides.

---

28. Un navire japonais, le *MV Goldent Nori*, avait été capturé en 2007. En 2008, le Stella Maris, le MV Irene, le *MV Stolt Valor* et le *MV Chemstar* avaient été capturés et libérés après paiement de rançon dépassant à chaque fois le million et demi de dollars.

29. Voir http://www.reuters.com

À la fin de l'année 2012, les autorités japonaises ont fait le bilan de leur participation aux opérations de lutte contre la piraterie. Entre mars 2009 et octobre 2012, les destroyers japonais ont escorté 2 834 navires au cours de 396 missions[30]. Outre ces bâtiments, le Japon a contribué à l'effort aérien en basant, à partir du 11 juin 2009, deux avions de patrouille maritime P-3C Orion ; 762 missions aériennes ont été réalisées au cours de la même période. Ces appareils ont été basés à Djibouti où le Japon a pu négocier une présence militaire permanente à compter du 1er juin 2011[31]. Tokyo dispose de quelque 200 hommes dans cette « *Japanese Facility for Counter-Piracy Mission in Djibouti* », la première base militaire japonaise située hors du territoire national depuis 1945.

Outre ces mesures militaires, Tokyo a fait voter une loi anti-piraterie le 24 juillet 2009 (Act 55). Loi qui criminalise les actes de piraterie et permet aux navires militaires japonais d'assister tout navire menacé, quel que soit son pavillon. Les peines encourues vont de 5 ans de prison à la réclusion à perpétuité. En cas d'homicides volontaires ou de meurtres, les pirates sont passibles de la peine de mort. Les quatre premiers pirates poursuivis par le Japon l'ont été après l'attaque du *MV Guanabara*, le 5 mars 2011[32].

La contribution japonaise à la lutte anti-piraterie s'est aussi concrétisée par la participation aux travaux du *Contact Group on Piracy off the Coast of Somalia* (créé après le vote de la résolution 1851), par des aides financières (560 000 dollars au centre de partage de l'information de la structure asiatique ReCAAP, 3,5 millions de dollars pour les procès des pirates, 14,6 millions de dollars à un fonds de soutien régional pour la prévention des actes de piraterie, 230 millions de dollars à des fins humanitaires en Somalie...), et par la formation des garde-côtes est africains au Japon...

## VII. Les interventions chinoises

Selon le ministère chinois des Affaires étrangères, 7 des 1 265 navires chinois qui avaient traversé le golfe d'Aden en 2008 avaient été attaqués. Le 14 novembre, par exemple, des pirates s'étaient emparés du chalutier *Tianyu 8* (un navire de la Tianjin Ocean Fishing Corporation) et avaient capturé les 24 membres d'équipage[33]. Le mois suivant, peu après une attaque avortée contre le *MV Zhenhua* (30 marins à bord), Pékin décidait d'intervenir militairement dans le golfe d'Aden et dans l'océan Indien. La

30. Pour des détails sur les opérations et l'actualité de cette mission, voir http://www.mod.go.jp/e/d_act/somalia/index.html

31. Voir le blog Lignes de défense.

32. Ils ont été condamnés en 2013 à des peines allant de 5 à 11 ans de prison. Voir http://japandailypress.com/somali-pirate-sentenced-to-11-years-in-jail-for-hijacking-japanese-ship-1226936

33. Il sera relâché contre rançon le 7 février 2009.

marine chinoise a alors constitué une flottille (*zhidui*) de trois navires pour contribuer aux efforts internationaux de lutte contre la piraterie. C'était le premier déploiement naval hors des mers asiatiques depuis le XVe siècle et l'incursion d'une flotte sous le commandement de l'amiral Zhen He (1371-1433) à Ormuz, Aden, Mogadiscio.

Deux frégates modernes (*Wuhan* et *Haikou*), armées de missiles et d'artillerie de marine et équipées d'hélicoptères de type Ka-28, et le ravitailleur *Weishanhu* ont appareillé dès le 28 décembre. À bord, 800 hommes dont 70 commandos de la marine. La décision de déployer des navires de guerre avait été prise le 18 décembre, au lendemain de l'attaque contre le *MV Zhenhua*. Il s'agissait de défendre les quelque 1 200 navires chinois qui transitaient dans les eaux somaliennes chaque année et, comme l'a alors précisé l'amiral Wu Shenghi, chef d'état-major de la marine, de « protéger les intérêts stratégiques de la Chine »[34].

Le commandement de la flottille a été confié au contre-amiral Du Jingchen[35]. Il servait auparavant comme chef d'état-major de la flotte de la mer de Chine du Sud, en charge des opérations. Cet officier était l'un des rares hauts gradés chinois à s'être rendu aux États-Unis. Sa force est arrivée sur zone le 6 janvier. Un mois plus tard, selon des chiffres officiels, les trois navires avaient déjà effectué quinze missions d'escorte rassemblant trente-trois navires. Un rythme déjà soutenu, qui allait voir chaque bâtiment d'escorte effectuer trois missions par semaine, avec au moins cinq navires marchands par groupe escorté.

Initialement, la flottille n'escortait que les navires chinois de commerce et parfois, de pêche [36], et son action ne s'inscrivait pas dans celles des forces internationales sous mandat européen ou otanien. Réflexe nationaliste, désir d'autonomie et volonté de ne pas livrer d'informations sur les capacités de ses frégates… Toutefois, la première flottille, et celles qui lui succéderont, n'ont pas hésité à intervenir pour protéger des navires étrangers, solidarité des gens de mer oblige ; ainsi en février 2009, la marine chinoise a répondu à l'appel de détresse lancé par le cargo italien *Lia* en faisant décoller un hélicoptère avec des tireurs d'élite dont les tirs de semonce ont dissuadé les pirates de poursuivre leur attaque. Leur commandement a, graduellement, établi des contacts avec les forces étrangères présentes dans l'océan Indien, dont les marines française, japonaise et sud-coréenne, pour échanger des informations et s'est intégré dans des dispositifs conjoints[37]. Par ailleurs, conscient de la haute valeur médiatique de cette mission,

---

34. Dépêche AFP du 26 décembre 2008.

35. Voir http://news.xinhuanet.com/english/2008-12/26/content_10562510.htm

36. La protection des chalutiers n'était guère possible puisqu'ils opéraient jusqu'au large du Kenya. C'était donc principalement dans l'IRTC que la flottille chinoise pouvait opérer.

37. Voir au chapitre VI.

l'état-major chinois a communiqué sur ses activités dans l'océan Indien, publiant des reportages sur les sites Web de l'armée populaire, accueillant des journalistes à bord des navires, dont une équipe de Phoenix TV, une chaîne de Hong Kong.

Le 11 mars 2009, le sous-chef d'état-major de la marine chinoise, l'amiral Zhang Deshun faisait un premier bilan positif. Et il précisait que « la marine a déjà intégré sur le long terme cette mission d'escorte dans le golfe d'Aden [...]. Nous avons le sentiment que notre mission ne finira pas de sitôt »[38]. Rien de prémonitoire, comme on le verra au chapitre VI : juste l'admission d'une stratégie qui fait de la piraterie un simple alibi.

## VIII. Des EPE en eaux troubles : l'affaire de l'*Enrica Lexie* (Inde/Italie)

Précisons d'emblée que l'affaire met en cause les membres d'une EPE militaire et non pas privée. Le 15 février 2012, deux fusiliers marins italiens, Massimiliano Latorre et Salvatore Girone, se trouvaient sur le pétrolier italien *Enrica Lexie* qu'ils avaient pour mission de protéger contre les attaques de pirates, avec quatre autres membres de leur EPE[39]. Au large des côtes indiennes et du port de Cochin, le pétrolier croise la route d'un navire de pêche indien, le *St Antony* que les membres de l'EPE identifient comme étant une embarcation de pirates. Mais c'est une méprise. Les deux fusiliers marins font usage de leurs armes et tuent deux marins-pêcheurs indiens.

L'affaire se transforme alors très vite en incident diplomatique mettant aux prises les deux pays : Inde et Italie. Aussitôt informées de cet accident, les autorités indiennes ont pressé le commandant de l'*Enrica Lexie* de leur remettre les deux membres de l'EPE. Celui-ci a sans doute commis l'erreur de céder à leur injonction. Car il n'était pas assuré juridiquement que les autorités indiennes aient eu le droit de faire cette demande et d'appréhender les deux hommes. Pour l'Italie en effet, le pétrolier se trouvait au moment des tirs dans la zone économique exclusive indienne, donc dans une zone de libre navigation et où s'applique, comme en haute mer, la loi du pavillon. Pour l'Inde en revanche, le pétrolier et le navire de pêche se trouvaient dans sa mer territoriale, zone de souveraineté de l'État côtier, et dans laquelle ce dernier a des compétences d'intervention sur les navires étrangers qui portent atteinte à ses lois et à son ordre public avec possibilité de déroutement, de rétention portuaire du navire et de répression sur les membres d'équipage auteurs des infractions.

Depuis les faits, les deux militaires sont demeurés incarcérés en Inde où les autorités judiciaires instruisent leur futur procès « pour meurtre ».

---

38. Voir http://www.chinadaily.com.cn/china/2009-03/11/content_7569178.htm

39. L'*Enrica Lexie* est armé sous pavillon italien par la société D'Amato Fratelli.

En janvier 2013, la Cour Suprême de New Delhi a confirmé que les deux ressortissants relevaient de la compétence de juridiction de l'Inde. De son côté, le gouvernement italien a demandé à son homologue indien, de façon répétée mais sans être entendu, que le différend, de nature juridique, soit traité par la voie de l'arbitrage international, des procédures étant prévues en ce domaine par la convention de Montego Bay sur le droit de la mer. L'Italie propose à cet égard qu'un accord préalable soit passé entre les deux États pour lancer cette procédure.

L'affaire a connu un nouveau pic de tensions en début d'année 2013 lorsque l'Italie a fait connaître au gouvernement indien, par la voie d'une note verbale remise par l'ambassadeur d'Italie à New Delhi le 11 mars, que Latorre et Girone ne rentreraient pas en Inde pour y être jugés, compte tenu du différend de droit international relatif à leur arrestation et à leur détention. Cette annonce était contraire à l'engagement diplomatique pris par le gouvernement de Mario Monti, lorsque l'Inde, sur décision de sa Cour Suprême, avait accepté d'accorder aux deux militaires une libération temporaire pour rejoindre leur famille en Italie le 22 février afin qu'ils puissent participer aux élections législatives (le 24), avec promesse d'un retour au plus tard le 22 mars[40]. Devant le parjure des autorités italiennes, le gouvernement indien a décidé comme mesure de représailles, d'interdire à l'ambassadeur d'Italie, Daniele Mancini, de quitter son ambassade. Si l'on peut admettre le courroux des autorités indiennes qui s'estimaient grossièrement dupées, il s'agissait cette fois, de leur part, d'une atteinte lourde à une des règles les plus anciennes et essentielle du droit international public. Il était porté atteinte à l'immunité d'un chef de mission diplomatique étranger et aux règles établies par la convention de Vienne de 1961 sur les immunités diplomatiques, codifiant une coutume universelle. Finalement, l'Italie a dû céder, tout en obtenant, c'était bien la moindre des choses, la garantie que les deux militaires auraient droit à un procès équitable, respectueux de leurs droits fondamentaux. Latorre et Girone sont donc retournés en Inde.

Ce cas, sur le plan strictement juridique, ne pose pas uniquement la question du droit applicable (droit indien ou loi du pavillon) en fonction de la zone maritime dans laquelle les faits sont intervenus (zone économique exclusive assimilée dans ce domaine à la haute mer internationale ou mer territoriale, zone de souveraineté indienne) mais aussi la question bien plus complexe du statut de militaires en mission à bord d'un navire civil.

40. En fait, il s'agissait du second retour des militaires en Italie car ils avaient obtenu également de pouvoir passer, quelques semaines auparavant, les fêtes de Noël 2012 et de Nouvel An en famille, avec obligation d'être de retour en Inde pour le 10 janvier 2013, obligation qui avait été respectée.

Sans avoir en main le dossier, il est bien difficile de prendre parti sur la question de la zone maritime dans laquelle les faits reprochés aux deux militaires italiens se sont produits. Néanmoins, nous prenons ici le risque de supposer qu'au moment des faits, l'*Enrica Lexie* se trouvait selon toute vraisemblance dans la zone économique exclusive, les militaires italiens étant formés, faut-il le supposer, à discerner leurs compétences en fonction des différents espaces maritimes dans lesquels évolue le navire. S'ils n'ont pas eu cette formation minimale compte tenu du caractère très spécifique de leur mission, alors qu'il nous soit pardonné de proposer de les libérer en livrant en échange le chef d'état-major de la marine italienne ! Mais il n'y a pas de raison de douter du rapport circonstancié transmis au procureur de Rome par les deux commandos.

Ils expliquent que l'accident est intervenu alors que l'*Enrica Lexie* se trouvait à 33 milles marins des côtes indiennes (9°20' de Latitude nord et 75°59' de Longitude est), donc effectivement dans des eaux assimilées à des eaux internationales du point de vue de la navigation. Ayant visualisé au radar une embarcation qui faisait rapidement route de collision avec le pétrolier, ils ont effectué plusieurs tirs de semonce : l'un à 500 mètres, l'autre à 300, un troisième à 100 mètres, le navire en cause ne modifiant pas sa trajectoire. C'est au cours de ces tirs rapprochés que les pêcheurs indiens auraient été atteints.

Cependant, il y a tout lieu de penser sur le second volet juridique de l'affaire, que de toute façon l'Inde n'a aucune compétence pour retenir et juger les deux militaires. Pour nous, le fait qu'ils aient été embarqués sur un navire civil ne réduit en rien le caractère officiel de leur mission et dès lors l'immunité qui est reconnue par principe à tous les membres des forces armées en mission qui transitent ou qui sont basés en territoire étranger. Il est certain que les deux membres de cette EPE militaire appartenaient au corps des fusiliers marins de l'armée italienne, qu'ils étaient en mission commandée en leur qualité de militaires, que cette mission pouvait les conduire à user de leurs armes (la question de leur manque éventuel de discernement dans l'usage qu'ils en ont fait ne se pose pas ici et n'est pas pertinente en ce domaine). Cela ne veut pas dire qu'ils ne doivent pas rendre des comptes le cas échéant à la justice. Mais ils ne peuvent être jugés que par une juridiction italienne, quel que soit le régime juridique applicable à la zone maritime dans laquelle leurs tirs meurtriers sont intervenus. Le principe de l'immunité, relevant du droit international coutumier, s'applique ici en l'absence de toute convention spécifique entre l'Inde et l'Italie.

Ils sont donc libérables sans délai ! De plus, l'Inde n'est pas très inspirée en l'occurrence d'avoir demandé, en avril 2013, à son agence de lutte contre le terrorisme, la National Investigation Agency (NIA), de mener les investigations sur cette affaire au prétexte de la surcharge du service habituellement compétent, le Central Bureau of Investigation (CBI). Ce pays, comme quelques autres, s'inscrit là dans une logique de projection de sa souveraineté sur des espaces maritimes, la zone économique exclusive où elle n'a aucun droit de cité. Les grandes puissances maritimes ont tout intérêt à faire respecter le droit international à cet égard et à ne pas se désintéresser de cette affaire.

Rappelons que la convention de Montego Bay est très claire sur cette question des compétences et du droit applicable. En son article 58 relatif à la zone économique exclusive, elle précise que les articles 88 à 115 relatifs à la haute mer sont applicables directement à la zone économique exclusive. Or ces articles comprennent l'essentiel du régime juridique de la haute mer qui se trouve ainsi transposable intégralement à la ZEE dont tout ce qui concerne la libre navigation, l'application exclusive de la loi du pavillon du navire, juridiction pénale afférente à tout incident de navigation, etc. Et en particulier cette règle de l'article 94 paragraphe 7 qui, tout en exigeant la coopération dans les enquêtes sur accidents, prouve clairement l'exclusivité de juridiction de l'État du pavillon dans les ZEE tout comme en haute mer : « Chaque État ordonne l'ouverture d'une enquête, menée par ou devant une ou plusieurs personnes dûment qualifiées, sur tout accident de mer ou incident de navigation survenu en haute mer dans lequel est impliqué un navire battant son pavillon et qui a coûté la vie ou occasionné de graves blessures à des ressortissants d'un autre État, ou des dommages importants à des navires ou installations d'un autre État ou au milieu marin. L'État du pavillon et l'autre État coopèrent dans la conduite de toute enquête menée par ce dernier au sujet d'un accident de mer ou incident de navigation de ce genre. »

## IX. Une armada de papier ?

Une soixantaine de pays sont donc engagés dans les opérations de lutte contre la piraterie dans l'océan Indien (une dizaine pour « Atalante », deux douzaines pour « Ocean Shield », autant pour la CTF-151) : l'implication internationale a de quoi impressionner. Tout comme les résultats, puisque dans l'océan Indien et dans le golfe d'Aden les attaques des pirates sont en baisse incontestable depuis 2012. Le déploiement de flottilles internationales et nationales a donc été payant.

Toutefois, les appels à la vigilance sont nombreux et légitimes. Il ne s'agit pas de baisser la garde et de réduire le nombre de navires déployés. En outre, la flotte effectivement dédiée à la lutte anti-piraterie reste modeste : elle compte une trentaine de navires militaires, avec des effectifs variables au gré des décisions politiques nationales et des contraintes opérationnelles.

Le nombre de navires opérationnels est-il suffisant pour sécuriser le golfe d'Aden et l'océan Indien, escorter des navires marchands et traquer les maraudeurs somaliens ? En décembre 2010, le major général Buster Howes, et commandant de l'UE Navfor en 2010-2011, confiait au blog Bruxelles2 : « On essaie d'avoir une réponse dans les 60 minutes (dans l'heure). Mais tout compris (EUNAVFOR, Otan, CMF, garde-côtes), nous avons 25 bateaux. On ne pourra jamais être partout »[41]. Le 22 juin 2011, ce même officier, devant une commission parlementaire britannique, affirmait que pour tenir l'objectif d'une intervention sous 30 minutes et sécuriser la zone, il faudrait une flotte de 83 navires équipés d'hélicoptères[42]. Et le général Howes n'a pas soulevé le problème du ravitaillement ! La plupart des flottilles ne disposent pas de pétroliers ravitailleurs ou de bâtiments de soutien ; leurs navires sont donc obligés de se détourner vers des ports comme Djibouti pour se fournir en vivres et carburants. D'où des ruptures répétées dans la présence effective en mer.

Ces carences démontrent le besoin de capacités additionnelles. Puisque les États n'étaient pas, et ne sont toujours pas, en mesure de les fournir, les professionnels de la mer, premières victimes de la piraterie, se sont donc tournés vers le secteur privé.

---

41. Voir http://www.bruxelles2.eu/piraterie-maritime/buster-howes-eunavfor-on-a-fait-un-good-job-cette-annee-savoir-quelle-menace-est-acceptable.html

42. Voir http://publications.parliament.uk/pa/cm201012/cmselect/cmfaff/1318/11062204.htm

## Chapitre 5

# L'externalisation de la sécurité maritime

Qui dit « insécurité » dit nécessairement offre d'une réponse sécuritaire. Le développement de la piraterie dans l'océan Indien a, naturellement, suscité l'intérêt des industriels spécialisés dans la protection des biens et des personnes et celui des fournisseurs de prestations armées.

L'embarquement d'agents de sécurité, au sein d'équipes de protection embarquées ou EPE (chez les Anglo-Saxons, on parle de *Vessel Protection Detachment* ou VPD, ou bien de *Privately Contracted Armed Security Personnel* ou PCASP) fournies par des entreprises et non plus seulement par des forces armées nationales, s'est développé dès 2008. Le succès de ces embarquements et le désengagement progressif des États[1] qui fournissaient des troupes pour protéger, dans l'océan Indien, les navires du Programme alimentaire mondial (PAM) ou les bateaux de pêche ont convaincu les armateurs que le recours au privé, pour des missions de protection ou

1. Désengagement qui a conduit Paris à accepter l'emploi d'EPE privées. On se souviendra des mots de l'amiral Rogel, chef d'état-major de la marine, lors des 7e Assises de l'Économie de la Mer, à Dunkerque, les 29 et 30 novembre 2011 : « Nous sommes prêts à laisser la porte ouverte à des sociétés militaires privées, sous condition qu'elles soient certifiées et validées par la Marine nationale ou les Armées françaises, afin de ne pas créer sur les océans une zone de non droit. ». Voir http://2011.economiedelamer.evenium.com/uploads/event_member/82646/proteger lesinteretseuropeens.pdf

d'escorte, constitue une solution à la fois inédite, efficace et respectable[2]. Ainsi, en janvier 2013, dans la revue *Études marines*, Éric Banel, délégué général d'Armateurs de France, et Cécile Bellord, chef de la mission juridique d'Armateurs de France, défendaient l'embarquement de gardes privés :

« Aujourd'hui, il est urgent d'agir car l'inertie des pouvoirs publics, depuis plusieurs mois, profite à nos concurrents. La persistance des actes de piraterie dans la Corne de l'Afrique et leur recrudescence dans d'autres régions (comme dans le golfe de Guinée) doivent conduire l'État français à autoriser, lorsqu'il ne peut pas offrir de protection publique, l'emploi de gardes privés. C'est à cette condition seulement que pourront être sauvegardés l'activité et l'emploi maritimes en France. »[3]

Certes le cadre juridique et les règles d'engagement restent encore flous. Mais l'emploi de privés s'est imposé, en dépit des prédictions les plus sombres sur l'aggravation de la violence induite par le déploiement d'hommes en armes, quasi incontrôlables. Pour un peu, le pirate, sorte de gentleman criminel ou de « Robin des bois marin », serait passé pour la victime d'une agression caractérisée !

Les armateurs ont, par ailleurs, fait leurs comptes : plutôt payer, comme l'estimait le *think tank* Stratfor[4], autour de 60 000 dollars pour une rotation de dix jours[5], que de devoir dérouter un navire et ajouter deux ou trois semaines de navigation supplémentaires, donner encore plus aux assureurs, payer des primes de risques aux équipages et, éventuellement, livrer aux pirates des rançons qui pourraient se chiffrer en millions de dollars.

Le succès de ce recours aux EPE, puisqu'aucune capture de navires protégés par une équipe armée n'avait été recensée en mai 2013, ne doit pas, toutefois, aveugler et faire croire que l'embarquement d'EPE privées constitue la panacée.

---

2. Il est intéressant de voir, par exemple, l'évolution de la position des dirigeants du Cluster Maritime français, qui sont passés d'une franche hostilité à l'embarquement d'agents armés issus du privé à un soutien quasi inconditionnel aux EPE privées. On lira le post du 15 novembre 2012 sur le blog Lignes de défense : http://lignesdedefense.blogs.ouest-france.fr/archive/2012/11/15/externalisation-de-la-protection-des-navires-le-cluster-mari.html. On lira aussi les articles parus dans l'hebdomadaire *Le marin* du 22 novembre 2012 (n° 3411).

3. Éric Banel et Cécile Bellord, « La sécurisation des approvisionnements par la voie maritime : le point de vue des armateurs », *Études marines*, n° 3, janvier 2013, p. 106.

4. Voir le *Security Weekly* du 8 novembre 2012 : http://stratfor.com/weekly/expensive-diminishing-threat-somali-piracy. Stratfor estime qu'entre 40 % et 70 % des navires sont protégés par des EPE. Un chiffre certainement surestimé…

5. Mathias Günther, le responsable de la sécurité (CSO) de l'armateur allemand Hamburg Süd révélait en septembre 2012 que chaque transit de navire dans le golfe d'Aden coûtait 100 000 euros à sa société. Voir http://lignesdedefense.blogs.ouest-france.fr/archive/2012/09/09/piraterie-couts.html

La fourniture de prestations sécuritaires par des sociétés privées, à partir de 2008, n'avait, en réalité, rien de nouveau. Par un curieux retour d'histoire, les armateurs sont revenus à une très vieille pratique qui consistait à « armer en guerre » les navires marchands aux temps anciens de la marine à voile. Cela consistait pour ces navires plutôt ventrus et lents de disposer de canons ainsi que de fusiliers marins afin de se défendre contre les attaques de corsaires et de pirates. Comme l'on sait, le verbe « armer » s'appliquant à un navire revêt un sens particulier : c'est constituer l'équipage d'un navire au complet afin qu'il soit en état de prendre la mer. Or la première fonction de l'équipage, dès le Moyen Âge, était de défendre le navire contre les attaques de pirates, d'où l'assimilation de l'homme à une arme et la désignation de l'équipage sous le terme d'« armement ».

C'est ainsi qu'opérait notamment la célèbre *Compagnie hollandaise des Indes orientales*, connue également sous le sigle : VOC (Vereenichte Neederlandtsche Geoctroijeerde Ost Indische Compagnie). Créée en 1602, elle s'était vue attribuer le monopole du commerce entre le cap de Bonne Espérance et le cap Horn, donc sur les océans Indien et Pacifique. Elle disposait d'une flotte de 200 navires marchands protégée par quelque 10 000 soldats embarqués qui assuraient la sécurité de la flotte aussi bien à la mer que sur terre lors des escales. Ces mêmes navires pouvaient également embarquer quelques canons. Et ils avaient le statut de navires privés. Le recours actuel aux équipes de protection embarquées à bord des navires civils pour assurer leur protection dans l'océan Indien et le golfe d'Aden est un peu, toutes proportions gardées, le retour à la pratique des anciens vaisseaux marchands armés en guerre.

En outre, ce recours à des sociétés de sécurité n'est qu'une forme de « maritimisation » des pratiques terrestres d'externalisation de certaines missions de protection qui incombent, traditionnellement, aux États ; une telle sous-traitance avait été constatée en Irak, en Afghanistan et dans bien d'autres zones à risques.

Enfin, l'embarquement d'équipes de protection fournies par des sociétés privées pose des problèmes spécifiques d'ordre juridique, capacitaire ou opérationnel. Des problèmes auxquels des parades, tout aussi spécifiques, ont été trouvées, ainsi que l'on va le voir.

## Section 1. Un nouveau marché pour les entreprises de sécurité

L'intérêt des professionnels de la sécurité, en particulier de ceux qui s'étaient déjà positionnés dans le créneau maritime, relève d'une démarche commerciale naturelle. Une menace apparaît ; elle se développe pour atteindre un seuil critique et jusqu'à nécessiter une riposte concertée ;

elle est reconnue par les autorités mondiales et par les professionnels de la mer ; puis sa gravité est relayée par les médias. L'offre de services est donc légitime, voire souhaitable. La piraterie maritime n'échappe pas à cet environnement médiatico-commercial.

Il faut toutefois préciser que la hausse du nombre des attaques au large de la Somalie, l'extension de la zone de maraude des pirates et la multiplication des captures d'équipages sont intervenues à un moment critique pour l'industrie de la sécurité privée et de la sûreté qui voyait ses marchés habituels saturés.

## I. Irak, Afghanistan : la fin de l'âge d'or

La guerre en Irak et la guerre en Afghanistan ont contribué à l'avènement d'un secteur sécuritaire dynamique et à la prospérité de nombreuses entreprises spécialisées dans la fourniture de personnels de protection des biens et des personnes dans les zones de conflits et les environnements à risques. Il n'est pas réducteur de dire que ce secteur était alors dominé par les Anglo-Saxons : Américains et Britanniques, mais aussi Australiens et Sud-Africains.

Il n'est pas non plus exagéré d'affirmer que ces forces de sécurité privées constituaient le deuxième contingent, par la taille, de la coalition en Irak. La confusion entre *contractors* (les personnels des sous-traitants du Pentagone, du Département d'État ou de l'USAID) et *armed contractors* (les agents de protection armés ou PSD, pour *private security detail)* a conduit à imposer la certitude que le nombre des « mercenaires » en Irak était égal ou supérieur à celui des effectifs militaires américains, ce qui est une grossière erreur d'appréciation et dénote une méconnaissance des fonctions réellement attribuées aux fameux *contractors*. Toutefois, il faut bien reconnaître que la ressource humaine des sociétés de sécurité privée, a été, dans les années 2004-2007, égale aux effectifs britanniques (une vingtaine de milliers d'hommes) déployés en Irak avant de se stabiliser aux alentours de 13 000/15 000. Ce qui constitue tout de même l'équivalent de 2,5 à 3 brigades de combat. Ces agents armés travaillaient pour le Département de la Défense (DoD), le Département d'État (DoS), quelques autres agences fédérales, des organismes internationaux, des médias et des entreprises engagées dans la reconstruction des infrastructures nationales irakiennes.

En Afghanistan, les effectifs des sociétés de sécurité, majoritairement composés d'Afghans[6], sont devenus supérieurs, en 2010, à ceux d'Irak qui étaient alors en chute libre. C'est ce dont témoignent les chiffres du

6. À la différence de l'Irak, où le nombre de PSD irakiens était marginal.

Département de la Défense (DoD), le plus gros utilisateur américain d'*armed contractors*[7] :

| | Irak | Afghanistan |
|---|---|---|
| Août 2008 | 7 704 | 3 537 |
| Août 2009 | 15 279 | 5 198 |
| Septembre 2010 | 11 413 | 17 932 |
| Septembre 2011 | 9 554 | 21 544 |
| Octobre 2012 | 2 116 | 18 914 |
| Janvier 2013 | 2 281 | 19 414 |

Sur ces deux théâtres d'opérations (qui dépendent de la zone de responsabilité du Centcom, le commandement Centre), les autorités politiques, dont celles des États-Unis, n'ont jamais caché leur volonté d'un désengagement rapide de leurs contingents et donc d'un recours beaucoup plus limité aux entreprises de sécurité qui assuraient la protection des emprises militaires, des personnalités locales et étrangères, des chantiers de reconstruction financés par l'État fédéral américain et des convois routiers.

En outre, tant le gouvernement irakien que son homologue afghan avaient émis le souhait d'un départ des entreprises étrangères de sécurité et l'avènement d'une industrie locale de la sécurité. Ainsi, en Afghanistan, sur les 19 414 *armed contractors* employés par le DoD en janvier 2013, on recensait 15 762 employés afghans, contre 2 094 Américains et 1 558 *Third Country Nationals* (ni citoyens afghans ni citoyens américains)[8].

Le cas afghan est à cet égard le plus éloquent puisque le président Karzaï a imposé un système d'accréditation de ces sociétés de sécurité et ainsi déclenché une réduction de la part du marché susceptible d'être contrôlée par des firmes de sécurité étrangères, anglo-saxonnes en particulier.

Un autre facteur est à prendre en compte. Si entre 2003 et 2007, le recrutement des agents de protection se faisait dans le vivier des forces spéciales ou des unités d'élite occidentales, on a progressivement assisté

7. Il faut garder en tête qu'en Afghanistan, la hausse profite aux agents de sécurité afghans, ni aux Américains ni aux TCN anglo-saxons dont le nombre reste réduit. Pour accéder aux statistiques du DoD sur les effectifs des contractors dans la zone du Centcom, voir http://www.acq.osd.mil/log/PS/CENTCOM_reports.html

8. Voir http://lignesdedefense.blogs.ouest-france.fr/archive/2013/02/10/contractors-l-etat-des-efectifs-dans-la-zone-du-centcom.html

à l'embauche de TCN (*third country national*) sud-africains et ougandais, chiliens et péruviens, serbes et baltes…, aux salaires nettement moins élevés. Les professionnels du « circuit irakien » ont donc eu de plus en plus de mal à décrocher un contrat ; les échanges sur les forums spécialisés[9] en témoignaient dès 2010.

Il devenait donc urgent d'identifier d'autres gisements d'activités, d'autres théâtres d'opérations susceptibles de faire perdurer la prospérité des entreprises et de fournir du travail à ceux sur qui les portes de l'Irak et de l'Afghanistan se refermaient[10].

## II. Conquérir de nouveaux marchés

L'Afrique apparaissait alors comme un marché prometteur. L'insécurité endémique dans certains pays sensibles (parce que producteurs de pétrole, en particulier) et la déliquescence de nombreuses forces de sécurité locales constituaient deux facteurs prometteurs. Le Nigeria sera-t-il le « nouvel Eldorado de la sécurité privée ? », s'interrogeait ainsi *Africa Intelligence* en 2007.

Ces espoirs ont été confortés par la création de l'Africom (le commandement Afrique américain) en 2008 et la mise en place de plusieurs programmes américains d'assistance militaire auxquels des firmes privées ont été associées. Ainsi en 2007, les sociétés militaires privées[11] américaines MPRI, Northrop Gruman et Blackwater décrochaient un contrat de formation et de soutien, d'une durée de 5 ans et d'une valeur de 200 millions de dollars, dans le cadre de la *Global Peace Operations Initiative*. D'autres sociétés militaires privées américaines, comme DynCorp, PAE, Bancroft, contribuaient, pour leur part, à la formation des unités de l'Union africaine déployées en Somalie. Washington s'intéressait de nouveau à l'Afrique mais n'entendait pas y déployer de troupes, sauf à Djibouti.

En fait d'Eldorado, l'Afrique est restée un micromarché pour les entreprises de sécurité internationales. Trop de sociétés locales déjà établies, peu de gros marchés… Même le Nigeria, où s'étaient rués les commerciaux des sociétés de sécurité privée, décevait[12]. En 2011, l'accroissement de

---

9. Voir, par exemple, les forums du site www.socnet.com.

10. À ce sujet, lire l'article de Philippe Chapleau paru dans la revue *Sécurité globale*, n° 8, pendant l'été 2009 : « Après la guerre en Irak, quel avenir pour les sociétés militaires privées ? »

11. Nous conservons ici le terme générique de SMP (tiré de PMC, *private military company*) pour qualifier ces prestataires de services militaires et sécuritaires qui interviennent dans le domaine du soutien, de la formation, du déminage, du renseignement et de la sécurité.

12. La plupart des SMP anglo-saxonnes ont tenté de s'implanter au Nigeria, en particulier dans le delta du Niger où sévissaient les rebelles du Mend. Mais le secteur de la sécurité était « trusté par l'armée nigériane elle-même qui louait des contingents aux entreprises pétrolières ou aux sociétés de génie civil qui y opéraient. Et à des tarifs nettement plus avantageux que ceux pratiqués par les SMP encore éblouies par les revenus qu'elles avaient générés en Irak.

l'insécurité au Sahel et des prises d'otages au Nigeria, Niger et Mali, ainsi qu'en Algérie en 2012, n'ont pas provoqué un recours notable aux entreprises privées. Pour sa part, le gouvernement français a préféré déployer, à partir de février 2013, un petit contingent des forces spéciales sur les sites de l'entreprise Areva au Niger, suite à l'attaque d'islamistes contre le site gazier algérien de Tiguentourine, en janvier 2013.

La recrudescence de la piraterie dans l'océan Indien tombait donc à point. La menace était réelle : des attaques par centaines, des captures par dizaines et jusqu'à un millier de marins et plaisanciers gardés en otages. Aux pertes humaines s'ajoutaient les pertes financières des armateurs obligés de verser des rançons, de dérouter les navires et de payer des primes d'assurance de plus en plus élevées.

La protection des navires et l'escorte des convois sont donc vite apparues dans la liste des services offerts par les entreprises de sécurité. Celles qui n'en disposaient pas encore ont ouvert qui une filiale qui un département spécialisé dans la sécurité maritime et ont recruté du personnel au pied marin : commandos de marine français, SBS britanniques, fusiliers marins italiens, etc.

Avec 33 000 mouvements de navires chaque année dans le golfe d'Aden, 31 000 dans le détroit d'Ormuz et parmi eux des milliers de tankers, quelque 100 000 dans l'océan Indien où se croisent caboteurs, chalutiers, thoniers, tankers, méthaniers, porte-conteneurs, vraquiers, le marché potentiel apparaissait extrêmement prometteur.

## Section 2. L'expérience de l'externalisation en Asie du Sud-Est

Un tel scénario du recours au privé, pour des prestations sécuritaires à l'international, n'était pas inédit. D'une part, depuis l'attaque du 12 octobre 2000 contre le destroyer lance-missiles américain *USS Cole*, au large d'Aden[13], et encore plus particulièrement depuis les attentats du 11 Septembre, la question de la protection des navires, des ports et des voies maritimes était à l'ordre du jour.

### I. Du côté des prestataires de sécurité maritime

Il existait déjà plusieurs entreprises privées spécialisées dans la sûreté des navires et des installations. Au début des années 2000, des *Private Military Companies* américaines s'étaient positionnées dans ce créneau :

13. Cette attaque menée par l'équipage d'une embarcation piégée tua 17 marins et en blessa une cinquantaine d'autres. Elle fut revendiquée par la Jaych Aden Al Islami-Abyane (armée islamique d'Aden) et par al-Qaida.

IDS International, Global Marine, SeaSecure, Sentel Corporation, Topcat Marine Security ou encore Trident Group. D'autres entreprises, comme Shiploc[14], proposaient déjà une surveillance par satellite des navires de commerce.

Plusieurs firmes se dégageaient du lot. Ainsi la firme américaine Pistris[15], créée en 1997 par un ancien Navy Seal, proposait-elle des services de formation et de protection. Pistris formait des fusiliers marins, des agents de sécurité portuaire et même des membres des forces spéciales ; elle avait aussi créé un centre de formation dédié aux opérations fluviales. Pour ses activités de protection, cette société de Boston disposait d'une flottille d'embarcations rapides et pouvait mettre en œuvre des hélicoptères *Huey*.

Un autre ex-Navy Seal, Robert Gormly, avait pour sa part crée Gormly International. Spécialisée dans la sécurité maritime, cette entreprise disposait d'équipes d'anciens nageurs de combat et d'anciens commandos de marine qui effectuaient des missions de surveillance des terminaux pétroliers, des installations portuaires et des navires de croisière ou de transport de fret. Cette société et la multinationale TRW[16] avaient signé un contrat de 5 ans avec le ministère des Transports. Il s'agissait de réaliser un audit sécuritaire des ports militaires et commerciaux les plus sensibles.

Opérait également dans ce domaine, le Sayeret Group qui disposait d'une base de formation dans le nord du Nevada où étaient entraînés des membres des unités de choc de l'armée américaine et des forces de police locale. Sayeret disposait de deux groupes spécialisés : la *Special Assignment Unit* chargée des opérations antiterroristes et des interventions, et la *Special Duties Unit* spécialisée dans la protection rapprochée et de la sécurité en milieu maritime : surveillance des navires dans les zones à risques, sécurisation des zones portuaires...

Bien sûr, les sociétés américaines n'étaient pas les seules à offrir ce type de prestations. Côté britannique, existaient Genric, Hart Group et sa filiale Global Marine Security Systems. Des sociétés israéliennes ou australiennes proposaient aussi ce type de prestations.

D'autre part, la piraterie faisait déjà des ravages dans les mers et détroits asiatiques, en particulier depuis 1992, année de la création de l'International Maritime Bureau Piracy Report Center. Ainsi que le rappelle Alexandre Besson dans son étude de janvier 2011 sur la piraterie en Asie du Sud-Est :

« Historiquement infesté de pirates, le détroit de Malacca a attiré l'attention et fait émerger une réelle inquiétude quant à la liberté et la sécurité de navigation au début des années 2000. L'année 2000 a été la pire année

14. www.shiploc.com/. Shiploc est désormais une filiale de CLS : http://www.cls.fr

15. http://pistris.eu/Index.html

16. En 2002, TRW a été racheté par la société Northrop Grumman à la suite d'une OPA hostile de 7,8 milliards de dollars. Northrop-Grumman conserve l'activité de défense.

rencontrée par les compagnies maritimes et équipages opérant en Asie du sud-est avec pas moins de 75 attaques dans le détroit de Malacca et 119 ailleurs au large de l'Indonésie. Le nombre d'attaques diminua ensuite dans les années suivantes tout en restant à un niveau suffisamment préoccupant pour pousser les États côtiers à s'organiser et à prendre des mesures destinées à rétablir la réputation de la région et apaiser les craintes. »[17]

En 2000, 242 des 469 attaques recensées par le BMI ont eu lieu dans les eaux sud-asiatiques. Au large de la Somalie, seulement 22 attaques avaient alors été signalées.

Si l'insécurité endémique allait inciter les autorités régionales à s'unir pour développer des mécanismes de prévention, le secteur privé a rapidement pris l'initiative puisque plusieurs sociétés spécialisées ont alors proposé des services de protection, avec des équipes embarquées ou des vaisseaux d'escorte. Ce fut le cas de l'éphémère Satellites Protection Services, entreprise basée aux Pays-Bas, qui aurait recruté, en 1999, plus de 220 anciens commandos hollandais et britanniques pour les baser près de Subic Bay, aux Philippines[18]. Ce fut aussi le cas de Hart Security (fondée en 1999) ou de Background Asia Risk Solution (BARS). Cette entreprise, créée par un Australien à Singapour en 2004, affirmait, un an plus tard, effectuer deux à trois escortes « armées » par mois[19]. Tarif : environ 50 000 dollars par mission, mission effectuée avec un navire d'escorte et une équipe armée.

Glenn Defense Marine[20], une filiale du *ship chandler* Glenn Marine Group, a également offert des services similaires. Cette entreprise créée en 1946 et dont le siège est installé à Singapour assure des prestations dans le domaine de la maintenance et du ravitaillement pour de nombreuses marines militaires (dont celle des États-Unis et de la France[21]). En 2004, Glenn Defense Marine a lancé Malacca Straits Maritime Security et proposé d'assurer des escortes dans le détroit de Malacca. La société disposait alors d'un ancien navire auxiliaire de la Royal Navy. Rebaptisé *Glenn Braveheart*, ce navire de 125 mètres de long, avait été acheté pour 1,65 million de dollars et l'entreprise avait dépensé 3,5 autres millions pour le rénover et l'équiper. Le *Glenn Braveheart* embarquait 150 marins dont d'ex-Gurkhas, un hélicoptère *Écureuil* (AS 355F) et six embarcations rapides. Selon le *The Straits Times* du 15 avril 2005, le navire, depuis son entrée en service au sein de Malacca Straits Maritime Security, avait

17. Alexandre Besson, « Questions maritimes en Asie du Sud-Est. Déclin et résurgence de la piraterie », note de l'IRIS, janvier 2011, p. 7.

18. Pour en savoir davantage sur la structure de cette entreprise créée en 1997, consulter http://home.wanadoo.nl/m.bruyneel/archive/modern/saprse.htm

19. Dépêche AFP du 11 mai 2005.

20. http://www.glenndefensemarine.com

21. Pour voir la liste complète, consulter le même site.

effectué une soixantaine de missions d'escorte dans la mer de Chine et les détroits infestés de pirates d'Asie du Sud-est. Coût d'une mission d'escorte complète (navire, équipage, hélicoptère) : jusqu'à 100 000 dollars ! Pour une équipe de six ex-Gurkhas sur une petite embarcation, le tarif était de 10 000 dollars.

L'expérience du *Glenn Braveheart* a rapidement tourné court. Néanmoins, Glenn Defense Marine offre toujours des prestations sécuritaires mais seulement avec des EPE, *via* sa filiale Glenn Security Services.

On peut s'interroger sur le relatif succès de cette offre en Asie du Sud-Est. « Succès » n'étant pas d'ailleurs le terme le plus approprié puisque plusieurs de ces firmes aux ambitions très médiatisées ont fait faillite, que d'autres ont revu les leurs à la baisse et que l'activité de ces entreprises de sécurité a été réduite au regard du nombre extrêmement élevé de vaisseaux qui auraient pu constituer des cibles aux yeux des pirates.

Certes, l'intensité des actes de piraterie et de brigandage dans cette zone a baissé tout au long de la première décennie du XXIe siècle. Moins de brigandage maritime, moins de kidnappings : des zones comme le détroit de Malacca perdirent même le statut de « *war risk zone* » conféré par un rapport de 2005 du Joint War Committee de la Lloyd's. Était-ce l'effet dissuasif des mesures mises en œuvre par les armateurs pour faire assurer la sécurité de leurs navires ? L'impact de l'amélioration des économies régionales longtemps délabrées ? Ou la conséquence de la meilleure coopération des instances asiatiques pour lutter contre la piraterie ?

Comme le résume bien Alexandre Besson, dans *Déclin et résurgence de la piraterie en Asie du Sud-Est* : « Le nombre d'attaques diminua ensuite dans les années suivantes tout en restant à un niveau suffisamment préoccupant pour pousser les États côtiers à s'organiser et à prendre des mesures destinées à rétablir la réputation de la région et apaiser les craintes ».[22]

## II. Des efforts conjoints

Les pays de la zone lancèrent des initiatives au plan national, bilatéral et multilatéral. Au plan national, chaque État développa ses capacités propres de patrouilles, détection et réaction. Au plan bilatéral : « des patrouilles coordonnées ont été organisées conjointement par l'Indonésie et Singapour, l'Indonésie et la Malaisie, la Malaisie et la Thaïlande ».[23]

C'est au plan multilatéral que les efforts furent les plus notables avec la création d'un *Joint Coordinating Committee* supervisant trois dispositifs. Premièrement ont été mises en place, en juillet 2004, les *Malacca*

---

22. Alexandre Besson, « Déclin et résurgence de la piraterie en Asie du Sud-Est », *op. cit.*, p. 7.
23. *Ibid.*, p. 10.

*Straits Patrols* (MSP) qui mobilisèrent 17 navires de Malaisie, de Singapour et d'Indonésie puis de Thaïlande (en 2008). Deuxièmement, avec le dispositif *Eyes in the Sky* (EiS), lancé en septembre 2005, des patrouilles aériennes ont été lancées pour identifier les bâtiments suspects et à dissuader les pirates, chaque pays fournissant deux aéronefs, pour des missions, toutefois, uniquement côtières (jusqu'à trois nautiques des côtes). Enfin, a été mis en place l'Intelligence Exchange Group (EIG), dont la « mission est d'analyser chacun des incidents en vue d'identifier des tendances aidant à l'élaboration de réponses opérationnelles. L'information est partagée en temps réel grâce à un système d'information commun : le *Malacca Straits Patrol Information System* (MSP-IS) créé en 2006 ».[24]

À ces trois dispositifs, il faut ajouter le *Regional Cooperation Agreement on Combating Piracy and Armed Robbery against Ships in Asia*, ou ReCAAP.[25] Finalisé en 2004, entré en vigueur en 2006, cet accord intergouvernemental vise à parfaire la coopération multilatérale entre dix-huit États, principalement de la région.

Les résultats de tous ces dispositifs ? « Satisfaisants », selon les autorités locales concernées. « Mitigés » selon Éric Frecon, professeur à l'École navale de Brest. Dès 2009, il lançait une mise en garde : « À la façon du docteur Émile Coué, ne s'agit-il pas de se convaincre en (se) répétant sans cesse que le détroit est sécurisé ? À l'optimisme régional ne faudrait-il pas ajouter quelques inquiétudes locales ? »[26] Plus récemment, dans son livre *Chez les pirates d'Indonésie*[27], l'enseignant-chercheur, dont la thèse en science politique portait sur la piraterie maritime en Asie orientale, parle de « dispositifs déclaratoires » et de « ramdam médiatique ». Dans un article publié en janvier 2013, il dénonce même la « logorrhée diplomatico-institutionnelle sans effet concret » des États riverains[28] et il rappelle que la piraterie repart à la hausse dans les détroits d'Asie du Sud-Est.



24. *Ibid.*, p. 11.

25. Voir le site http://www.recaap.org/

26. Éric Frécon, « Du détroit de Malacca jusqu'à sa périphérie », *EchoGéo* [en ligne], octobre 2009, mis en ligne le 16 septembre 2009, consulté le 3 mars 2013, http://www.echogeo.revues.org

27. Éric Frécon, *Chez les pirates d'Indonésie*, Fayard 2011. Il a aussi publié *Pavillon noir sur l'Asie du Sud-Est : histoire d'une résurgence de la piraterie maritime*, L'Harmattan, 2002.

28. Éric Frécon, « Le détroit de Malacca pris entre deux fronts », *Études marines*, n° 3, janvier 2013, p. 93.

## III. Des acteurs et des missions

L'arrivée du secteur privé de la sécurité dans l'océan Indien a donc coïncidé avec un double mouvement conjoncturel, lié d'une part à l'extension de la menace pirate et d'autre part à la nécessité, pour les entreprises de sécurité, de trouver de nouveaux débouchés.

### A. La maritimisation de la sécurité

Il n'était donc pas surprenant de voir se positionner dans ce créneau des acteurs majeurs du théâtre irakien. L'exemple le plus parlant est celui de la firme d'abord connue sous le nom de Blackwater USA puis opérant sous le nom de Blackwater Worldwide. Fondée en 1997, par Erik Prince, pour assurer la formation des forces de police et des armées, Blackwater a rapidement développé ses activités dans la sécurité des biens et des personnes. Elle a longtemps assuré, avec succès, la protection rapprochée des diplomates américains en poste à Bagdad dont celle de Paul Bremer, l'administrateur civil de l'Irak. Mais, le 16 septembre 2007, un groupe de *security contractors* de Blackwater assurant la protection d'un convoi diplomatique américain a ouvert le feu et tué 17 civils irakiens. Cette bavure a sonné le glas de la société, forcé Prince à la vendre et les nouveaux propriétaires à en changer le nom en X$^{e}$ puis en Academi.

En 2008, la société alors toujours dirigée par Erik Prince, a annoncé qu'elle se lançait dans les opérations anti-piraterie et qu'elle allait déployer à Djibouti le *McArthur*, un navire d'escorte, capable de transporter une quarantaine de commandos, un hélicoptère et quatre embarcations rapides[29]. Selon Bill Mattews, l'un des vice-présidents de Blackwater : « Jusqu'à très récemment, nous ne pensions pas nous impliquer dans ce domaine. Ca ne faisait pas partie de notre business plan. Mais le monde change, et notre business plan aussi ». En décembre 2008, Erik Prince a rencontré les compagnies d'assurances et les armateurs ; 70 d'entre eux, selon une porte-parole de Blackwater, avaient déjà émis un intérêt pour les prestations proposées. Prestations trop onéreuses ? Impact de la bavure d'Irak ? Deux ans plus tard, le *McArthur* était en vente pour 3,8 millions de dollars, sans avoir jamais quitté le port américain de Norfolk.

L'échec de Blackwater ne pouvait que réjouir les autres sociétés qui tentaient de s'assurer des parts du marché. Or, même si ce marché semblait énorme, le nombre d'acteurs l'était tout autant.

Un inventaire exhaustif de ces entreprises ne s'impose pas. Mais il faut toutefois démontrer la variété de leur origine géographique, même si certaines sont immatriculées dans des pays que l'on peut qualifier d'exotiques

29. Voir *The Independent* du 19 novembre 2008 : www.independent.co.uk/news/world/africa/blackwater-gunboats-will-protect-ships-1024582.html

pour d'évidentes raisons fiscales. Il suffit de reprendre la liste des quelque 180 membres de la *Security Association for the Maritime Industry* (SAMI)[30] ; on y retrouve des entreprises de Chypre, Dubai, Estonie, États-Unis, France, Grèce, Inde, Kenya, Malte, Norvège, Nouvelle-Zélande, Royaume-Uni, Russie, Seychelles, Turquie, etc. Consulter la liste de celles qui ont signé l'*International Code of Conduct* (ICOC)[31], code qui s'applique aux sociétés de sécurité opérant à l'international, est tout aussi éloquent ; au 1er décembre 2012, elles étaient 592, de 70 pays différents, et parmi elles plus de 200 offraient des prestations dans le domaine de la sécurité maritime[32].

La taille de ces entreprises est extrêmement variable. Quelques-unes sont des filiales de grands groupes anglo-saxons (comme G4S, le leader mondial de la sécurité avec près de 625 000 employés, par exemple) ou asiatiques (comme Avant-Garde Security Services) ; d'autres dépendent de groupes para-étatiques (c'est le cas de Rakna Arakshaka Lanka, entreprise para-étatique du Sri Lanka). La plupart, toutefois, sont des PME, voire des TPE, qui ne disposent que d'un minuscule noyau de personnel permanent et qui recrutent, pour le temps d'une mission, une poignée de contractuels qui sont d'anciens militaires ayant quitté le service actif et voulant mettre leurs compétences aux services de sociétés de sécurité ou de sociétés militaires privées. C'est le cas de militaires français appartenant aux commandos de marine qui se recyclent dans la sécurité privée.[33] Le témoignage de l'un de ces commandos a été publié dans *Ouest-France* en novembre 2012 :

« Un commando de marine ne peut pas faire trente années d'opérations extérieures. Liban, Bosnie, Rwanda, Irak, Afghanistan : on est envoyé sur des zones de conflits assez durs. Et on le paye, on finit usé », témoigne Fabrice Hirtzig, 47 ans, dont trente de Marine nationale. C'est pourquoi beaucoup de ces militaires, « à l'aube de leur 17e ou 18e année de service, se posent la question d'un nouveau challenge ». D'autant que de nombreuses sociétés de par le monde leur ouvrent grands les bras. À Djibouti ou au Nigeria, elles leur font même un pont d'or : « J'ai eu le choix entre commander les fusiliers marins à Cherbourg ou intégrer la société G4S. En termes d'avantages financiers, il n'y avait pas photo… »[34]

---

30. Voir http://seasecurity.org/index.php

31. Voir http://www.icoc-psp.org/Home_Page.html

32. Voir http://www.icoc-psp.org/uploads/Signatory_Companies_-_December_2012_-_Composite_List_SHORT_VERSION.pdf

33. Voir le billet du 22 novembre 2012 paru sur le blog Lignes de défense : http://lignesdedefense.blogs.ouest-france.fr/archive/2012/11/21/les-commandos-marine-se-recyclent-dans-la-securite-maritime.html

34. *Ouest-France* du 22 novembre 2012, page « Bretagne ».

G4S a effectivement créé une filiale spécialisée : G4S International Maritime Solutions (IMS) dont le siège est à Dubai[35]. Elle recrute dans le vivier des anciens des SBS britanniques et des ex-commandos de marine français et peut compter sur les personnels de deux autres filiales du groupe, des filiales spécialisées dans la sécurité dans les pays à risques : Armorgroup et Ronco. G4S IMS est membre de la SAMI, tout comme la société 30 South Maritime Limited enregistrée à Chypre[36] ; cette TPE est dirigée par trois Sud-africains installés à Durban et recrute, au gré des contrats, quelques *operators* dont la situation professionnelle est on ne peut plus précaire.

Côté français, il existe une poignée d'entreprises qui offrent des prestations de protection de navires. Gallice[37] dispose d'un bateau d'escorte et met en œuvre des EPE armées dans l'océan Indien et dans le golfe de Guinée. Surtymar[38] a été créée en 2004 ; cette « agence de sûreté maritime et portuaire » fournit des équipes de sûreté embarquées et des équipes portuaires ; elle délivre aussi une formation certifiante de *Privately Contracted Armed Security Personnel* (PCASP) conforme aux prescriptions de l'Organisation Maritime Internationale. Risk & Co (Sûreté maritime onshore et offshore)[39] et Geos (prévention et dans la gestion des risques dans les domaines maritime et portuaire)[40] proposent aussi des prestations de ce type. Il existe aussi quelques PME dirigées par des Français mais immatriculées qui à Londres, qui aux Seychelles.

Quelle que soit leur taille, toutes ces entreprises sont égales au moins sur Internet où elles font la promotion de leurs services et vantent leur large éventail de capacités. Le Moran Security Group, une entreprise russe, offre ainsi les prestations suivantes : escorte armée de convois navals, embarquement d'EPE armées, audit des risques maritimes, protection des infrastructures portuaires, soutien logistique en environnement maritime, relations avec les douanes et les autorités portuaires locales, protection de plateforme offshore, opérations de renseignement…[41] L'offre de la société mauricienne Blackshark Security est plus succincte ; elle précise sur son site que son « activité principale consiste à proposer ou fournir des solutions aux différents acteurs de l'industrie maritime ayant des navires devant traverser les zones menacées d'actes de piraterie, notamment en proposant des équipes de protection embarquées armées. »[42]

35. Voir http://www.g4smaritime.com

36. Voir http://www.30southmaritime.com

37. Voir http://www.gallice-security.com

38. Voir http://www.surtymar.com/fr

39. Voir http://www.riskeco.com/main/index.php.html

40. Voir http://www.geos.tm.fr

41. Voir http://moran-group.org/en/service/index

42. Voir www.blackshark-security.com/

## B. Les « *escort boys* »

Les prestations recherchées par les armateurs sont principalement de deux types. Le premier consiste à faire embarquer une EPE de 4 à 6 personnes pour assurer la sécurité de l'équipage, du navire et de sa cargaison lors du transit dans une zone à risques ou lors d'une escale dans un port où sévit le brigandage maritime. À cette équipe d'assurer la veille, la dissuasion et la défense en cas d'attaque.

Second type de prestation : la fourniture d'un navire d'escorte. Un armateur peut, en effet, ne pas désirer que des gardes armés déambulent sur un navire de croisière ; il peut aussi être dans l'incapacité d'accueillir des personnels supplémentaires à bord (c'est le cas sur certains bateaux de pêche). D'où ce recours à une entreprise capable de déployer une embarcation adaptée à la navigation hauturière, armée et équipée d'un radar et de matériel de transmission. Une solution onéreuse (elle demande des lourds investissements pour l'achat des navires et les coûts d'entretien sont élevés) et qui, actuellement, n'est proposée que par quelques entreprises comme PVI[43] ou Naval Guards[44], firme britannique qui dispose de cinq embarcations d'escorte de 21 à 42 m de long[45].

Plusieurs projets de flottilles d'escorte ont été lancés. Deux méritent d'être cités parce qu'ils étaient initiés par des entreprises semblant disposer des fonds nécessaires. Le premier est celui du courtier londonien Jardine Lloyd Thompson. JLT avait annoncé, en 2010, son intention de créer une flottille privée de patrouille et de protection pour assurer la sécurité des navires commerciaux opérant dans le golfe d'Aden[46]. Ce programme, appelé *Convoy Escort Program*, devait voir la mise en œuvre de 16 à 18 embarcations armées par d'anciens militaires. Objectif : accompagner les navires en transit et prévenir les attaques de pirates. Le retard constaté, et l'éventuelle annulation de toute l'opération, a convaincu la firme Typhon de lancer son propre projet[47]. Typhon, société immatriculée aux Émirats arabes unis et qui emploiera d'ex-Royal Marines, est dirigée par Anthony Sharpe, un homme d'affaires touche-à-tout qui a réussi un tour de table initial de 15 millions de livres, avant de rallier à son projet une poignée d'anciens militaires de haut rang : le général Dannat (ancien CEMA

43. Voir www.pviltd.com/

44. Voir www.navalguards.com/

45. Le 2 mars 2011, alors qu'il escortait un yacht, un des bâtiments de Naval Guards a repoussé une attaque de pirates. Voir le blog Lignes de défense : http://lignesdedefense.blogs.ouest-france.fr/archive/2011/03/05/piraterie-une-attaque-repoussee-par-des-prives-de-naval-guar.html.

46. Voir le blog Lignes de défense : http://lignesdedefense.blogs.ouest-france.fr/archive/2011/03/02/convoy-escort-porgram-lance-avant-l-ete-dans-le-golfe-d-aden.html

47. Voir le blog Lignes de défense.

britannique), l'amiral américain Ulrich, le général britannique Deverell qui a commandé la zone nord de l'Otan... À ces galonnés s'ajoute un ex-caporal-chef de la Légion : Simon Murray, 72 ans dont 5 sous le képi blanc (de 1960 à 1965), PDG de Glencore et désormais président du CA de Typhon. Typhon espère pouvoir mettre à disposition des armateurs un navire de 9 000 tonnes (et deux autres ensuite) et recruter du personnel pour constituer deux équipages de 60 hommes pour chaque navire. Beaucoup d'effets d'annonce là aussi et un éventuel repositionnement du bateau de Typhon dans le golfe de Guinée, comme le laissait entendre un communiqué de presse du 4 mars 2013.

### C. « Présentez armes ! »

Puisque les sociétés de sécurité proposent des équipes de protection « armées », la question de l'armement ne peut guère être passée sous silence. Les armes embarquées sont de deux types : des fusils de précision pour la phase de dissuasion et des fusils d'assaut pour le tir rapproché en cas de tentative d'assaut par des pirates qui, pour leur part, disposent d'AK-47 et de lance-roquettes RPG quasiment en libre-service en Somalie. Le Greyside Group, en 2011, a diffusé un document où il préconisait l'utilisation du Remington 700 pour le tir de précision et de la carabine M4 en cas de tentatives d'abordage ; il déconseillait en revanche l'emploi du fusil à pompe et du pistolet-mitrailleur de type MP5[48].

Peu d'entreprises donnent des précisions sur l'armement dont sont équipés leurs personnels. La firme sri-lankaise Avant-Garde Maritime Services propose, sur son site Web, des fusils d'assaut T-56 et 84-S (versions chinoises de l'AK-47), 16 chargeurs, 480 cartouches pour une équipe de 4 hommes. Elle met aussi à disposition des casques, des gilets pare-balles, des optiques et des mitrailleuses légères d'un type non spécifié. Ces équipements sont disponibles au Sri Lanka, à Oman (Mascate) et à l'île Maurice.

Dans un entretien accordé en septembre 2011 à la revue *Marine et Océans*[49], Stéphane Papillon, un cadre de l'entreprise française Gallice, présentait les armes utilisées par ses équipes :

« Ces fusils sont des Bar Match Browning en calibre 308 Winch Mag, équipés de lunettes à grossissement moyen. Pour la moyenne distance, nous avons opté pour des Kalachnikov, dernière version, équipée d'Aimpoint. Nous les avons essayées en mer avec le Président de Gallice, Gilles Sacaze, ancien cadre du service Action de la DGSE. Nous avons été totalement séduits par leur confort d'utilisation et leur précision. Enfin, pour la

48. Chris Mark et Heateher Mark, « A Rational Analysis of Weapons and Tactics in the Prevention of Piracy », 2011 .

49. Voir http://www.marine-oceans.com/economie-maritime/901-des-l-prives-r-francais-contre-les-pirates

courte et très courte distance, nous sommes, là encore, restés dans le traditionnel et avons choisi du calibre 12 sous différentes marques, Winchester, Remington, avec différents types de munitions. Le personnel est équipé de gilets classe IV, de casques et de lunettes de protection. Les gilets sont en version maritime, c'est-à-dire avec une flottabilité neutre et un système de largage rapide pour des raisons de sécurité évidentes sur un bateau. Tout ce matériel est neuf. »

La carabine Bar Match Browning est une arme de première catégorie, soumise à licence et autorisation préfectorale de première catégorie. La société grecque International Armour utilise ce même type d'armes mais elle affirme aussi disposer de fusils de précision Dragunov, d'AK-47 et 84-S, d'AR-10, de Steyr Scout, Tikka T3 (une carabine de précision) et autres FNL1...[50]

## IV. Encadrer des activités dites sensibles

Le recours croissant aux EPE privées n'a pas été sans susciter des critiques et des interrogations. Assimilés, comme les *security contractors* d'Irak et d'Afghanistan, à des mercenaires, les personnels des sociétés militaires privées et des sociétés de sécurité à l'international ne jouissent pas d'une image extrêmement positive ; pire, leurs activités sont considérées, par certains de leurs détracteurs, comme délictuelles. Depuis Aristophane et Démosthène, les critiques sont virulentes ; ainsi Végèce, Machiavel, de la Noue, Zwingli ont dénoncé le recours aux troupes mercenaires jugées vénales, peu fiables et corruptibles, et ils ont encouragé la constitution d'armées citoyennes. Une loi française de 2003 criminalise, pour sa part, les activités mercenaires quand elles ont, entre autres, pour finalité d'attenter à la souveraineté d'un État ou de renverser un gouvernement légitime[51] (voir l'encadré ci-après) :

**Extrait de la loi n° 2003-340 du 14 avril 2003**
**relative à la répression de l'activité de mercenaire**

« Chapitre VI. De la participation à une activité de mercenaire

« Art. 436-1. – Est puni de cinq ans d'emprisonnement et de 75 000 euros d'amende le fait : 1° Par toute personne, spécialement recrutée pour combattre dans un conflit armé et qui n'est ni ressortissante d'un État partie audit conflit armé, ni membre des forces armées de cet État, ni n'a été envoyée en mission par un État autre

50. Voir http://www.risk-international.gr/maritimesecurity.php

51. Voir http://www.legifrance.gouv.fr

que l'un de ceux parties au conflit en tant que membre des forces armées dudit État, de prendre ou tenter de prendre une part directe aux hostilités en vue d'obtenir un avantage personnel ou une rémunération nettement supérieure à celle qui est payée ou promise à des combattants ayant un rang et des fonctions analogues dans les forces armées de la partie pour laquelle elle doit combattre ;

2° Par toute personne, spécialement recrutée pour prendre part à un acte concerté de violence visant à renverser les institutions ou porter atteinte à l'intégrité territoriale d'un État et qui n'est ni ressortissante de l'État contre lequel cet acte est dirigé, ni membre des forces armées dudit État, ni n'a été envoyée en mission par un État, de prendre ou tenter de prendre part à un tel acte en vue d'obtenir un avantage personnel ou une rémunération importants. » [...]

Pourtant, le mercenariat est une norme militaire vieille de quarante siècles qui associe, dans une relation commerciale et militaire, un client, un entrepreneur et un exécutant. Que ce soit le pharaon Sésostris III, les papes, les princes italiens, les rois de France, tous ont recouru à des troupes mercenaires pour faire la guerre ou pour assurer leur sécurité. Il s'agissait de palier un manque : François I^er^ n'avait pas d'argent pour créer une marine de guerre, il a attribué des lettres de course à des armateurs pour traquer les vaisseaux espagnols et anglais ; les princes et rois d'Europe étaient incapables d'entretenir des armées permanentes, aussi recrutaient-ils des Suisses qui n'hésitaient pas à s'entre-tuer sur les champs de bataille d'Europe.

Aujourd'hui, les États recourent à des sociétés militaires privées parce qu'ils ne disposent pas des moyens humains, financiers et matériels suffisants pour faire remplir, par les armées nationales, certaines missions de soutien, maintenance, déminage, renseignement, formation et protection. Le secteur privé peut fournir ces capacités additionnelles.

Dans le cas de la piraterie, le problème se pose d'une part pour les États qui ne peuvent assurer la sécurité de tous les navires battant pavillon national[52] ou de tous les bateaux sur lesquels sont embarqués un ou plusieurs de leurs ressortissants, et d'autre part pour les armateurs qui doivent assurer la sécurité de leurs équipages. D'où la solution (l'obligation) de recourir aux capacités du secteur privé. Le récit de Pierre Saqui de Sannes, de CMA-CGM, est éclairant :

« En mars 2010, notre Président a décidé d'embarquer des hommes armés sur nos bateaux qui ravitaillent la côte Est africaine au large du

52. D'où l'aveu du chef d'état-major de la marine française en septembre 2011, lors des 7^e^ Assises de l'économie de la mer : « Vous imaginez bien que les armées françaises ne peuvent pas défendre l'ensemble des sites ! »

Kenya, de la Tanzanie, du Mozambique. Nos bateaux qui transportent 2 000 containers, sont plus petits, ils ont des problèmes de tirant d'eau dans les ports africains et ils étaient régulièrement attaqués. Il y a deux ans, au nom du Groupe CMA CGM, j'avais demandé aux autorités françaises de labelliser certaines sociétés françaises pour nous aider à recruter des personnes fiables afin de protéger nos bateaux. On a rencontré beaucoup de gens, des anciens de la marine nationale, d'anciens gendarmes... Mais, même si pour nous c'était indispensable d'embarquer des personnes armées, la législation française, malheureusement, reste négative sur des bateaux battant pavillon français, on n'a pas le droit de mettre des équipes privées armées. Nos bateaux ravitaillant la côte Est étant sous pavillon UK ou Bahamas, nous avons obtenu l'autorisation de l'État du pavillon pour négocier avec une compagnie de surveillance basée en Angleterre mais dont le chef des opérations est français. Nous avons mis au point ensemble des règles d'engagement strictes, en épluchant tous les CV des personnes embarquées sur nos bateaux. Nous avons vraiment pris toutes les précautions. Puis, nous en avons averti les autorités françaises. Concrètement, nous avons cette protection sur dix de nos bateaux (dont nous sommes propriétaires) : il y a des équipes de 4 hommes en permanence qui partent du golfe Persique et atteignent la côte est africaine, Mayotte, la Réunion, les Seychelles ; puis, ils reviennent dans le golfe Persique. Les autorités françaises de Mayotte et de la Réunion ont été prévenues, naturellement. »[53]

Le témoignage du conseiller du président de CMA-CGM témoigne bien de l'urgence à trouver une solution, du constat de l'absence de solutions étatiques durables et d'une offre privée que l'entreprise a encadrée. Or, il s'agissait d'une initiative privée. Comment parvenir à un encadrement de ces activités qui soit cohérent et adopté par les entreprises de sécurité, les armateurs et les États ? Comment définir un label ?

Les obligations diffèrent pour les différentes parties.

### A. Les obligations des armateurs

Pour les armateurs, l'intérêt est de faire assurer la protection de leurs équipages, navires, passagers et cargaisons de la façon la plus efficace et au meilleur rapport qualité/prix. Ils devraient ainsi s'assurer de la fiabilité de la société de sécurité en termes d'immatriculation, d'actionnariat, de santé financière, d'assurance (couverture des employés et tierces parties), de compétence des cadres dirigeants, d'adoption des standards de qualité (normes ISO ou autres), d'expérience dans le domaine de la sécurité maritime, de recrutement (casier judiciaire) et de formation des personnels, de respect des lois nationales et des réglementations internationales...

---

53. Voir http://2011.economiedelamer.evenium.com/uploads/event_member/82646/protegerlesinteretseuropeens.pdf (p. 2-3).

C'est ce que préconise, par exemple, la section « *Selection of a Private Security Company (PSC)* » du projet britannique d'abord intitulé « *Interim Guidance to UK Flagged Shipping on the Use of Armed Guards to Defend Against the Threat of Piracy in Exceptional Circumstances* »[54] puis « *Guidance to UK Flagged Shipping on the Use of Armed Guards to Defend Against the Threat of Piracy in Exceptional Circumstances* »[55]. C'est aussi ce que suggère l'IMO qui a publié des « *Revised interim guidance to shipowners, ship operators and shipmasters on the use of privately contracted armed security personnel on board ships in the High Risk Area* », le 25 mai 2012[56].

### B. Les obligations des entreprises de sécurité

Les entreprises de sécurité disposent déjà de plusieurs textes qui proposent un « encadrement » de leurs activités à l'international et fixent des règles. C'est le cas du Document de Montreux[57], de l'*International Code of Conduct*[58], des *Industry Best Management Practices* (version 4)[59]. L'International Association of Maritime Security Professionals a aussi contribué au débat en diffusant un texte intitulé « *Use of Force* »[60]. On attend aussi, courant 2013, d'un document intitulé « *100 Series Rules for the Use of Force* »[61] inspiré par le standard « *International Standardization Organization* (ISO) *Standard for Guidelines for Private Maritime Security Companies* (PMSC) ». Connu sous le nom de ISO/PAS 28007, c'est un guide destiné aux sociétés privées de sécurité maritime fournissant des agents de protection armés embarqués sous contrat privé à bord de navires (et contrat pro forma)[62] ; il ne devrait pas entrer en vigueur avant 2016-2017.

Il apparaît impératif, comme le préconisent tous ces documents, de vérifier les antécédents judiciaires des personnels sous contrats, leurs parcours

54. Voir http://assets.dft.gov.uk/publications/use-of-armed-guards-to-defend-against-piracy/use-of-armed-guards-to-defend-against-piracy.pdf

55. Voir le texte de novembre 2011, http://www.fortunes-de-mer.com

56. Voir http://www.imo.org/OurWork/Security/PiracyArmedRobbery/Guidance/Documents/MSC.1-Circ.1405-Rev2.pdf. Pour consulter la liste de tous les documents de l'IMO sur la piraterie, voir : http://www.imo.org/Documents/IMO_Piracy_Guidance.pdf

57. http://psm.du.edu/media/documents/regulations/global_instruments/multi_stakeholder/montreux/montreux_document_eng.pdf

58. http://psm.du.edu/media/documents/regulations/global_instruments/multi_stakeholder/icoc/icoc_eng.pdf

59. http://psm.du.edu/media/documents/regulations/best_practices/bmp4.pdf

60. http://iamsponline.org/wp-content/uploads/2011/11/UOF_released.pdf

61. https://www.100seriesrules.com/

62. https://www.100seriesrules.com/uploads/20130209-DEH-RUF_Conference_Presentation_9_Feb_13.pdf

professionnels et leur formation, leur état de santé et leur capacité à opérer en milieu maritime (aptitude à la navigation), leur capacité à utiliser des armes à feu. Toutes ces informations doivent être mises à disposition du client, voire du capitaine du navire qui accueille l'EPE.

Concernant l'équipement spécifique à la mission, l'entreprise doit disposer des autorisations de détentions d'armes et de munitions ; elle doit fournir des équipements en bon état et adaptés à la menace et au type de riposte autorisée. La composition et la hiérarchie de l'EPE doivent être approuvées par l'armateur et le capitaine. Les règles d'engagement (RoE, *rules of engagement*) ou plutôt, comme le demande l'IMO, les règles d'emploi de la force (RUF, *rules for the use of force*) doivent faire aussi l'objet d'une discussion préalable entre la société de sécurité, le chef d'équipe, le représentant du client et le capitaine. Il en va de la crédibilité de ces entreprises qui évoluent dans un environnement, on va le voir, de plus en plus concurrentiel. Une autre question que soulève le recours aux EPE privées est celle d'un trafic d'armes potentiel qui pourrait se dérouler sous couvert de lutte contre la piraterie. Pour échapper à ce type de soupçons, les sociétés militaires privées employant ces *contractors* de la mer doivent se prémunir en faisant enregistrer les armes embarquées par leur personnel et en exerçant un suivi sur leur récupération. S'agissant le plus généralement d'armes dites légères et de petit calibre, elles ne doivent pas être l'objet d'une dispersion qui pourrait faire penser qu'elles alimentent un commerce international. Un exemple de la veille qu'exercent certains pays sur ces trafics potentiels a été donné, début avril 2013, par l'opération menée en mer Rouge par la marine nationale égyptienne envers un navire battant pavillon togolais dont la cargaison était constituée d'armes à destination d'équipes de protection embarquées dans le cadre de la lutte contre la piraterie. Le navire privé a été dérouté et retenu durant trois jours dans le port de Safaga pour vérification. Ces dernières ont démontré que les armes étaient bien enregistrées au nom d'une société militaire privée engagée dans la lutte contre la piraterie dans l'océan Indien et que celle-ci avait les autorisations nécessaires pour ce transport[63].

### C. Du côté des États : entre réticences et régulations

Quant aux États, ils ne devraient pas jouer les Ponce Pilate sous prétexte que deux entités privées entrent dans une relation marchande. Leur pavillon flotte sur certains navires ; leurs ports accueillent des navires protégés par une équipe armée éventuellement étrangère ; leurs ressortissants peuvent être victimes d'attaques de pirates, impliqués dans des violences.

63. *Mer et Marine*, bulletin du 9 avril 2013.

Mais il ne leur suffira pas de réclamer de « l'éthique » ou de continuer à prétendre que les employés du secteur privé doivent adhérer aux valeurs des forces armées, valeurs qui ont été les leurs (et le sont certainement toujours) puisque ces employés ont pour la plupart servi au sein des Institutions militaires. Les pouvoirs publics doivent réfléchir à la question de l'accréditation des entreprises de sécurité, à celle du transit des EPE et de leur matériel, ainsi qu'à celle du contrôle des armes, voire imposer un organisme de certification et contrôle. C'est ce que leur demande depuis 2009, l'IMO, qui a publié plusieurs documents de référence, dont les « *Recommendations to Governments for preventing and suppressing piracy and armed robbery against ships* » du 26 juin 2009[64] et les « *Revised Interim Recommendations for Flag States regarding the use of Privately Contracted Armed Security Personnel on board ships in the High Risk Area* » du 25 mai 2012[65].

S'agissant de la France, les choses paraissent encore très ambiguës. Au printemps 2013, revenant à la charge sur le sujet, comme ils le font régulièrement, les armateurs français déploraient la perte d'une trentaine de navires pour le pavillon français en 2012 (navires étant passés sous un autre pavillon), ce qui n'était pas seulement dû à l'insuffisance de protection contre la piraterie mais au moins en partie. Et, à cet égard, Armateurs de France regrettait que 25 % des demandes de protection par une EPE militaire[66] ne puissent être satisfaites, ce qui fait perdre des marchés de fret à leurs navires[67].

En réponse, le gouvernement, par la voie du ministre de la Défense ainsi que de celle du ministre des Transports, annonçait publiquement début avril 2013 qu'un projet de loi allait être déposé avant le mois de juillet en vue d'autoriser l'embarquement d'EPE privées sur les navires battant pavillon français[68]. Déjà, en 2010, dans son rapport sur la piraterie maritime[69], le député Christian Ménard avait clairement évoqué l'impossibilité pour la Marine nationale et ses commandos de répondre à la demande et envisagé la solution des EPE privées sous réserve d'élaborer un cadre législatif permettant à l'État d'encadrer leur activité (agrément des sociétés, règles

64. http://www.imo.org/OurWork/Security/PiracyArmedRobbery/Guidance/Documents/MSC.1-Circ.1333.pdf

65. Voir http://www.imo.org/Documents/IMO_Piracy_Guidance.pdf

66. Si l'État accède à la demande de l'armateur, une convention est signée entre les deux parties sur la base de laquelle l'État répercute à l'armateur une partie des frais engendrés par cette mise à disposition de moyens publics (150 euros par homme et par jour, ce qui est un tarif extrêmement bas par rapport au coût d'une EPE privée).

67. Antoine Boudet, « Les Armateurs de France tirent la sonnette d'alarme », *Les Échos*, 3 avril 2013.

68. Voir la *Lettre du Marin*, 3 avril 2013.

69. Christian Ménard, député, rapport n° 2937 fait au nom de la commission de la Défense nationale et des Forces armées sur le projet de loi n° 2502, relatif à la lutte contre la piraterie et à l'exercice des pouvoirs de police de l'État en mer, enregistré à la présidence de l'Assemblée nationale le 9 novembre 2010.

d'engagement du feu contre les pirates, règles sur leur approvisionnement en armes et l'enregistrement de ces dernières, transparence, etc.) : « dans la mesure où il existe une forte pression internationale pour libéraliser leur activité, la France ne peut faire l'économie d'une réflexion en profondeur sans a priori idéologique. Un débat national large doit être conduit sur ce sujet, impliquant notamment le Parlement[70]. »

Mais les armateurs français allaient être surpris quelques jours plus tard lors de la publication du *Livre Blanc de la défense et de la sécurité nationale*, le 29 avril 2013. Tout en mentionnant que la lutte contre la piraterie demeurerait une priorité pour les prochaines années, le document élaboré pendant des mois par une commission *ad hoc* puis revu par le ministère de la Défense, ne prévoit pas expressément l'hypothèse d'une législation autorisant les armateurs à recourir à des gardes armés privés à bord de leurs navires. On y lit simplement à ce propos que « pour répondre aux besoins de la sécurité du transport maritime, et lorsqu'il n'est pas possible de recourir aux équipes de protection de la Marine nationale, des solutions appropriées seront étudiées. » On a connu des engagements plus clairs. Armateurs de France, ne s'y est pas trompé et regrette dans un communiqué du 30 avril 2013 « que le document ne reprenne pas les engagements du gouvernement sur la protection privée embarquée. », affirmant de nouveau que « les entreprises maritimes françaises perdent des marchés, faute de pouvoir garantir en continu la protection des navires, des équipages et de leurs cargaisons. » Il est vrai que l'encadrement législatif des EPE est une nécessité pour un pays de droit. Il s'agit même plus largement d'élaborer – pourquoi ne pas en profiter ? – un véritable statut juridique des sociétés militaires privées en France, où il n'existe pas encore et où la fonction de certification et contrôle pourrait être confiée au Conseil national des activités privées de sécurité (CNAPS).

D'autres pays, résolument favorables à l'embarquement des EPE privées, ont mis en place des dispositifs de régulation[71].

Aux États-Unis, la directive A76 de 1966 et la *Policy Letter 92-1 on Inherently Governmental Functions* de 1992, présentent suffisamment de souplesse si ce n'est d'ambiguïté dans leurs dispositions pour permettre une large interprétation de la délégation dans l'usage de la force aux *contractors*. En revanche, avec le *Arms Export Control Act*, la législation américaine se montre beaucoup plus contraignante en vue d'empêcher les SMP de contracter avec des États considérés comme « ennemis » et de procéder à du trafic d'armes déguisé.

70. *Ibid.*

71. Ou ont annoncé, comme l'Allemagne et les Pays-Bas, leur intention de légiférer sur ces pratiques.

*Via* leur *Envoy Expeditionnary Service*, les Américains ont récemment lancé des appels d'offres en ligne pour recruter des *contractors* privés, tireurs d'élite, pour servir en qualité « *d'agents de sécurité pour les quais, les ports et les navires marchands* ». L'appel à candidature, détaillé, mentionne l'origine des candidats (uniquement des citoyens des pays membres de l'Otan), le degré d'expérience exigé, ainsi que les armes qui pourront être utilisées en vue de repousser les assauts de pirates : « *L'objectif sera d'identifier, repousser et d'attaquer les navires présentant une menace et les criminels à leur bord.* » Le profil idéal de candidat recherché requiert « *au minimum quatre années d'expérience dans l'action militaire et/ou de police maritime, [...] une expérience d'au moins une année dans le traitement de menaces de haute intensité* [...]. » Les armes que les candidats pourront être amenés à utiliser seront les suivantes : « M 249, carabine M4, Glock 9 mm et calibre 40, AK-47, Remington 870 Shotgun[72]. » Parallèlement à cet appel à candidature, la garde-côtière des États-Unis (United States Coast Guard) a adopté en mai 2009 une nouvelle réglementation instituant l'obligation pour tous les navires marchands américains empruntant les eaux du golfe d'Aden de lui soumettre au préalable pour approbation leur propre dispositif de sécurité ; la réglementation incite également les armateurs de ces navires à embarquer des gardes spécialisés dans la lutte contre la piraterie. Ce dispositif laisse toutefois les armateurs libres de décider si les gardes seront armés ou non[73]. Parmi les effets induits de cette solution, il y a pour les armateurs le risque de voir les primes d'assurances maritimes augmenter sensiblement compte tenu du fait que le navire marchand, en s'engageant lui-même dans un combat d'armes à feu, peut subir des dégradations importantes, voire être détruit[74].

Au Royaume-Uni, où le *Department for Transport* a assuré la rédaction du document de 2011 « Guidance to UK Flagged Shipping on Measures to Counter Piracy, Armed Robbery and Other Acts of Violence Against Merchant Shipping », la tendance est plutôt à l'externalisation de la régulation qui pourrait échoir à la SAMI. À Djibouti, point d'ancrage des opérations de lutte contre la piraterie et où se pose la question du transit des équipes étrangères et de leur équipement, « les demandes d'agréments et d'autorisations pour les opérations prévues aux articles 2 et 3 seront effectuées auprès de l'organe de tutelle, la Présidence de la République et après

72. Voir en annexe le texte de l'appel à candidatures en langue anglaise.

73. Document « International news », Agence Reuters, « Jobs », 12 mai 2009.

74. Voir sur cette question : Carolin Liss, « Privitising the Fight Against Somali Pirates », cahier de recherche, n° 152, november 2008, Asia Research Center, Murdoch University, Perth, Western Australia, 18 p.

avis de la Société Djibouti Maritime Security Services qui est seule habilitée à recevoir, instruire et enregistrer les demandes d'agréments. »[75]

Pour leur part, les autorités indiennes ont précisé en août 2011, les conditions d'embarquement d'équipes de protection armées à bord des navires battant pavillon indien. Le document, intitulé « Guidelines on Deployment of Armed Security Guards on Merchant Ships », est très proche du texte britannique « Interim Guidance to UK Flagged Shipping on the Use of Armed Guards to Defend Against the Threat of Piracy in Exceptional Circumstances ». Cette mesure annoncée par le *Ministry of Shipping* était attendue depuis le mois de mars précédent, New Delhi ayant alors précisé ne plus être hostile aux embarquements d'agents privés.

Selon ce texte, les équipes de protection doivent compter 5 membres (4 gardes et un chef de groupe) ; le capitaine du navire garde le commandement intégral des opérations et la capacité décisionnaire. La question de l'équipement doit être discutée entre la société de sécurité et son client. L'armement embarqué doit être « proportionnel » aux risques. La nationalité de la société de sécurité importe peu. Mais cette société doit être en mesure de fournir les précisions suivantes :

« *1. Company structure and place of registration ; 2. Company ownership ; 3. Financial position (e.g. annual accounts/bank references) ; 4. Extent of insurance cover (in particular covering third-party risks) ; 5 Senior management experience ; and 6. Quality management indicators – e.g. International Organisation for Standardization (ISO) accreditation.* »[76]

Ces mesures s'appliquent aussi aux vaisseaux étrangers entrant dans les eaux territoriales indiennes : « *7.5. Foreign merchant vessels visiting Indian ports with armed security guards : 1. All armed security guards are required to be in possession of valid arms licenses issued by the flag administration of the vessel. 2. Where a private security company has been engaged by a ship owner to provide armed guards, such a private security company shall be in possession of a valid license issued by the flag administration of the country. 3. All foreign vessels visiting Indian ports are required to secure their firearms and ammunition in a guarded/secured 'strong room' when entering Indian territorial waters. 4. All foreign vessels are required to follow the reporting and declaration requirements as stipulated under para 7.3.* »[77]

Ces derniers points qui portent sur le stockage des armes sont importants. L'entreposage entre deux missions et le transit des équipements constituent d'ailleurs deux des principales difficultés pratiques auxquelles

---

75. Voir http://www.djiboutimaritimesecurity.com/accueil.html

76. Pour lire l'intégralité de ce texte, voir le *post* du 31 août 2011 sur le blog Lignes de défense : http://lignesdedefense.blogs.ouest-france.fr/archive/2011/08/31/l-inde-precise-les-modalites-d-embarquement-des-agents-de-se.html

77. Voir le blog Lignes de défense.

sont confrontées les EPE. Entre transit clandestin de fusils et autres équipements de guerre et risques de confiscation, voire d'arrestation, la marge est étroite. Une EPE de l'entreprise Protection Vessels International en fait l'expérience amère. PVI est une société britannique spécialisée dans l'escorte de navires civils. Elle met en œuvre des équipes embarquées ; elle peut aussi faire escorter des navires marchands par l'un de ses trois bateaux d'accompagnement. En novembre 2010, quatre de ses employés ont accosté sur une petite île d'Érythrée (Romia) et y auraient stocké les armes et des équipements qu'ils venaient d'utiliser au cours de leur dernière mission de protection (dont 18 fusils et 8 armes de poing). Ils voulaient éviter de devoir rendre des comptes au port de Massawa où ils se rendaient après un problème mécanique sur leur navire, le *Sea Scorpion.* Repérés, capturés, les quatre employés ont été accusés « d'invasion, terrorisme et espionnage » selon un document du ministère des Affaires étrangères d'Érythrée du 7 juin 2011[78]. Le 13 juin, ils ont été finalement libérés[79].

C'est pour éviter ce genre d'« embrouille » qu'a été mis en place un système du « navire-conciergerie ». Stationnés en haute mer donc en dehors de toute juridiction nationale, à proximité des ports ou à l'entrée et à la sortie des zones les plus sensibles, des navires appartenant à des entreprises privées stockent les équipements entre deux missions. Cette pratique a été décrite dans un rapport onusien de juin 2012. Selon le « Report of the Monitoring Group on Somalia and Eritrea pursuant to Security Council resolution 2002 »[80], 18 navires-conciergerie (ou navires-armurerie) opéraient alors dans l'océan Indien. Parmi les opérateurs étaient citées les sociétés suivantes : Ekitala International (Afrique du Sud) ; FRC Sarmed (Égypte) ; Maritime Guard Group RMC FZE (EAU) ; Gulf of Aden Group Transits/GoAGT (Seychelles) ; GAC Ltd. (EAU) ; Drum Cussac Ltd. (Jersey) ; Protection Vessels International Ltd. (GB) ; Ambrey Risk Ltd. (GB) ; Solace Global Maritime Ltd. (GB) ; Armed Piracy Defence (États-Unis) ; Moran Maritime Group Ltd. (Russie) ; Djibouti Maritime Security Services Ltd. (Djibouti)[81]; Mercator International Ltd. (GB).

---

78. Voir http://eastafro.com/Post/2011/06/09/video-press-release-about-the-detained-british-nationals-in-eritrea-english-translation/

79. Voir Lignes de défense : http://lignesdedefense.blogs.ouest-france.fr/archive/2011/06/13/les-quatre-employes-de-protection-vessels-international-libe.html

80. Voir http://lignesdedefense.blogs.ouest-france.fr/files/UN_REPORT_2012.pdf

81. Djibouti Maritime Security Service appartient à Bruno Pardigon qui a signé, en juin 2012, un partenariat avec la société française Strike Global Services. Cet accord a débouché sur la création de Sovereign Global Solutions. Sovereign Global Solutions Ltd., société de droit britannique basée à Londres, se présente comme "un opérateur de souveraineté, fournisseur de conseils et d'assistance aux États ou à des entreprises mandatées par des États ou des organismes supra-nationaux".

À ces 18 navires allaient s'ajouter ceux déployés par la société sri-lankaise Avant-Garde Maritime Services[82]. L'une d'elles est positionnée à 12 nautiques de Galle (Sri Lanka) ; deux autres armureries flottantes évoluent dans le reste de l'océan Indien : devant Fujairah (Oman), Suez, Mombassa ou Dar es-Salaam. Ces navires, dont les activités sont autorisées par le ministère sri-lankais de la Défense, battent pavillon sri-lankais et mongol. Le tarif pratiqué est de 25 dollars par jour et par pièce d'équipement.

Avant-Garde Maritime Services est une co entreprise (une *joint-venture*) créée en 2011 par Avant-Garde Security Services et Rakan Arakshaka Lanka. Avant-Garde emploie 6 500 personnes au Sri Lanka et aux Émirats arabes unis. C'est une entreprise de gardiennage, transport de fonds et protection rapprochée. Pour sa part, Rakna Arakshaka Lanka est une entreprise privée, créée en 2007, qui dépend directement du ministre sri-lankais de la Défense. C'est une structure éminemment militarisée chargée de la protection des points clés nationaux et des intérêts vitaux publics et privés ; elle intervient aussi en soutien des forces de sécurité nationales.

Avant-Garde Maritime Services (AGMS) est dirigée par un conseil d'administration uniquement composé d'ex-militaires et policiers sri-lankais ; on y retrouve aussi un ancien chef d'état-major de la marine omanaise. Cette coentreprise dispose de « 5 000 » armes officielles (les *End User Certificates* sont fournis à bord du navire-conciergerie) et d'équipements qui proviennent des stocks des forces armées sri-lankaises. AGMS loue donc des kits légaux à des EPE qui évitent toute tracasserie administrative en début et fin de mission.

## V. Pas d'eldorado dans l'océan Indien

Le succès des EPE privées (ouvertement reconnu par EUNavFor), la permanence de la menace pirate (même si la baisse est notable dans l'océan Indien) et la multiplication des feux verts gouvernementaux à l'embarquement, sous contrôle, d'agents de sociétés privées, a décuplé les appétits des entrepreneurs du secteur de la sécurité.

On l'a vu, les SMP occidentales opérant en Irak et en Afghanistan, spécialisées dans la protection des biens et des personnes, ont toutes tenté de s'implanter dans le marché des services maritimes. Leur tort a été de croire qu'elles pouvaient pratiquer des tarifs identiques à ceux d'Irak et d'Afghanistan où la manne financière américaine avait failli ne pas se tarir. On se souviendra des centaines millions de dollars engrangés par les sociétés comme Blackwater, Triple Canopy, DynCorp, SOC etc. On se souviendra aussi des

82. Voir Lignes de défense du 31 août : http://lignesdedefense.blogs.ouest-france.fr/archive/2012/08/30/de-nouvelles-conciergeries-flottantes-mises-en-place-par-une.html

rémunérations offertes aux *security contractors* d'Irak : jusqu'à 500 dollars par jour de travail, 180 000 dollars par mois pour un employé de Blackwater !

Or, les armateurs opèrent déjà dans un milieu où les marges sont calculées au plus juste, où le ralentissement de l'économie mondiale depuis 2008 a porté des coups sévères, provoquant l'immobilisation de navires et débouchant sur une inévitable guerre tarifaire.

L'intrusion de nouvelles entreprises de sécurité, comme Certis Security (EAU), PVI (Oman)[83] ou Independent Maritime Protection Solutions (Afrique du Sud), ne pouvait que perturber encore plus le marché de la sécurité maritime. Ces nouveaux acteurs sont pour la plupart asiatiques ; ils se sont positionnés de façon agressive, en proposant des tarifs beaucoup moins élevés que leurs concurrents occidentaux et des prestations souples, avec l'appui logistique et les autorisations de leurs gouvernements.

Parmi ces nouveaux acteurs, citons : NSTN, Demon Shipping and Logistics, Southern Lanka Maritime Ltd., Marine 1, Marine Transport Services, Seven Sails Shipping & Maritime (Pvt) Ltd., des entreprises immatriculées au Sri Lanka. En Inde, le nombre de sociétés spécialisées s'accroît : Alphard Maritime, ASK Security Services, Clifford Facility Services, Code 3 Protections Private Ltd., Defcon ISC, Elite Marines Security Consultants, Ocean Security Guards Pvt Ltd., Ocean Marines Security... Ajoutons IntelEdge et Aegis International immatriculées en Corée du Sud, SRS en Indonésie, 7Gill Maritime Consultants et Saint 7 International à Singapour etc.

Le résultat est évident : alors que la demande en prestations de sécurité stagne, voire baisse puisque certains armateurs reprennent le risque d'un transit sans EPE, l'offre sécuritaire augmente et provoque une chute des tarifs suscitée par l'arrivée d'acteurs de pays où les salaires et les charges sont moins élevés. Pourquoi payer cher une équipe de quatre ex-membres du SBS britannique quand six gardes sri-lankais, « *fully equiped* », coûtent 5 fois moins cher et s'avèrent tout aussi efficaces ? Cette précarisation explique l'abandon de certains projets de flottille d'escortes, le retrait d'acteurs européens de la sécurité de l'océan Indien et leur repli vers le golfe de Guinée ou l'Asie du Sud-Est.

83. PVI dispose de trois embarcations d'escorte.

## Chapitre 6

# À qui profite le crime ?

Les criminels qui commettent des actes de violence en mer, à l'encontre d'un navire, le font à des fins privées dans un but d'enrichissement. C'est donc à eux seuls que devrait profiter le crime s'il restait impuni.

Il pourrait sembler cynique d'affirmer que la piraterie ne rapporte pas qu'aux pirates et que d'autres acteurs ont un intérêt à ce que la menace perdure. Quand des vies sont en jeu[1], quand la sécurité des routes maritimes et des approvisionnements sont en péril, tous les efforts doivent converger vers un but unique : réduire les risques, voire les supprimer totalement en mobilisant toutes les énergies.

Pourtant, la lutte contre la piraterie n'est pas une opération aussi vertueuse que le laisse croire l'affrontement entre des brigands qui, en d'autres temps, étaient pendus sans procès, et les forces de droit. Ainsi, la prévention et la répression de la piraterie entrent dans des calculs stratégiques, particulièrement dans l'océan Indien, mais aussi dans le golfe de Guinée et les détroits d'Asie du Sud-Est.

Un exemple : même si piraterie et terrorisme représentent deux infractions qui ne sont pas réductibles l'une à l'autre, la lutte contre les pirates, en particulier au large de la Somalie, du Yémen et du détroit d'Ormuz, contribue aussi à la prévention des actes terroristes en renforçant l'arsenal

1. On lira sur le sujet du coût humain de la piraterie le rapport « Human Cost of Piracy » de 2011. Voir http://oneearthfuture.org. Ce rapport prend aussi en compte les pirates tués lors d'affrontements avec les forces de sécurité (p. 12-13).

déjà déployé depuis 2001. Le mandat des forces navales engagées à partir de 2008 n'est pas exclusif, même si évoluent dans l'océan Indien deux *Task Forces* internationales distinctes : la *Combined Task Force 150* et la *Combined Task Force 151* dédiées pour la première à la lutte contre le terrorisme et la seconde à la lutte contre la piraterie. La posture américaine, décrite en octobre 2012 par Thomas Kelly, du *Bureau of Political-Military Affairs* du *State Department*, révèle bien que la lutte contre la piraterie s'inscrit dans une perspective plus large de lutte contre les « entreprises criminelles transnationales » et de protection des voies de communication maritimes, dans une « approche intégrée et multi-dimensionnelle dans le cadre du *smart power* »[2]. Et, il faut l'ajouter, cette approche multi-dimensionnelle permet de légitimer des déploiements militaires robustes, américains et chinois principalement, dans des zones sensibles, comme on le verra.

En allant plus loin, on peut même s'inquiéter de la tendance à lier les deux phénomènes et ainsi à susciter une riposte occidentale musclée. Affirmer que les miliciens islamistes somaliens ont été défaits parce que la lutte contre la piraterie somalienne a porté ses fruits relève d'une démonstration spécieuse qui néglige les interventions kényanes et éthiopiennes et qui oublie l'action offensive de l'Union africaine et des États-Unis (*via* des sociétés militaires privées). De même, corréler la hausse de la piraterie dans le golfe de Guinée à l'exacerbation de la menace terroriste en Afrique de l'Ouest est tout aussi hasardeux. Mais que ne ferait-on pas au nom de la lutte contre le terrorisme ?

La lutte contre la piraterie sert, en réalité, d'autres intérêts que ceux des pirates qui écument l'océan Indien ou le golfe de Guinée. Et l'on aurait tort de ne considérer le phénomène qu'en termes de coûts ou de surcoûts, comme l'ont fait les auteurs d'une étude d'octobre 2012 intitulée « The Welfare Cost of Lawlessness : Evidence from Somali Piracy » qui estiment que les surcoûts pour les seuls armateurs vont de 0,9 à 3,3 milliards de dollars par an[3]. C'est ce qu'a également fait, autre exemple, la fondation *One Earth Future* dans un document de décembre 2010 rédigé dans le cadre du programme *Ocean Beyond Piracy*[4]. Selon cette organisation, le coût annuel de la piraterie se situerait entre 7 et 12 milliards de dollars. Ce chiffre prend en compte les rançons (estimées à 176 millions de dollars), les primes d'assurances (entre 0,5 et 3,2 milliards de dollars), les coûts de déroutement (2,4 à 3 milliards[5]), les frais en personnels et équipements de sécurité (de

2. Discours du 25 octobre 2012, lors de la *Combating Piracy Week* de Londres.

3. Voir http://www.dartmouth.edu/~neudc2012/docs/paper_121.pdf

4. Voir http://oceansbeyondpiracy.org/

5. On estime que les coûts de shipping augmentent de 8 % lorsque les pirates sont actifs (en dehors des périodes mousson, c'est-à-dire de décembre à février et de juin à septembre, l'état de la mer réduisant la capacité des *skiffs* à lancer des attaques).

0,36 à 2,5 milliards), la facture pour les marines nationales engagées dans la lutte anti-piraterie (2 milliards), les frais de justice (31 millions), les coûts de fonctionnement des différentes organisations (20 millions), les pertes pour les économies régionales et leur industrie du tourisme en particulier (1,25 milliard)[6]. En 2011, dans une autre étude, *One Earth Future* a affiné ses chiffres ; elle affirmait que le surcoût total annuel de la piraterie dans l'océan Indien frôlait les 7 milliards de dollars[7]. La Banque mondiale, dans son rapport d'avril 2013 « The Pirats of Somalia : Ending the Threat, Rebulding the Nation », estime, quant à elle, que les pertes économiques mondiales provoquées par la piraterie somalienne s'élèvent annuellement à 18 milliards de dollars ![8]

Mais cet argent n'est pas perdu tout le monde. Comme le résumait un officier de marine en 2010, « c'est un business où tout le monde fait de l'argent »[9].

## Section 1. Pirates & Co

Même si la thèse de vastes réseaux mafieux, liés aux nébuleuses terroristes africaines et moyen-orientales, a de quoi séduire, l'argent de la piraterie somalienne reste distribué dans des cercles claniques restreints. Le Groupe de contrôle onusien estime ainsi que la piraterie somalienne est, pour l'essentiel, l'activité criminelle de certaines milices et familles « sans lien structuré avec les groupes armés de l'opposition, notamment al-Shabaab »[10] ou avec des groupes terroristes comme al-Qaida au Maghreb islamique (Aqmi) ou Boko Haram auxquels elles auraient pu revendre des otages. Pour sa part, la Banque mondiale estime que la coopération entre pirates et insurgés islamistes est le fait d'individus et qu'elle n'a rien d'institutionnalisé[11].

Une rançon, dont le montant moyen se situait entre 2,8 et 3 millions de dollars en 2010-2011, est partagée entre d'une part les investisseurs[12], les

6. « The Economic Cost of Maritime Piracy », *One Earth Future*, cahier de recherche, décembre 2010, http://oceansbeyondpiracy.org/cost-of-piracy/economic

7. Voir http://oceansbeyondpiracy.org/sites/default/files/economic_cost_of_piracy_2011.pdf

8. « The Pirats of Somalia : Ending the Threat, Rebulding the Nation », p. 27.

9. Voir www.diw.de/documents/vortragsdokumente/220/diw_01.c.366661.de/v_2010_percy_pirates_oxford_dp1033.pdf (p. 44).

10. Voir le Rapport du Groupe de contrôle sur la Somalie établi en application de la résolution 1853 (2008) du Conseil de sécurité, www.poa-iss.org/CASAUpload/ELibrary/S-2010-91-Fr.pdf. Les miliciens islamistes percevraient cependant une dîme.

11. « The Pirats of Somalia. Ending the Threat, Rebuilding a Nation », rapport de la Banque mondiale d'avril 2013, p. 6.

12. La Banque mondiale estime que la mise de départ tourne autour de 80 000 dollars dont 55 000 pour un skiff équipé de deux moteurs. Voir « The Pirats of Somalia. Ending the Threat, Rebuilding a Nation », p. 113. À ce « *start-up capital* » s'ajoute un « *working capital* » (frais de fonctionnement après une capture) d'un montant de 65 000 dollars. Voir p. 115.

négociateurs de la rançon, les anciens des villages et ceux qui contribuent à la logistique terrestre (70 % à 80 % des sommes leur reviendraient), et d'autre part les hommes qui ont capturé le navire (le premier pirate à bord d'un navire attaque toucherait une prime qui peut atteindre 45 000 dollars !). Les revenus annuels de chacun de ces derniers s'élèveraient au minimum à plus de 30 000 dollars, selon les estimations de la firme de consultants *Geopolicity*. Une jolie somme, dans un pays où un homme ne peut espérer gagner, en une vie, que 14 500 dollars. Selon le rapport de mai 2011 de *Geopolicity* « The Economics of Piratery. Pirats Ransoms and Livehoods off the Coast of Somalia »[13], les pirates somaliens pourraient même gagner jusqu'à 78 000 dollars annuellement[14].

Entre les entrepreneurs (investisseurs et négociateurs principalement) et les équipages des *skiffs* et autres bateaux-mères, évolue un « deuxième échelon » : « cuisiniers, estafettes, pêcheurs qui louent leurs barques, guetteurs, chauffeurs, gardiens, petits commerçants, miliciens (qui) perçoivent quelques centaines de dollars au prorata de leur travail »[15]. Jean-Alexis Tanchou, directeur de la société Opéra, en charge de sa division Défense et Sécurité où il suit les questions de sûreté et défense maritime, parle pour sa part de « centaines de sous-traitants ». Il a profité d'embarquements sur des navires de la Marine nationale dans le détroit de Bab el-Mandeb, le golfe d'Aden et la mer d'Arabie, pour étudier la piraterie qu'il considère n'être qu'un « épiphénomène somalien »[16] à côté des trafics de khat (drogue et monnaie à la fois) et d'êtres humains, ou de l'industrie de la téléphonie mobile (il existe une dizaine d'opérateurs en Somalie).

Parmi les sous-traitants, Jean-Alexis Tanchou cite les gardiens, les restaurateurs (il faut bien nourrir les otages et ceux qui les surveillent), les interprètes (dont le travail serait rémunéré 25 000 dollars[17]), les prostituées, les armuriers qui prêtent des AK-47 (et touchent 5 000 dollars en cas de prise), les commerçants qui fournissent du matériel (carburant, vivres), tous les intermédiaires (dont les anciens qui toucheraient 15 000 dollars par prise[18]), les négociateurs, les agents immobiliers, les employés des *hawala*, ces banquiers virtuels qui se sont spécialisés dans les transferts de liquidités contre une commission de 6 % à 10 %, les opérateurs de téléphonie mobile sans lesquels trafics, transferts et négociations

13. Voir www.geopolicity.com/upload/content/pub_1305229189_regular.pdf

14. « The Economics of Piratery. Pirats Ransoms and Livehoods off the Coast of Somalia », p. 10-12.

15. Patrick Forestier, *Pirates et commandos. Les secrets des opérations spéciales*, Le Rocher, 2010, p. 141.

16. Entretien avec Philippe Chapleau, 14 janvier 2013.

17. Selon le *Somalia Report* du 10 août 2011. Voir www.somaliareport.com/index.php/post/1706/Somali_Pirate_Rules_and_Regulations

18. *Ibid.*

seraient impossibles. Ajoutons à cette liste les hommes politiques et les fonctionnaires somaliens qui reçoivent des dessous-de-table généreux et imposent des droits payants (comme le droit d'ancrage pour les navires capturés).

Les investisseurs, ceux qui financent l'achat ou la construction d'un *skiff* et recrutent des marins et les équipent, toucheraient au final entre 15 % et 25 % de la rançon. Mais Hayle Mohamed, l'un de ces entrepreneurs, aurait touché un million de dollars sur les 3,2 millions versés pour la libération du *MV Faina*[19], ce navire capturé le 25 septembre 2008 alors qu'il allait livrer des chars T-72 au Kenya et libéré le 4 février 2009.

Si les pirates mènent généralement la grande vie, s'offrant des 4×4 rutilants, de la drogue, de l'alcool, des prostituées, des bijoux, des téléphones satellitaires, divorçant et se remariant avec de très jeunes femmes… (« L'argent part très vite » résumait un pirate interviewé par *Somalia Report*[20]), en revanche, certains investisseurs… investiraient, au Puntland et au Somaliland d'abord, à l'étranger : Kenya, Djibouti, parfois… Mais le volume de leurs investissements n'a, toutefois, rien à voir avec ceux de la diaspora somalienne (au moins un million de personnes), comme l'affirmait, en 2011, un rapport de l'ONU : « Cash and Compassion : The Role of the Somali Diaspora in Relief, Development and Peace-building Report of a Study Commissioned by UNDP Somalia »[21]. La diaspora enverrait au pays, chaque année, entre 1,3 et 2 milliards de dollars, dont 10 % pour des actions humanitaires ou de développement[22]. Beaucoup plus que ce que rapportent les rançons.

## Section 2. Du côté des prestataires de service de sécurité

Peut-on parler de « bonnes affaires » puisqu'il reste malaisé de chiffrer les revenus qu'enregistrent, grâce à la piraterie, les industriels de la sécurité ? Les équipementiers et fournisseurs d'agents de protection embarqués, tout en restant discrets sur le coût des équipements et des prestations, proposent un véritable arsenal de moyens défensifs.

19. Selon *Somalia Report* du 3 juin 2011. Voir http://www.somaliareport.com/index.php/post/884/How_Pirates_Spend_Their__Ransom_Money

20. *Ibid.*

21. Voir http://www.hiiraan.com/2011/May/Cash-and-Compassion-Draft-for-comments.pdf

22. Sur ces transferts de fonds, on lira l'article d'Abdulkadir Osman Farah « Diaspora involvement in the development of Somalia ». Voir http://shuraako.org/sites/shuraako.org/files/diaspora_involvement_in_the_development_of_somalia_diiper.pdf

# I. La panoplie anti-piraterie

Les catalogues des équipementiers qui ont adapté leurs offres à la menace pirate, offrent désormais des matériels censés repérer, dissuader, repousser les pirates, ou tout simplement assurer la sécurité des équipages (par exemple, en installant des bunkers sécurisés où l'équipage peut se réfugier en attendant l'intervention des secours).

De nombreux capitaines ont accepté de ceindre leur navire de fil de fer barbelé. Le « *razor wire* » (fil barbelé à lames) est le plus utilisé. Si le prix d'achat reste abordable (une centaine de dollars pour 70 m), la pose est plus onéreuse. Pour mettre en place un double réseau le long de la coque ou du bastingage d'un pétrolier ou d'un vraquier, les devis vont de 15 000 à 30 000 dollars (c'est le prix des « *anti boarding devices* » rétractables de la société sud-africaine Vessel Protection Systems[23]). Ces réseaux ne sont pas du meilleur effet esthétique et ils peuvent s'écraser sous le poids des échelles d'assaut utilisées par les pirates.

La société suédoise Unifire AB, spécialiste de la lutte contre l'incendie, a adapté un de ses produits phares. Elle propose des canons à eau dont huit exemplaires peuvent être disposés sur un navire de façon à couvrir tous les angles d'attaque des pirates ; ces canons qui peuvent être téléopérés (l'avantage est évident) « tirent » 5 000 litres d'eau à la minute, avec une puissance de 10 bars et une portée de 85 m. D'autres entreprises proposent des systèmes équivalents ; les prix s'échelonnent de 120 000 à 150 000 dollars.

Les systèmes acoustiques de type LRAD (*Long Range Acoustic Device*) produits en particulier par LRAD Corporation[24], émettent des sons agressifs et perçants d'une puissance de 150 décibels. Des forces de police les utilisent pour le contrôle des foules et le maintien de l'ordre. Pourquoi ne pas les ajouter à la panoplie anti-piraterie ? D'un prix de 15 000 à 30 000 dollars, ces armes non-létales se sont avérées, en pleine mer, d'une efficacité relative. Ainsi, en 2008, une société britannique, Anti-Piracy Maritime Security Solutions (APMSS), proposait ce type de matériel et une équipe d'opérateurs pour la somme de 21 000 dollars pour trois jours. Le 28 novembre 2008, le LRAD et l'équipe d'APMSS n'ont pas réussi à repousser des pirates qui allaient s'emparer du chimiquier *MV Biscaglia* ; les servants se sont même jetés à l'eau pour leur échapper. La société ne s'en est pas remise.

Pour identifier les menaces à très longue distance et permettre au capitaine d'un navire d'adopter une posture adaptée, des systèmes de détection ont été mis au point. Ainsi, le groupe V-Ships, en partenariat avec Scrome,

---

23. Voir http://vpsystems.co.za/index.html

24. Voir http://www.lradx.com/site/. En janvier 2013, la LRAD Corp. a annoncé une vente d'une valeur de 1,4 million de dollars à un armateur asiatique qui voulait faire équiper ses navires de LRAD RX qui comportent un système éblouissant d'une portée de 200 m.

a lancé, en 2008, la commercialisation du *SeaOwl*[25]. Ce système, développé pour les navires de commerce, combine la veille radar avec la détection optique *via* une caméra infrarouge panoramique. Un premier système a été vendu en 2012 ; il équipera le FLNG *Prelude* de Shell, une usine offshore employant 300 personnes qui exploitera à partir de 2016 du gaz naturel liquéfié au large des côtes australiennes. La société française Diadès Marine propose, quant à elle, un système dont le prix équivaut « au coût d'une EPE sur un transit standard », selon l'un de ses dirigeants. Comment discriminer une menace en mer ? Comment savoir si un boutre a des intentions hostiles, s'il est simplement en pêche ou en transit ? Comment se préparer à l'éventualité d'une apparition soudaine, en visuel, d'un skiff pirate ? « Les radars de navigation sur les bateaux marchands ont du mal à repérer les petites embarcations ou à les différencier du "bruit" ambiant. Nos équipements, qui s'adaptent à la plupart des types de radar existants, permettent de repérer et d'identifier des objets jusqu'à 8 ou 10 nautiques », explique Olivier Lacrouts dont le système comporte un radar (le *M-Plot*) pour la détection, un logiciel qui assure le suivi et analyse le comportement des objets détectés (le *Sea Light*) et un programme qui permet le partage des informations avec le reste de la communauté maritime (le *C-AIS*).

Toujours dans le domaine de la détection, signalons les drones spécialisés dans la surveillance maritime. Que ce soit le *Camcopter S-100* de la société autrichienne Schiebel ou le *Protector* de la firme israélienne Rafael, ces drones sont présentés comme des systèmes destinés, entre autres, à la lutte anti-piraterie.

Mais, comme l'affirmait un expert en sécurité maritime dans un article de janvier 2013 paru dans la revue *The Motorship*, « après bien des recherches, nous avons établi que l'arme de dissuasion la plus efficace reste un tir de semonce »[26] effectué par un agent de sécurité armé. C'est donc vers les EPE que se tourne le plus grand nombre d'armateurs et d'affréteurs.

## II. Chères EPE

En ce qui concerne les chiffres d'affaires des fournisseurs d'agents de sécurité, les chiffres diffèrent car basés sur des moyennes divergentes (coût moyen d'une EPE, nombre de navires qui les embarquent, etc.). Selon la Maritime Security Association, il faudrait compter en moyenne 50 000 dollars par transit. Puisqu'un quart des navires embarquerait une équipe de protection (soit plus de 10 000 transits par an), ce sont donc quelque 500 millions de dollars que les entreprises de sécurité et les fournisseurs d'équipements

---

25. Voir http://ogi.v-navy.fr

26. Voir http://www.motorship.com/news101/ships-equipment/theres-no-turning-a-cargo-ship-into-a-battle-ship

factureraient annuellement aux armateurs et affréteurs. D'autres sources font état de prestations tarifées, en moyenne, 3 000 dollars par jour pour une EPE de quatre hommes. C'est le prix retenu par les auteurs du rapport « The Welfare Cost of Lawlessness : Evidence from Somali Piracy[27] » qui concluent que le coût de la sécurité au large de la Somalie se situait, « en 2010, entre 302 et 486 millions de dollars ». Les auteurs en profitent pour déclarer que « laisser la protection aux mains des privés est inefficace » puisque « repousser une attaque de pirates détourne la menace vers d'autres navires et ne réduit pas le nombre d'attaques ».

Malheureusement, trop souvent, ces données ne prennent pas en compte l'intrusion de sociétés « *low cost* » asiatiques dont l'avènement a été étudié au chapitre 5. Ces entreprises sont loin d'offrir à leurs employés les sommes offertes dans les années 2010 aux agents de sécurité occidentaux ; les offres d'emploi annonçaient alors des salaires annuels allant de 60 000 dollars à 90 000 dollars (entre 5 000 et 7 500 dollars par mois), auxquels s'ajoutaient des primes d'embarquement (autour de 250 dollars par jour) et un *per diem* (une centaine de dollars). Or, début 2013, des sociétés asiatiques offraient des salaires de moins de mille dollars par mois. En février 2013, la société indienne Ocean Marines Security Consultant, a ainsi proposé à une entreprise française d'ex-soldats indiens ; ces « *Sea marshals* » devaient être payés 1 000 dollars par mois, Ocean Marines Security Consultants ne demandant pour sa part que 200 dollars pour jouer les intermédiaires. Soit 4 800 dollars par mois pour une équipe de quatre hommes ! « Dumping social », concluait le chef de l'entreprise française contactée.

Si les tarifs et les revenus sont « en chute libre », comme le constatait en mars 2013 un autre acteur français de la sûreté maritime, le nombre d'embarquements semble stable. La faute, selon Jean-Alexis Tanchou à « une peur standardisée ». Le chercheur et chef d'entreprise estime qu'en recourant aux EPE du privé « on crée une dépendance »[28] qui contribue au renforcement d'un « modèle éco-toxique » basé sur une exacerbation de la menace pirate. « Beaucoup d'attaques ne sont pas avérées ; les équipages et les EPE confondent les modes opératoires des pirates et des pêcheurs qui utilisent les mêmes bateaux. Il y a même des fausses remontées d'attaques ». Effectivement, plusieurs cas laissent perplexes. Ainsi celui du *Maersk Texas* soi-disant attaqué par une vingtaine de *skiffs* dans le détroit d'Ormuz, le 23 mai 2012 : EU Navfor a estimé que ce n'était pas un cas d'attaque par des pirates et donc une « fausse alerte ». S'il y a eu méprise, c'est parce que le capitaine et les membres de l'équipe de protection ont mal identifié les embarcations considérées comme hostiles et les manœuvres de leurs

27. « The Welfare Cost of Lawlessness : Evidence from Somali Piracy », *op. cit.*, p. 25.

28. Entretien avec Philippe Chapleau, le 14 janvier 2013.

occupants[29]. Ce cas ne semble pas isolé et une telle méprise peut conduire à des actions défensives qui se soldent par des pertes inutiles en vies humaines[30] ; d'où la diffusion par l'Otan d'un guide d'identification des embarcations utilisées dans l'océan Indien : *skiffs, dhows, whalers,* etc., le « The Dhow project Identification guide for Dhows, Skiffs and Whalers in the High Risk Area » et d'où la diffusion des différents codes de conduites précédemment cités.

Simple méprise, ignorance des réalités navales dans ces zones ou volonté de légitimer l'action défensive et donc la nécessité d'embarquer des EPE ? Difficile de trancher ; mais il est clair qu'en démontrant la permanence de la menace, les fournisseurs d'équipements et de services de sécurité servent aussi leurs intérêts. Faut-il, comme le font les plus acharnés des adversaires des SMP et autres ESSD, dénoncer des manœuvres abusives, visant à faire perdurer l'insécurité ? Assurément non. Mais il ne faut pas sombrer dans la candeur pour autant : face à une menace se développent toujours une politique puis une industrie de la protection. L'insécurité est un gisement de revenus.

## III. Du côté des assureurs

Les assureurs et courtiers, pragmatiques, ont rapidement pris conscience de l'intérêt de ce gisement des revenus.

Les acteurs de ce secteur n'ont pas fait de mauvaises affaires pour cause de piraterie, même s'ils ont dû payer quelques rançons et la remise en état des navires capturés ou attaqués[31]. Comme le rappellent, non sans malice, les rédacteurs de l'étude « The Economics of Piracy. Pirats Ransoms and Livehoods off the Coast of Somalia » : « Il n'y a pas de scénario du pire pour les compagnies d'assurance puisqu'elles répercutent simplement leurs pertes sur le montant des primes »[32]. Un avis partagé par les chercheurs qui ont travaillé sur « The Welfare Cost of Lawlessness : Evidence from Somali Piracy » ; selon eux : « Il y a de bonnes raisons de penser que la part la plus importante des coûts reviendra aux assureurs qui se tourneront vers les armateurs et augmenteront les montants de leurs primes d'assurance »[33].

---

29. Dans ce cas, et si l'on considère l'endroit où a eu lieu l'incident, il pouvait s'agir de trafiquants dont les embarcations rapides évoluent en essaims.

30. C'était le cas lorsque deux militaires italiens, embarqués sur le *MV Enrica Lexie*, ont ouvert le feu sur de pêcheurs indiens en février 2012, tuant deux d'entre eux. Voir les différents billets sur le blog Lignes de défense. Voir aussi au chapitre IV.

31. La Banque mondiale occulte totalement le rôle des assurances dans son rapport « The Pirats of Somalia. Ending the Threat, Rebuilding a Nation ».

32. « The Economics of Piracy. Pirats Ransoms and Livehoods off the Coast of Somalia », *op. cit.*, p. 6.

33. « The Welfare Cost of Lawlessness : Evidence from Somali Piracy », *op. cit.*, p. 6.

« Les compagnies d'assurances réalisent des bénéfices considérables [...] Il n'est donc pas dans leur intérêt de voir la piraterie reculer », concluaient, pour leur part, les chercheurs du *Deutsche Institut für Wirtschaftsforschung*, l'Institut allemand pour la recherche économique, dans l'étude « The Business of Piracy in Somalia », publiée en juillet 2010[34].

Comment les assureurs font-ils de bonnes affaires alors que le montant des rançons s'est envolé et qu'ils ont dû rembourser des frais d'immobilisation et de réparation plus élevés que le montant des rançons ? En proposant des contrats spécialement adaptés aux risques d'abord. Le courtier américain Marsh propose depuis 2012 un produit couvrant les entreprises mettant en place des équipes de protection embarquée (EPE) sur des navires marchands situés dans des zones à risques. Une assurance K & R (*Kidnap and Ransom Insurance*) s'ajoute aussi aux couvertures « ordinaires » corps (navire) et facultés (marchandises) et à la couverture « risques de guerre ». « Jusqu'à l'été 2008, les armateurs opérant en haute mer se contentaient d'assurer le navire, la cargaison et l'équipage. Pionnier de la couverture des risques de guerre couvrant la piraterie, la Lloyd's s'est adaptée à la multiplication des incidents en proposant un nouveau produit : l'assurance "anti-pirates de la mer". La police type offre le remboursement de la rançon, le paiement des frais légaux ou l'acheminement de l'argent aux ravisseurs. Par ailleurs, les armateurs peuvent se protéger contre le manque à gagner dû à l'immobilisation de leur navire », expliquait ainsi Marc Roche, le correspondant du *Monde* en 2009[35].

Cette année-là, en outre, les primes d'assurance (fixées au cas par cas, trajet par trajet, en fonction de la menace dans la zone empruntée et du type de bateau) avaient été multipliées par dix. Il fallait alors compter, pour un transit dans l'océan Indien, de 20 000 à 25 000 euros. Ces surprimes étaient de l'ordre de 0,125 % à 0,2 % de la valeur du navire pour chaque passage dans une zone classée en « risque de guerre » par les assureurs spécialisés.

Primes, surprimes et assurances « anti-pirates » : toutes ces dépenses retombent d'abord sur l'armateur puis sur ses clients et, *in fine*, sur les consommateurs. Maersk, première compagnie maritime au monde, en décembre 2008 puis en juin 2009, avait ainsi décidé d'augmenter sa « surcharge piraterie » (*Emergency Risk Surcharge* ou ERS) qui passait de 100/400 dollars par container de 40 pieds (selon la valeur du fret) à 200/500 dollars ; la société, dont les navires effectuent annuellement quelque 2 000 transits dans l'océan Indien, estimait que la piraterie lui

---

34. Voir http://www.diw.de/documents/vortragsdokumente/220/diw_01.c.366661.de/v_2010_percy_pirates_oxford_dp1033.pdf (p. 44).

35. Marc Roche, « La piraterie fait exploser les primes d'assurances », *Le Monde*, 16 avril 2009.

coûtait une centaine de millions de dollars par an jusqu'en 2010 et même deux cents millions à partir de 2011. CMA-CGM avait adopté des hausses comparables en janvier puis en décembre 2009. COSCO Shipping avait imposé une hausse de 3,50 dollars par tonne en avril 2011, suivi par United Arab Shipping Company qui avait fait passer son ERS de 40 à 89 dollars par EVP (équivalent vingt pieds).

## IV. Les marines nationales

Certes, les forces navales nationales ne se situent pas dans un environnement marchand et l'on voit mal quel intérêt financier elles auraient à traquer les pirates ; au contraire, cette mission contribue au stress budgétaire chronique qui afflige la plupart des forces, en particulier européennes, qui y participent[36].

Toutefois, leur déploiement au large des côtes yéménites, somaliennes ou asiatiques dépasse le cadre de la simple sécurisation maritime. La lutte contre la piraterie constitue aussi un vecteur commercial pour les équipementiers dont les carnets de commande ne sont guère remplis et qui doivent faire face à la diminution des budgets militaires occidentaux.

Les marines nationales ont vu leur intérêt à faire de la lutte anti-piraterie une nouvelle mission de service public, salvatrice, humanitaire et on ne peut plus légitime. Il ne s'agit pas seulement d'un affichage, d'une sorte de campagne promotionnelle pour vanter les mérites des navires et des équipages militaires. Faire de la piraterie une mission de première importance, c'est lui consacrer des moyens matériels et humains, mobiliser des navires, avions et équipages. D'où l'inscription de cette action dans la liste des fonctions dites stratégiques, comme les fonctions « prévention » et « protection ».

Ainsi, en France, l'action de la Marine nationale en matière de lutte anti-piraterie couvre quatre volets : dissuasion, prévention, protection et intervention[37]. Propulser la piraterie au rang des menaces majeures, c'est donc disposer d'un nouvel argument fort lorsqu'il faut défendre un budget ou convaincre de la nécessité de commander des patrouilleurs, des hélicoptères d'intervention et des avions de patrouille maritime.

Dans le cas français, la réduction du format de la Marine nationale pénalise globalement le déroulement des missions. Dans un rapport de novembre 2012, le Sénat constatait une diminution continue des jours de

---

36. L'opération « Atalante », par exemple, à laquelle prennent part, sous diverses contributions, entre 9 et 13 marines, coûte 300 millions d'euros par an (dont 15 millions de coûts communautaires).

37. Voir http://www.defense.gouv.fr/operations/piraterie/dossier/l-action-de-la-france-dans-la-lutte-contre-la-piraterie

mer depuis 2010, puisqu'ils sont passés de 91 en 2010 à 92 en 2011, 90 en 2012 et seulement à 88 jours en prévision pour 2013[38]. « Le vieillissement de la flotte conduira dans les prochaines années à des impasses capacitaires majeures notamment dans le domaine des frégates, des patrouilleurs, de la guerre des mines » concluait ce même rapport sénatorial qui pointait une diminution globale des capacités de la Marine nationale de l'ordre de 30 % depuis 2000. Illustration de cette diminution : il a fallu, par manque de navires disponibles, louer deux *supply* (dont l'un équipé d'une zone de poser d'hélicoptères) à V-Navy pour permettre aux commandos de marine et aux pilotes d'hélicoptères de l'aéronavale de pouvoir s'entraîner. On se souviendra des mots de l'amiral Rogel, le chef d'état-major de la marine, devant les députés le 12 octobre 2011 : « Le format de notre marine est aujourd'hui juste suffisant pour répondre aux ambitions de défense et de sécurité de notre pays ». Lors du salon Euronaval 2012, Jean-Yves Le Drian, ministre de la Défense, reconnaissait pour sa part que « la protection de la liberté des mers doit être l'une des finalités de nos stratégies de défense. Mais la mer, c'est aussi un espace à exploiter, singulièrement du point de vue stratégique, notamment pour y déployer nos capacités militaires. » D'où le besoin de « plateformes » pour remplir cette fonction et toutes ses facettes. En temps de crise budgétaire, il y a donc intérêt à une démonstration imparable de la nécessité de la sanctuarisation de moyens navals conséquents. D'où l'accent mis sur les menaces, dont la piraterie au fort impact médiatique.

Cet appel au maintien des capacités, avec des dotations suffisantes en navires, équipages et aéronefs, profite aussi aux équipementiers qui ne sont pas en reste pour « surfer » sur le thème de la lutte contre la piraterie et de la maritimisation. La piraterie est devenue un argument commercial.

L'offre en patrouilleurs hauturiers ou *Offshore Patrol Vessel* (OPV) témoigne de ce positionnement dans un créneau jugé prometteur. Les constructeurs européens en particulier ont vu l'intérêt d'ajouter la lutte contre les pirates à la liste des missions remplies par leurs OPV, que ce soit les Allemands Fassmer ou Blohm und Voss, le Britannique BAE Systems, l'Espagnol Navantia, le Hollandais Damen Schelde. Tous proposent des navires rapides, adaptables à la lutte contre la piraterie, capables d'accueillir un hélicoptère et une équipe de commandos.

Les constructeurs français ne sont pas en reste. V-Navy, filiale de V-Ships, « a conçu et propose également des navires ad hoc pour prévenir et repousser la menace. Ces navires de patrouille offshore (OPV) ont vocation à être polyvalents. Au-delà leur mission de lutte contre la piraterie, ils peuvent être utilisés dans le cadre de politiques de sauvegarde de la

38. Voir http://www.senat.fr/rap/a12-150-6/a12-150-613.html

ressource halieutique, de contrôle de l'immigration clandestine ou tout simplement comme navire de soutien pour les installations offshore. »[39]

DCNS a développé toute une gamme d'OPV et de corvettes de type *Gowind*, à vocation littorale ou hauturière, de 85 à 100 m de long[40]. Le constructeur a mis en chantier, sur fonds propres, un OPV de démonstration ; la principale mission de *L'Adroit*, loué à la Marine nationale depuis la fin de l'année 2011 et pour trois ans, est la lutte contre la piraterie[41]. D'où les nombreuses tournées promotionnelles de cet OPV, autour de l'Afrique en particulier, pour y démontrer ses capacités.

La demande pour ce type de navires polyvalents se chiffre en dizaines d'unités. Parmi les acheteurs prévisibles : le Brésil, le Japon, l'Afrique du Sud, le Nigeria…

## V. Un prétexte pour militariser

Déployer des forces navales pour permettre la libre navigation des navires civils ne relève pas uniquement de la solidarité des gens de mer et d'un altruisme désintéressé. L'espace marin est redevenu un espace disputé, une aire d'intérêts où la lutte contre la piraterie constitue un prétexte légitime pour implanter des forces.

L'émergence récente du thème de la maritimisation en France est un bon exemple de cette (re)prise de conscience de l'importance cruciale de l'espace marin. Géopoliticiens, diplomates, militaires et chefs d'entreprise se sont emparés du sujet. La multiplication des colloques, tables rondes et ateliers en 2012 le démontre. On se souviendra que cette maritimisation constituait l'un des thèmes majeurs des Universités d'été de la Défense de Brest, en septembre 2012[42]. On se souviendra aussi que DCNS en a fait quasiment un slogan commercial. « Le XXe siècle sera maritime », affirmait le rapport d'activité et de responsabilité sociale 2011 de l'entreprise. Effectivement, les enjeux ne sont pas négligeables pour la France qui se classe en deuxième position du top 10 des zones économiques exclusives (ZEE) et en 8e position du « top 10 des mers territoriales », qui disposait en 2011 de la 6e flotte militaire mondiale… Mais la concurrence, pour le contrôle des richesses marines et sous-marines, est rude. Voire impitoyable. « Certains [pays] pratiquent des stratégies d'intimidation – voire de déni

39. Voir http://www.piraterie-maritime.com/5.cfm?p=141-securite-surete-seaowl-navy-aden-nigeria-piraterie-maritime-opv

40. Voir http://fr.dcnsgroup.com/naval/produits/opv-gowind-l-adroit/. Parmi leurs missions : surveillance de zone, lutte contre la piraterie et le terrorisme, police des pêches, lutte contre les trafics de drogue, préservation de l'environnement, aide humanitaire, recherche et sauvetage en mer, sécurité maritime…

41. Voir http://fr.dcnsgroup.com/2011/09/02/lutte-anti-piraterie-capturer-et-rendre-justice/

42. Voir http://www.universite-defense.org/fr/2012/la-marine-et-les-enjeux-strategiques

d'accès – afin de se tailler la part du lion dans la répartition de richesses dont la propriété est encore incertaine », constatait fort justement le PDG du groupe DCNS Patrick Boissier, en septembre 2012.

L'océan Indien, les détroits d'Asie du Sud-Est et le golfe de Guinée n'échappent pas à cette tendance et l'on assiste à une militarisation croissante.

### A. Cap à l'est pour les Américains

Les États-Unis ont pris conscience des enjeux et renforcent depuis le début des années 2000 leur présence dans les eaux sensibles au large de l'Afrique.

À l'ouest, les militaires américains, prétextant d'éventuels liens financiers entre les groupes terroristes comme Boko Haram et les pirates du golfe de Guinée, auscultent la zone où les menaces se diversifient et s'intensifient : piraterie et brigandage maritimes bien sûr, mais aussi terrorisme et trafics en tous genres… « Si la menace actuelle en Afrique n'est pas prise en compte, elle va s'accroître et constituer un péril imminent mettant en danger les intérêts américains ; elle pourrait même nous menacer ailleurs », a averti le général Carter Ham, alors commandant de l'Africom, devant le Congrès en mars 2013. Bien que les coupes budgétaires aient réduit les activités militaires américaines à partir de janvier 2013 et qu'officiellement les forces amércaines ne veulent pas d'une « empreinte terrestre permanente » dans la zone, le Pentagone n'en poursuit pas moins ses efforts de formation et de coopération de la Mauritanie au Gabon, soit dans le cadre des programmes ACOTA (*Africa Contingency Operations Training and Assistance*), soit dans le cadre de *l'Africa Partnership Station.* Pour les seules premières semaines de l'année 2013, des militaires américains (forces spéciales, *Navy Seabees, US Marine Corps Africa*[43]) ont pris part aux exercices *Silent Warrior, Central Accord, Saharan Express* et *Obangame.* Par ailleurs, des mentors de la première *Regionally Aligned Brigade* dédiée à l'Afrique (la 2e brigade de la 1re division d'infanterie[44]) ont commencé à se déployer sur le continent. Le recours à des sociétés militaires privées (par exemple PAE, Dyncorp, AECOM et PSI dans le cadre du programme AFRICAP du Département d'État), pour des missions de formation, soutien et renseignement, est également à signaler, tout comme la décision, annoncée en février 2013, de baser des drones au Niger.

À l'est de l'Afrique, Washington maintient sa 5e flotte (mais la zone entre le Cap de Bonne-Espérance et la Tanzanie dépend de la 6e flotte, celle de l'Atlantique). Trois *Combined Task Forces* sous commandement

---

43. Voir http://www.marforaf.marines.mil/Portals/102/Docs/MFA%20StratComm%20Trifold(2).pdf

44. Voir http://lignesdedefense.blogs.ouest-france.fr/archive/2012/07/01/regionally-aligned-brigades-d-afrique-la-1ere-division-d-in.html

américain y opèrent : les TF-150 (antiterrorisme), TF-151 (anti-piraterie) et TF-152 (sécurité du golfe arabo-persique)[45] et leur commandement est installé à Bahreïn, avec celui de la 5e flotte. Le Pentagone dispose de deux bases permanentes dans l'océan Indien, l'une à Diego Garcia et l'autre à Djibouti (avec une « annexe » au Kenya, le camp Simba à Manda Bay). Les installations militaires américaines de Djibouti sont en accroissement constant. En 2012, l'US Navy a dévoilé ses plans pour le site. Le coût des aménagements envisagés est estimé à 1,32 milliard de dollars ; ils permettront d'accueillir, en temps normal, 43 aéronefs, 2 100 hommes et 300 autres soldats d'une *Task Force* (TF), et en période de « *surge* » 12 aéronefs de plus, 1 500 hommes et une TF supplémentaire de 800 combattants. Une fois de plus, la rhétorique américaine fait état de menaces multidimensionnelles, parmi lesquelles la piraterie, le terrorisme, les risques sur la sécurité des approvisionnements et le déploiement de forces navales étrangères.

### B. Des flottilles multiples

L'intensification des attaques des pirates et l'extension de leur zone de maraude a, effectivement, constitué un bon prétexte au déploiement de flottilles dans l'océan Indien.

Les Russes, depuis avril 2009, maintiennent au moins deux destroyers dans l'océan Indien. Ils contribuent aussi à la formation des marines locales ; en février 2013, le port tanzanien de Dar es-Salaam a ainsi accueilli (c'était une première depuis la chute de l'URSS) le destroyer *Marshal-Shaposhnikov* dont les marins ont entraîné leurs camarades tanzaniens. L'Inde aussi, depuis 2008, s'est engagée dans des opérations de lutte contre la piraterie pour protéger ses approvisionnements en provenance du Golfe et ses voies de communication vers l'Europe. Mais le déploiement naval indien constitue également une occasion d'étendre le champ de ses opérations navales au détriment du Pakistan[46] et sur fond de présence croissante de la Chine dans l'océan Indien. Cette Chine qui est passée d'une stratégie « côtière » (les eaux jaunes ou *jinhai jiji fangyu*) à une posture hauturière (les eaux bleues ou *yuanhai zuozhan*), voire très hauturière puisque les navires chinois s'aventurent désormais jusque dans la Méditerranée et dans l'Atlantique.

45. Voir http://combinedmaritimeforces.com/about/

46. La marine pakistanaise tente de se faire une place dans l'océan Indien. Elle a par exemple coordonné, en mars 2013, l'exercice Aman-13 auquel ont pris part des forces de 30 pays. Le Pakistan a aussi réceptionné en avril 2013 la dernière des quatre frégates de type F22-P achetées à la Chine.

### C. La Chine s'installe en haute mer

Effectivement, ce sont surtout les chinois qui ont profité de la piraterie pour s'implanter durablement dans l'océan Indien, à 4 400 nautiques de leurs bases ! Leurs incursions, selon *China Military Online*, « ont ouvert une fenêtre qui permet à plusieurs pays d'observer la Chine et de comprendre son armée »[47] ! Il faudrait plutôt dire que ces incursions ont, avant tout et surtout, ouvert une porte à la marine chinoise.

La PLAN (*People's Liberation Army Navy*) déploie des navires anti-pirates depuis décembre 2008[48]. En décembre 2012, elle n'a pas manqué de célébrer le 4e anniversaire de ce type d'opérations labellisées, depuis le *Livre blanc* chinois sur la défense publié le 20 janvier 2009[49], « MOOTW » (*Military Operations Other Than War*)[50]. L'état-major de la marine chinoise en a profité pour faire un bilan : 5 046 navires escortés et une cinquantaine de bâtiments secourus au cours des treize premières campagnes qui avaient mobilisé 34 navires de guerre, 28 hélicoptères et quelque 10 000 marins et fusiliers-marins[51]. En février 2013, la 14e flottille de lutte anti-piraterie (les Chinois utilisent le terme *zhidui* pour parler de ces flottilles) a quitté le port de Qingdao, dans la province de Shandong. Comme les treize missions précédentes, elle était composée de trois navires : le destroyer lance-missiles *Harbin*, la frégate *Miangyang* et le navire de ravitaillement *Weishanhu*.

Certes, le *Livre Blanc* chinois sur la défense de 2008 soulignait déjà l'importance de la réponse aux menaces non traditionnelles et Pékin ne cachait pas sa préoccupation croissante concernant la sécurité de son personnel à l'étranger, dont ses marins marchands et ses pêcheurs. « Le déploiement de trois navires effectuant des opérations d'escorte au profit de navires marchands dans le golfe d'Aden et l'évacuation de ressortissants chinois lors de la crise libyenne sont des exemples flagrants de cette nouvelle posture »[52]. Certes encore, le *Livre blanc* d'avril 2013, intitulé « The Diversified Employment of China's Armed Forces », met l'accent sur la

---

47. C'est ce qu'affirme un article du 26 décembre 2012 : « PLA Navy deepens cooperation with naval escort forces of various countries ». Voir http://eng.mod.gov.cn/DefenseNews/2012-12/26/content_4423896.htm

48. Voir le chapitre 4.

49. Voir http://www.china.org.cn/government/central_government/2009-01/20/content_17155577.htm

50. Voir l'article paru dans le *China Military Online* le 27 décembre 2012, http://eng.mod.gov.cn/DefenseNews/2012-12/27/content_4424255.htm

51. Voir http://maritimeindia.org

52. C'est ce qu'affirmait, le 30 septembre 2012, le lieutenant-colonel Jérôme Lacroix-Leclair dans « Stratégie maritime chinoise : quelle dynamique ? ». Voir http://www.diploweb.com/Strategie-maritime-chinoise-quelle.html

nécessité de protéger les voies maritimes de communication et se félicite des résultats obtenus en matière de lutte anti-piraterie[53].

Mais les gains (et les intérêts) chinois, qu'éclipsent les enjeux territoriaux en mer de Chine, sont extrêmement plus importants que la seule satisfaction d'avoir protégé des navires marchands, évacué ses ressortissants, combattu des pirates et montré que la Chine avait aussi l'ambition de protéger son commerce dont 90 % est de nature maritime et 80 % transite par des zones à risques.

Dès décembre 2008, les Chinois ne cachaient pas leurs ambitions. Cité dans une dépêche Reuters du 26 décembre, le major-général Jin Yinan de la China's National Defence University, reconnaissait que « pour un militaire, participer à cette mission, ce n'est pas seulement acquérir de l'expérience en matière de lutte contre la piraterie. C'est avant tout se former à des missions sur des mers lointaines ».

Premier gain : la marine de l'Armée populaire de libération a pu tester ses navires les plus récents lors de déploiements inédits et lointains, d'une durée de quatre mois minimum. Les flottilles étaient constituées de ravitailleurs d'escadre récents comme le *Weishanhu* (23 000 tonnes) mis en service en 2005, de frégates et de destroyers lance-missiles équipés d'hélicoptères. 34 unités modernes, comme les destroyers *Zhoushan* et *Huangshan* ou la frégate *Hengyang* entre en service en 2008[54], ont été déployées au cours des treize premières campagnes.

Deuxièmement, la PLAN a pu confronter ses tactiques avec celles des marines étrangères présentes dans l'océan Indien et s'impliquer dans les structures multinationales de coordination. Ainsi, des exercices conjoints ont eu lieu avec les forces pakistanaises, australiennes et surtout américaines. Le premier exercice bilatéral entre l'US Navy et la marine chinoise a eu lieu le 17 septembre 2012 ; il a rassemblé le destroyer américain *USS Winston S. Churchill* et la frégate *Yi Yang* et leurs équipes de visite (*Visit, Board, Search and Seizure Teams*)[55]. La Chine s'est aussi associée au processus SHADE (*Shared Awareness and Deconfliction*) lancé en 2008 pour coordonner les efforts de 27 pays et 14 organisations internationales impliquées dans la lutte contre la piraterie ; en 2009, Pékin a même proposé de coprésider (avec les Américains et les Européens) cette structure basée à Bahreïn. Début 2012, la Chine, l'Inde et le Japon (puis la Corée du sud) ont été chargés de la coordination des escortes de navires marchands dans l'IRTC (Internationally Recognized Transit Corridor). En termes de connaissance des modes opéra-

53. Voir en particulier http://eng.mod.gov.cn/Database/WhitePapers/2013-04/16/content_4442756.htm

54. Sur la composition et l'état de la flotte chinoise, on se rapportera à l'édition 2012 de *Flottes de combat* de Bernard Prézelin, éditions Maritimes et d'Outre-Mer.

55. Voir http://www.navy.mil/submit/display.asp?story_id=69643

toires des marines étrangères et de renseignement, cet effort de coopération est tout à l'avantage de la Chine.

Troisièmement, lors de leurs escapades océaniques, les équipages chinois (plus de 10 000 marins, fusiliers-marins et commandos des forces spéciales au total) ont acquis une expérience incontestable en matière de lutte anti-piraterie bien sûr mais aussi d'opérations sans escale et de ravitaillements en mer. Comme l'explique très bien le professeur Andrew Erickson, de l'U.S. Naval War College, dans un article intitulé « Chineses Sea Power in Action : The Counterpiracy Mission in the Gulf of Aden and Beyond », la première campagne a été l'occasion de multiplier les « premières » : première opération conjointe hauturière de navires de combat, de bâtiments de soutien, d'hélicoptères et de forces spéciales ; première navigation sans escale à plus de 4 000 nautiques des bases métropolitaines ; première mission d'escorte navale dans le cadre d'opérations coalisées ; première opération logistique majeure à très longue distance du territoire national ; première action de ravitaillement à la mer par hélicoptère ; première expérience d'assistance médicale par vidéo conférence…[56]

Quatrièmement, la marine a conduit de nombreuses activités de nature diplomatique. Les flottilles chinoises ont effectué des escales dans des ports de Malaisie, Birmanie, du Sri Lanka, d'Inde, du Pakistan. Elles ont également visité des ports africains, comme Djibouti ou Dar es-Salaam en Tanzanie, pays où la marine chinoise a effectué une première brève escale dès 2000 et où la Chine finance la construction d'un port à Bagamoyo. Les navires de la 11e flottille ont même franchi le canal de Suez, en 2012, pour s'aventurer en Méditerranée et, pour la première fois, en mer Noire, visitant des ports ukrainiens, bulgares et roumains, avant de faire escale en Turquie et en Israël. La 12e flottille, alors qu'elle faisait route vers la Chine, a pris la direction de l'Australie. Quant à la 13e flottille, elle a clôturé sa campagne sur une série de visites dans des ports méditerranéens, dont Toulon en avril 2013. « On dirait une roue, avec le moyeu dans le golfe d'Aden et des rayons partant dans toutes les directions », résumait l'analyste indien Kamlesh Agnihotri dans un article de janvier 2013[57].

Cinquièmement, ces opérations navales s'inscrivent dans une stratégie plus large. Comme le rappelle Andrew Erickson, « l'indicateur le plus éclairant des intentions chinoises de développer leurs capacités de projection océanique tient dans la recherche d'accès durable à des bases navales et

---

56. Andrew Erickson, « Chineses Sea Power in Action : The Counterpiracy Mission in the Gulf of Aden and Beyond », in Roy Kamphausen, David Lai, Andrew Scobell (dir.), *The PLA at Home and Abroad : Assessing the Operational Capabilities of China's Military*, p. 317-318, Book Express Publishing, 2010.

57. Kamlesh Agnihotri, « Four Years of Anti-Piracy Mission : Chinese Navy's Showcase Achievement ». Voir http://maritimeindia.org

aéronavales à l'étranger »[58]. Cette stratégie est celle du « collier de perles ». Selon l'analyste Olivier Zajec, « l'expression *String of pearls* est [...] l'un des lieux communs les plus répandus de la géostratégie mondiale, suscitant une exégèse abondante, voire une certaine hystérie dans les États concernés. Un lieu commun qui repose certes sur une réalité majeure, celle de la constitution par Pékin, des ports chinois jusqu'au détroit d'Ormuz et aux côtes orientales de l'Afrique, *via* les rives de l'océan Indien, d'un réseau de bases navales et aériennes destinées à ponctuer et sécuriser les grandes lignes maritimes d'approvisionnement en hydrocarbures de la mère-patrie »[59]. Ces bases, comme Hainan au Pakistan, Woody dans les îles Paracels et Merguei en Birmanie, constituent des points d'appui purement militaires. D'autres, des ports en eau profonde notamment, ont une vocation mixte (marchande et militaire) : c'est le cas des Seychelles et des Maldives, de l'île Maurice, de Dar es-Salaam, de Port-Soudan, de Gwadar au Pakistan[60]...

Toutefois, ces « perles » sont positionnées bien au-delà des grandes lignes d'approvisionnement en pétrole. Les Chinois poursuivent donc une stratégie qui dépasse la seule volonté de sécuriser les routes commerciales et qui témoigne d'un expansionnisme digne de la théorie que l'Américain Alfred Thayer Mahan a exposée dans *The Influence of Sea Power upon History (1660-1783)* : la puissance d'un État (ambitieux) passe par la construction d'un outil militaire apte à lui permettre de tirer parti des richesses du monde.

Comme le confirme l'universitaire chinois Huang Li dans *Sword Pointed at the Gulf of Aden : The Chinese Navy's Bright Far Seas Sword*, la lutte contre la piraterie et la sécurisation des voies d'approvisionnements ont donc bien permis de « concrétiser une entrée pacifique dans l'océan Indien » puisque les Chinois « avaient besoin d'une raison légitime pour ne pas faire l'objet de critiques »[61]. Dans l'océan Indien dans un premier temps et au-delà dans un second temps, puisque la stratégie hauturière chinoise a d'autres ambitions stratégiques. Aux campagnes anti-piraterie s'ajoutent les déplacements d'autres navires : le navire-hôpital *Anwei* (« arche de paix ») a longuement navigué le long des côtes africaines en 2010 puis dans les Caraïbes en 2011, la frégate *Xuzhou*, en 2011 lors de la crise libyenne, a évacué des ressortissants chinois, le navire-école *Zheng He*

---

58. Andrew Erickson, « Chineses Sea Power in Action : The Counterpiracy Mission in the Gulf of Aden and Beyond », *op. cit.*, p. 337.

59. Olivier Zajec, « Actualité et réalité du «collier de perles », *La revue géopolitique online*, 28 novembre 2009. Voir http://www.diploweb.com/Actualite-et-realite-du-collier-de.html

60. Une société d'État chinoise a officiellement pris le contrôle du port de Gwadar en février 2013. Gwadar est située tout près du détroit d'Ormuz et, sur le plan terrestre, il est proche des provinces de l'ouest de la Chine.

61. Huang Li, *Sword Pointed at the Gulf of Aden : The Chinese Navy's Bright Far Seas Sword*, Zhongshan University Press, 2009, p. 178.

a fait un tour du monde à partir d'avril 2012... Autant de déplacements qui démontrent la capacité océanique chinoise, le rôle diplomatique de sa marine et la volonté de Pékin de bâtir un outil de projection naval.

Certes, on attend toujours l'apparition d'un groupe aéronaval chinois dans le Pacifique ou l'océan Indien. Mais il est désormais difficile de croire que « la marine chinoise ne dispose pas des capacités suffisantes pour mener à bien des missions de sécurisation de ses lignes de communication ». Les incursions multiples de sous-marins chinois dans l'océan Indien témoignent de cette capacité : en 2012, 22 « contacts » ont été établis dont deux en mer d'Arabie[62]. Concédons cependant que « la réflexion stratégique chinoise sur les voies de navigation met en avant le concept de « passages stratégiques maritimes » (*haishang zhanlue tongdao*) et s'articule donc davantage sur la sécurisation militaire des détroits »[63]. Mais soyons assurés que « piraterie ou pas piraterie, la marine chinoise est là pour longtemps »[64].

## VI. La piraterie, un alibi stratégique ?

« La piraterie est-elle une menace stratégique ? », s'interrogeait le chercheur de la Fondation pour la recherche stratégique (FRS) Jean-François Daguzan, lors d'un colloque en 2009. Et de répondre : « Si le développement de la piraterie aboutit à la paralysie de la circulation maritime en mer Rouge et au large du golfe d'Aden, le problème devient stratégique. »[65]

Cette paralysie a-t-elle eu lieu ? Les fameuses SLOC (*Sea Lines of Communication*) n'ont jamais été interdites. Certes l'insécurité navale persiste et les prises d'otages restent coûteuses en termes humains et financiers mais le transit dans les zones où sévissent les pirates n'a jamais été interrompu. Certes, encore, les armateurs ont été pénalisés par les attaques des maraudeurs somaliens mais la dégradation de leurs affaires tient davantage à la crise économique mondiale qu'aux seuls pirates. Certes, enfin, d'importantes forces navales ont été engagées dans les zones à risques mais leurs déploiements participent aussi de logiques antiterroristes et de calculs stratégiques.

62. Voir http://indiatoday.intoday.in/story/chinese-nulcear-submarines-in-indian-ocean-send-alarm-bells-ringing/1/260806.html. Les informations qui ont été relayées par la presse indienne provenaient d'un rapport intitulé : « Indian Navy : Perceived Threats to Subsurface Deterrent Capability and Preparedness ».

63. Mathieu Duchâtel, « Une puissance navale pour sécuriser les voies de navigation dans l'océan Indien ? », *China Analysis* n° 32, mars 2011. Voir www.centreasia.eu/sites/default/files/publications_pdf/china_analysis_no_32_1.pdf.

64. Kamlesh Agnihotri, « Four Years of Anti-Piracy Mission : Chinese Navy's Showcase Achievement ». Voir http://www.maritimeindia.org

65. Actes du colloque du 7 décembre 2009 : « La piraterie : menace stratégique ou épiphénomène ? », voir http://www.frstrategie.org/barreFRS/publications/colloques/20091207.pdf

La médiatisation, ou plutôt la couverture empathique, de la lutte contre la piraterie, des déploiements navals internationaux et des opérations de libération d'otages (avec l'accent mis sur la souffrance des captifs) a aussi concouru à persuader les opinions publiques que la piraterie représentait bien une menace majeure, stratégique. Il s'agissait, en suscitant d'abord un élan de sympathie pour les équipages pris en otages puis en montrant que la piraterie était un acte anti-humanitaire qui ralentissait l'acheminement des vivres du Programme alimentaire mondial en Somalie, de démontrer la vulnérabilité de zones cruciales pour les économies mondiales : Ormuz, Suez, Malacca, etc., et de légitimer la militarisation de ces mers par où transite le pétrole des Européens et des Asiatiques.

Dans le golfe de Guinée, autre zone de production pétrolière, la situation n'est guère différente. Il faut d'abord se garder d'entretenir la confusion entre brigandage et piraterie, introduire le facteur terroriste, pour susciter un élan médiatique et légitimer les efforts sécuritaires qui passent par le déploiement hauturier de navires occidentaux et, facteur absent dans le contexte somalien, par la vente de matériels (navires, radars, aéronefs) aux pays riverains qui, pour certains, étant producteurs disposent de capacités financières.

L'attention médiatique a-t-elle été excessive, si bien que serait fondé le reproche d'une sur-médiatisation de la piraterie ? L'économiste Esther Duflo expliquait en 2005 qu'une catastrophe en Afrique nécessitait 48 fois plus de victimes qu'une catastrophe en Europe pour être couverte par les médias américains[66]. Si l'on considère le nombre heureusement peu élevé des victimes des pirates somaliens, il est clair que la piraterie avait peu de chances de passionner les rédactions américaines. En faire, alors, une crise humaine (les otages) puis humanitaire (les populations somaliennes privées d'aide) puis une menace stratégique (ah ! le pétrole...) a permis, en Europe, aux États-Unis et en Chine de faire adhérer les opinions publiques à l'idée d'une nécessaire ingérence militaire dans les zones à risques. « Lorsqu'il intervient, l'État n'est jamais totalement désintéressé », rappelle Jean-Baptiste Jeangène Vilmer, dans *La guerre au nom de l'humanité.* Tuer ou laisser mourir. « Il a, par définition, un avantage à le faire. Cela signifie que la seule pression médiatique ne peut causer une intervention : elle peut au mieux accélérer une tendance déjà là, en ajoutant une raison supplémentaire aux autres intérêts à intervenir »[67].

La piraterie est bien cette raison supplémentaire.

66. *Libération*, 21 novembre 2005.

67. Jean-Baptiste Jeangène Vilmer, *La guerre au nom de l'humanité. Tuer ou laisser mourir*, PUF, 2012, p. 250.

# Épilogue

Entre mai 2012 et mai 2013, aucun navire n'a été capturé par des pirates somaliens. Le dernier à l'avoir été au cours de cette période, le tanker *MV Smyrni*, capturé le 12 mai 2012, a été libéré après onze mois, contre une rançon de 15 millions de dollars[1].

Les succès enregistrés dans l'océan Indien, indiscutablement à mettre au crédit des forces navales internationales et des équipes de protection embarquées, sont indéniables. Peut-on toutefois adhérer au calcul, un brin cynique, du danois Thomas Winkler, du *Contact Group on Piracy off the Coast of Somalia*, qui estime la ressource humaine des pirates somaliens à 3 000 hommes et qui se félicite que « si l'on met derrière les barreaux un millier d'entre eux et que 300 ou 400 autres meurent en mer chaque année », cette ressource va rapidement s'épuiser ?[2]

La menace persistera ; et l'éventualité de nouvelles attaques va continuer à mobiliser certaines forces navales internationales et à contraindre les armateurs à recourir aux services de prestataires privés pour assurer la protection des navires et des équipages.

Mais les contraintes budgétaires qui pénalisent les forces armées occidentales risquent de réduire la présence navale européenne, au profit des flottes chinoise, indienne ou même pakistanaise. En outre, les armateurs sont tentés de faire appel à des entreprises de sécurité asiatiques ou africaines aux tarifs plus attractifs. Moins de navires de guerre en mer, des EPE plus rustiques, peut-être moins vigilantes : le risque de captures pourrait

1. Au 10 mai 2013, il restait encore 5 navires et 77 marins aux mains des pirates somaliens, selon le BMI.

2. « No Hijacking By Somali Pirates in Nearly a Year », dépêche AP du 3 mai.

augmenter dans l'océan Indien, inaugurant ainsi un nouveau cycle de violence/prévention/répression. Une éventualité qui, en avril 2013, a fait affirmer à Andrew Shapiro, le secrétaire d'État américain chargé des Affaires politico-militaires : « *Now let me be clear – piracy remains a threat* » (que l'on me comprenne bien : la piraterie reste une menace)[3].

Toutefois, Andrew Shapiro ne pensait pas qu'à la piraterie somalienne. Il avait à l'esprit l'autre « zone chaude » du golfe de Guinée où les États-Unis, sous prétexte de lutte contre la piraterie et le brigandage maritime, entendent affaiblir les réseaux djihadistes régionaux. Le nouveau commandement de l'Africom, le général David Rodriguez, ne cachait pas en avril 2013 que les États-Unis devraient multiplier par quinze leur effort militaire en Afrique de l'Ouest et au Sahel pour contrer les visées terroristes. Shapiro ne pouvait pas, non plus, ignorer que, beaucoup plus à l'est, dans les détroits et les ports indonésiens en particulier, mais aussi au large du Bangladesh[4], les exactions des pirates et brigands des mers augmentent aussi, forçant toutes les marines d'Asie à renforcer leurs dispositifs et contraignant le Pentagone aussi à adapter ses déploiements.

Quelle que soit l'évolution quantitative des attaques, captures et autres actes de brigandage, la piraterie restera, à la fois :

- une menace régionale qui se nourrit de l'instabilité locale et de l'incurie de certains États côtiers, et qui met encore un peu plus en péril leurs économies déjà fragiles ;
- une menace mondiale, aux répercussions humaines et économiques lourdes mais *in fine* acceptées[5], qui illustre la vulnérabilité des voies de communication maritimes (les SLOC) et qui convainc de la légitimité de leur sécurisation.

D'où le label quasi « éthique » que l'on pourrait attribuer à la lutte contre le phénomène, lutte bénie par le Conseil de sécurité de l'ONU, conduite par une coalition pour une fois réellement collective et animée de la même bonne intention humanitaire.

---

3. Déclaration du 10 avril 2013, devant le Committee on Transportation and Infrastructure's Subcommittee on Coast Guard and Maritime Transportation. Voir http://www.state.gov/t/pm/rls/rm/2013/207361.htm

4. Entre janvier 2011 et novembre 2012, des pirates y ont attaqué plus d'un millier de bateaux de pêche, capturant 3 000 marins, en tuant quarante-cinq et exigeant des rançons estimées à près de 1,3 million de dollars.

5. On se souviendra de l'aveu de Francis Vallat, le président du cluster maritime français, dans la revue *Diplomatie* d'août-septembre 2012, p. 18. Selon lui, la piraterie est un « risque auquel armateurs et assureurs peuvent globalement faire face (les surcoûts divers, y compris militaires, étant macroéconomiquement négligeables par rapport à l'activité économique sécurisée) ».

Toutefois, la piraterie, c'est aussi :

- la preuve de la faillite des politiques de développement puisqu'aucune solution « terrienne » n'a encore eu de succès rapide pour extirper les racines sociales et économiques de la piraterie qu'elle soit somalienne, asiatique ou ouest africaine. On peut s'étonner d'ailleurs de trouver dans certaines des plus récentes résolutions du Conseil de sécurité la demande faite à la Somalie de contrôler et protéger les ressources halieutiques de sa zone économique exclusive ! Avec quels navires de guerre, quels garde-côtes et à partir de quel port ? Cela suppose d'abord un État totalement pacifié, reconstruit et assumant pleinement son fonctionnement. L'approche globale du phénomène, si vantée par la communauté internationale, fourmille de vœux pieux et risque de prendre des décennies ;
- une économie qui ne se limite pas au marché des prises d'otages et des demandes de rançons ; assureurs, équipementiers, prestataires de services de sécurité y jouent aussi un rôle actif, aux visées bénéficiaires ;
- un mal secrètement toléré puisqu'il permet aux forces navales d'investir légitimement des espaces marins dont le contrôle est crucial, tant pour la libre circulation des approvisionnements stratégiques que pour une exploitation des richesses du « sixième continent ». Et de se préparer à d'éventuelles autres actions de « *sea denial* » et d'interdiction d'accès aux ZEE.

La convergence des volontés n'annule donc pas les intérêts individuels des États qui « ne perdent pas leur particularisme du seul fait d'agir ensemble »[6]. Ces derniers entendent « garder la main » sur la police des mers et le combat contre les menaces pirates ; d'où leurs réticences, pour des motifs officiellement « éthiques » à donner un feu vert général aux sociétés de sécurité privées et à déléguer totalement la protection des navires et équipages.

6. Michael Walzer, *Guerres justes et injustes : argumentation morale avec exemples historiques*, Paris, Gallimard, 2006, p. 217.

# Annexes

## Annexe 1. Résolution 1816 du Conseil de sécurité des Nations unies adoptée le 2 juin 2008

« Le Conseil de sécurité,

Rappelant ses résolutions antérieures et les déclarations de son président concernant la situation en Somalie,

Profondément préoccupé par la menace que les actes de piraterie et les vols à main armée commis contre des navires font peser sur l'acheminement effectif, les délais d'acheminement et la sécurité de l'acheminement de l'aide humanitaire en Somalie, sur la sécurité des routes maritimes commerciales et sur la navigation internationale,

Se déclarant préoccupé de ce qu'il ressort des rapports trimestriels publiés depuis 2005 par l'Organisation maritime internationale (OMI) que des actes de piraterie et des vols à main armée continuent de se produire, en particulier dans les eaux situées au large des côtes somaliennes,

Affirmant que le droit international, tel qu'édicté dans la convention des Nations unies sur le droit de la mer, en date du 10 décembre 1982 ("la Convention"), définit le cadre juridique de la lutte contre la piraterie et le vol à main armée, parmi d'autres activités menées sur les océans,

Réaffirmant les dispositions du droit international concernant la répression de la piraterie, en particulier la Convention, et rappelant que ces dispositions établissent les principes directeurs d'une coopération aussi totale que possible dans la répression de la piraterie en haute mer ou en tout autre lieu ne relevant de la juridiction d'aucun État, y compris, entre autres mesures, pour ce qui est d'arraisonner, de fouiller et de saisir les navires se livrant ou soupçonnés de se livrer à des actes de piraterie et d'appréhender les personnes se livrant à de tels actes en vue de les traduire en justice,

Réaffirmant qu'il respecte la souveraineté, l'intégrité territoriale, l'indépendance politique et l'unité de la Somalie,

Tenant compte de la crise que traverse la Somalie et du fait que le Gouvernement fédéral de transition n'a les moyens ni de tenir les pirates à distance ni de patrouiller dans les voies de circulation maritime internationales proches des côtes du pays ou dans ses eaux territoriales et d'en assurer la sécurité,

Déplorant les récents incidents au cours desquels des navires ont été attaqués ou détournés dans les eaux territoriales de la Somalie ou en haute mer, au large de ses côtes, y compris l'attaque ou le détournement de navires affrétés par le Programme alimentaire mondial et de nombreux navires commerciaux, déplorant les graves répercussions de ces attaques sur l'acheminement effectif, les délais d'acheminement et la sécurité de l'acheminement de l'aide alimentaire et des autres secours humanitaires destinés aux populations somaliennes, et déplorant les graves dangers que ces attaques représentent pour les navires, leurs équipages, leurs passagers et leur cargaison,

Prenant acte des lettres datées des 5 juillet et 18 septembre 2007 que le Secrétaire général de l'OMI a adressées au Secrétaire général au sujet des problèmes de piraterie au large des côtes somaliennes et de la résolution A.1002 (25) de 150M1, dans laquelle les gouvernements ont été vivement engagés à accroître leurs efforts en vue de prévenir et de réprimer, dans le respect des dispositions du droit international, les actes de piraterie et les vols à main armée commis contre des navires, où qu'ils se produisent, et rappelant le communiqué conjoint de l'OMI et du Programme alimentaire mondial en date du 10 juillet 2007,

Prenant note de la lettre datée du 9 novembre 2007 que le Secrétaire général a adressée au Président du Conseil de sécurité pour l'informer que le Gouvernement fédéral de transition de la Somalie a besoin et serait heureux de recevoir une aide internationale pour faire face au problème,

Prenant note en outre de la lettre que le Représentant permanent de la République somalienne auprès de l'Organisation des Nations unies a adressée au Président du Conseil de sécurité le 27 février 2008 pour lui indiquer que le Gouvernement fédéral de transition demandait au Conseil de l'aider, d'urgence, à assurer la sécurité des eaux territoriales somaliennes et des eaux internationales situées au large des côtes du pays, afin d'y garantir la sécurité du transport maritime et de la navigation,

Constatant que les actes de piraterie et les vols à main armée subis par des navires dans les eaux territoriales de la Somalie ou en haute mer, au large de ses côtes, enveniment la situation dans le pays, laquelle continue de menacer la paix internationale et la sécurité de la région,

Agissant en vertu du Chapitre VII de la charte des Nations unies,

1. Condamne et déplore tous actes de piraterie et vols à main armée commis contre des navires dans les eaux territoriales de la Somalie ou en haute mer, au large de ses côtes ;

2. Engage les États dont les navires de guerre et les aéronefs militaires opèrent en haute mer au large des côtes somaliennes, ou dans l'espace aérien international situé au large de ces côtes, à faire preuve de vigilance à l'égard des actes de piraterie et des vols à main armée, et, dans cet esprit, engage en particulier les États désireux d'emprunter les routes maritimes commerciales situées au large des côtes somaliennes à renforcer et coordonnera en coopération avec le Gouvernement fédéral de transition, l'action menée pour décourager les actes de piraterie et les vols à main armée commis en mer ;

3. Engage également tous les États à coopérer entre eux, avec l'OMI et, le cas échéant, avec les organisations régionales compétentes, au sujet des actes de piraterie et des vols à main armée commis dans les eaux territoriales de la Somalie et en haute mer au large de ses côtes et à se communiquer toutes informations relatives, et à prêter assistance aux navires menacés ou attaqués par des pirates ou des voleurs armés conformément au droit international applicable ;

4. Engage en outre les États à coopérer avec les organisations intéressées, y compris l'Organisation maritime internationale, afin de veiller à ce que les navires ayant faculté de battre leur pavillon national reçoivent des directives et une formation appropriées concernant les techniques d'évitement, d'évasion et de défense, et à éviter la zone pour autant que possible ;

5. Demande aux États et aux organisations intéressées, y compris l'Organisation maritime internationale, de fournir à la Somalie et aux États côtiers voisins, à leur demande, une assistance technique visant à renforcer la capacité de ces États d'assurer la sécurité côtière et maritime, y compris la lutte contre la piraterie et les vols à main armée au large des côtes somaliennes et des côtes des pays voisins ;

6. Affirme que les mesures édictées au paragraphe 5 de la résolution 733 (1992) et explicitées aux paragraphes 1 et 2 de la résolution 1425 (2002) ne s'appliquent pas à la fourniture d'assistance technique à la Somalie aux seules fins énoncées au paragraphe 5 ci-dessus, qui font l'objet d'une dérogation conformément à la procédure définie aux paragraphes 11 b) et 12 de la résolution 1772 (2007) ;

7. Décide que, pour une période de six mois à compter de l'adoption de la présente résolution, les États qui coopèrent avec le Gouvernement fédéral de transition à la lutte contre la piraterie et les vols à main armée

au large des côtes somaliennes et dont le Gouvernement fédéral de transition aura préalablement communiqué les noms au Secrétaire général sont autorisés :

a) À entrer dans les eaux territoriales de la Somalie afin de réprimer les actes de piraterie et les vols à main armée en mer, d'une manière conforme à l'action autorisée en haute mer en cas de piraterie en application du droit international applicable ;

b) À utiliser, dans les eaux territoriales de la Somalie, d'une manière conforme à l'action autorisée en haute mer en cas de piraterie en application du droit international applicable, tous moyens nécessaires pour réprimer les actes de piraterie et les vols à main armée ;

8. Demande aux États coopérants de prendre les dispositions voulues pour garantir que les activités qu'ils mèneront conformément à l'autorisation accordée au paragraphe 7 de la présente résolution n'auront pas pour effet sur le plan pratique de refuser ou restreindre le droit de passage inoffensif des navires d'États tiers ;

9. Affirme que l'autorisation donnée dans la présente résolution s'applique à la seule situation en Somalie et n'affecte pas les droits, obligations ou responsabilités dérivant pour les États Membres du droit international, notamment les droits ou obligations résultant de la Convention pour ce qui est de toute autre situation, et souligne en particulier qu'elle ne peut être regardée comme établissant un droit international coutumier, et affirme en outre que la présente autorisation n'a été donnée qu'à la suite de la réception de la lettre datée du 27 février 2008 adressée au Président du Conseil de sécurité par le Représentant permanent de la République somalienne auprès de l'Organisation des Nations unies et transmettant l'accord du Gouvernement fédéral de transition ;

10. Demande aux États participants de coordonner entre eux les mesures qu'ils prennent en application des paragraphes 5 et 7 ci-dessus ;

11. Demande à tous les États, en particulier aux États du pavillon, aux États du port et aux États côtiers, ainsi qu'aux États de nationalité des victimes ou des auteurs d'actes de piraterie ou de vols à main armée et aux États tirant juridiction du droit international ou de leur droit interne, de coopérer en vue de déterminer lequel aura compétence et de prendre les mesures voulues d'enquête et de poursuite à l'encontre des auteurs d'actes de piraterie et de vols à main armée commis au large des côtes somaliennes, conformément au droit international applicable, y compris le droit international des droits de l'homme, et de seconder ces efforts, notamment en fournissant une assistance en matière de logistique et d'accès aux voies de droit aux personnes relevant de leur juridiction et de leur contrôle, telles que les victimes, les témoins et les personnes détenues dans le cadre d'opérations menées en vertu de la présente résolution ;

12. Prie les États qui coopèrent avec le Gouvernement fédéral de transition de l'informer dans un délai de trois mois de l'application des mesures qu'ils auront prises en exécution de l'autorisation découlant du paragraphe 7 ci-dessus ;

13. Prie le Secrétaire général de lui rendre compte, dans les cinq mois suivant l'adoption de la présente résolution, de l'application de celle-ci et de la situation concernant la piraterie et les vols à main armée dans les eaux territoriales et en haute mer au large des côtes somaliennes ;

14. Prie le Secrétaire général de l'OMI de lui faire rapport, en fonction des affaires portées à son attention sur accord de tous les États côtiers affectés et compte dûment tenu des arrangements de coopération bilatérale et régionale existants, sur la situation concernant la piraterie et les vols à main armée ;

15. Entend suivre la situation et, le cas échéant, envisager de reconduire pour des périodes supplémentaires l'autorisation découlant du paragraphe 7 ci-dessus si le Gouvernement fédéral de transition lui en fait la demande ;

16. Décide de rester saisi de la question. »

## Annexe 2. Résolution 1918 du Conseil de sécurité des Nations unies adoptée le 27 avril 2010

« Le Conseil de sécurité,

Rappelant ses résolutions concernant la situation en Somalie, en particulier les résolutions 1814 (2008), 1816 (2008), 1838 (2008), 1844 (2008), 1846 (2008), 1851 (2008) et 1897 (2009),

Restant profondément préoccupé par la menace que les actes de piraterie et les vols à main armée commis en mer contre des navires font peser sur la situation en Somalie et dans d'autres États de la région, ainsi que sur la navigation internationale et la sécurité des routes maritimes commerciales,

Réaffirmant que le droit international, tel qu'il est codifié dans la convention des Nations unies sur le droit de la mer du 10 décembre 1982 (« la Convention »), en particulier en ses articles 100, 101 et 105, définit le cadre juridique de la lutte contre la piraterie et les vols à main armée en mer, ainsi que les autres activités maritimes,

Réaffirmant également que les autorisations reconduites dans la résolution 1897 (2009) s'appliquent à la seule situation en Somalie et n'affectent pas les droits, obligations ou responsabilités dérivant pour les États Membres du droit international, notamment les droits ou obligations résultant de la Convention, pour ce qui est de toute autre situation, et soulignant en particulier que la résolution précitée ne peut être regardée comme établissant un droit international coutumier,

Soulignant qu'il importe de s'attaquer aux problèmes posés par le fait que les systèmes judiciaires de la Somalie et des autres États de la région n'ont pas les moyens de poursuivre comme il se doit les personnes soupçonnées de piraterie,

Prenant note avec satisfaction de l'assistance fournie par l'Office des Nations unies contre la drogue et le crime (UNODC) et d'autres organismes internationaux et donateurs, agissant en coordination avec le Groupe de contact pour la lutte contre la piraterie au large des côtes somaliennes (« le Groupe de contact »), afin de renforcer les moyens dont disposent les systèmes judiciaires et pénitentiaires de la Somalie, du Kenya, des Seychelles et d'autres États de la région pour poursuivre les personnes soupçonnées de piraterie et incarcérer celles qui ont été condamnées, dans le respect du droit international des droits de l'homme,

Se félicitant de l'action menée par l'opération « Atalante » de l'Union européenne, les opérations « Protecteur allié » et « Bouclier océanique » de l'Organisation du Traité de l'Atlantique Nord, la Force multinationale 151 des Forces maritimes combinées, et divers États agissant individuellement en coopération avec le Gouvernement fédéral de transition et avec d'autres États, pour réprimer la piraterie et les vols à main armée au large des côtes somaliennes et notamment pour traduire en justice les personnes soupçonnées de piraterie,

Saluant les efforts déployés par la République du Kenya pour faire juger les personnes soupçonnées de piraterie par ses tribunaux et incarcérer celles qui ont été condamnées, et l'encourageant à continuer sur cette voie, tout en mesurant les difficultés auxquelles elle se heurte pour ce faire,

Saluant également les efforts faits à ce jour par d'autres États pour faire juger les personnes soupçonnées de piraterie par leurs tribunaux,

Prenant acte de la décision des Seychelles d'engager des poursuites contre les personnes soupçonnées de piraterie et se félicitant en particulier de leur décision du 6 février 2010, aux termes de laquelle elles envisagent d'accueillir un centre régional de poursuites,

Saluant la décision du Groupe de contact de créer un fonds international d'affectation spéciale pour appuyer ses initiatives, qui sera administré par l'Office des Nations unies contre la drogue et le crime en vue de prendre en charge le coût des poursuites judiciaires contre les personnes soupçonnées de piraterie et de soutenir d'autres formes de lutte contre la piraterie, félicitant les États participants qui ont contribué à ce fonds et encourageant les autres donateurs potentiels à y verser des contributions,

Se félicitant que le Groupe de contact ait adopté le rapport sur l'évaluation des besoins de la région en termes de capacités et exhortant les États et les organisations internationales à faire tout leur possible pour que les recommandations qui y figurent soient rapidement suivies d'effet,

Félicitant les États qui ont révisé leur droit interne pour ériger la piraterie en infraction et permettre à leurs tribunaux de juger les personnes soupçonnées de piraterie, dans le respect du droit international, notamment des droits de l'homme, et

soulignant qu'il faut que les États poursuivent leurs efforts dans ce sens,

Notant en même temps avec préoccupation que le droit interne de certains États n'érige pas la piraterie en infraction ou ne contient pas les dispositions de procédure nécessaires pour engager efficacement des poursuites pénales contre les personnes soupçonnées de piraterie,

Appréciant les efforts déployés par le Groupe de contact pour étudier les moyens de poursuivre plus efficacement en justice les personnes soupçonnées d'avoir commis des actes de piraterie et des vols à main armée au large des côtes somaliennes,

Soulignant que la paix et la stabilité en Somalie, le renforcement des institutions de l'État, le développement économique et social et le respect des droits de l'homme et de l'état de droit sont nécessaires pour créer les conditions d'une éradication durable de la piraterie et des vols à main armée au large des côtes et reposent sur la mise en place effective, par le Gouvernement fédéral de transition, des forces de sécurité nationales et de la police somalienne, dans le cadre de l'Accord de Djibouti et d'une stratégie nationale pour la sécurité,

Constatant avec préoccupation que des personnes soupçonnées de piraterie sont libérées sans avoir été jugées et se déclarant résolu à faire en sorte que les pirates aient à répondre de leurs actes,

1. Affirme que le fait de ne pas traduire en justice les personnes responsables d'actes de piraterie et de vols à main armée commis au large des côtes somaliennes nuit à l'action menée par la communauté internationale contre la piraterie ;

2. Engage tous les États, y compris les États de la région, à ériger la piraterie en infraction pénale dans leur droit interne et à envisager favorablement de poursuivre les personnes soupçonnées de piraterie qui ont été appréhendées au large des côtes somaliennes et d'incarcérer celles qui ont été reconnues coupables, dans le respect du droit international des droits de l'homme ;

3. Se félicite à cet égard des progrès accomplis dans l'application du code de conduite de Djibouti de l'Organisation maritime internationale et demande aux États qui y ont souscrit de l'appliquer dès que possible dans son intégralité ;

4. Prie le Secrétaire général de lui présenter, dans un délai de trois mois, un rapport sur les différentes solutions possibles pour parvenir à poursuivre et incarcérer les personnes responsables d'actes de piraterie et de vols à main armée commis au large des côtes somaliennes, y compris en particulier sur des solutions tendant à créer dans les juridictions nationales

des chambres spéciales, éventuellement dotées d'éléments internationaux, ou à créer un tribunal régional ou encore à créer un tribunal international, et sur les arrangements correspondants en matière pénitentiaire, en tenant compte des travaux du Groupe de contact, des précédents en matière de création de tribunaux internationaux et de tribunaux mixtes, et du temps et des moyens nécessaires pour obtenir des résultats concrets et durables ;

5. Décide de rester saisi de la question. »

## Annexe 3. BIMCO GUARDCON. Un contrat type pour le recrutement et l'emploi de gardes armés privés sur les navires[1]

« L'association internationale de Shipping *Baltic and International Maritime Council* (BIMCO) est un puissant groupement de transporteurs maritimes dont les membres représentent 65 % du tonnage mondial de commerce et des armateurs de 120 pays différents. L'un de ses buts principaux est de promouvoir le développement d'instruments de régulation internationale relatifs au transport maritime.

GUARDCON est la contraction anglaise de *Guard Contract.* BIMCO a élaboré un contrat type pour servir de référence aux armateurs lorsqu'ils souhaitent traiter avec une société privée de sécurité maritime en vue de positionner des gardes armés ou non armés sur leurs navires dans le but de les protéger contre des attaques de pirates.

Dans ce premier post, nous ferons une présentation générale du but que poursuit le GUARDCON.

Pour des questions de longueur, nous présenterons dans un second post, à venir, les principales dispositions de ce *standard contract* ou contrat type particulièrement intéressant.

BIMCO GUARDCON a pour objet de proposer « *a clearly worded and comprehensive standard contract on which they (the ship owners) can conclude agreements for security services.* »

L'élaboration de ce standard a été actée comme une urgente priorité en novembre 2011, lors de la réunion du *Documentary Commitee* qui s'est tenue à Copenhague.

Pour cela, le sous-comité rédactionnel de BIMCO s'est appuyé sur les clauses les plus communément admises dans les contrats existants entre armateurs et compagnies de sécurité maritime privées les mieux reconnues. Mais BIMCO prévient les armateurs qu'il ne s'agit pas pour autant

1. Titre original : *Standard Contract for the Employment of Security Guards on Vessels* (voir l'annexe 3 bis).

de clauses destinées à être « gravées dans le marbre » (*cast in stone*) ! Ils demeurent évidemment libres dans leur champ de négociation contractuelle. Néanmoins, BIMCO recommande aux armateurs de ne pas toucher aux dispositions-clés du GUARDCON, spécialement celles relatives à l'assurance, à l'exercice de l'autorité de commandement envers les gardes, aux permis et licences concernant les armes.

BIMCO entend par ce moyen faciliter la tâche aux armateurs et à leurs conseils juridiques, considérant qu'il existe un nombre croissant de compagnies de sécurité maritime privées qui entrent dans le marché de l'assistance contre la piraterie, nombre actuellement évalué à plus de 200. Or chacune de ces compagnies a établi ses propres clauses et conditions d'emploi. Les armateurs se trouvent donc confrontés à une très grande diversité d'offre contractuelle dont la qualité professionnelle, opérationnelle, juridique est très disparate. Le contrat standard établi par BIMCO pourra leur servir de base de négociation dans un contexte où n'existe encore qu'une « très faible régulation des activités de ces compagnies et aucun système d'accréditation formelle reconnu. »

## Annexe 3 bis. GUARDCON. Standard Contract for the Employment of Security Guards on Vessels

« *BIMCO has developed GUARDCON to assist the industry, and in particular shipowners and their P&I Clubs, by providing a clearly worded and comprehensive standard contract on which they can conclude agreements for security services. The employment of security guards on ships is something that shipowners, unfortunately, have recently become all too familiar with due to the continuing threat of piracy to shipping in the Indian Ocean and other areas around the world.*

*In response to ship owners' increasing demand for security services, an ever growing number of private maritime security companies have entered the market to meet that demand. A recent count of such companies stood at more than 200 – each with their own set of terms and conditions of employment. There is presently very little regulation governing the activities of these companies and no formal recognised accreditation system to ensure minimum standards. While there are a number of well-established, professional and highly reputable maritime security firms in operation, there are also many that are less well-founded and who may be operating with inadequate insurance cover and without the necessary permits and licences.*

*The use of GUARDCON is not in any way intended to be a substitute for the proper exercise of due diligence by ship owners as part of the pre-contractual process when selecting a security company to provide unarmed or armed guards for a ship. While there is no substitute for due diligence, GUARDCON aims to raise the bar in terms of the standards to which security companies must reach in terms of insurance cover for their risks, and permits and licences to allow them to lawfully transport and carry weapons. The insurance requirements alone are set at such a level as will potentially exclude smaller companies from being able to offer their services using GUARDCON if they lack the necessary financial resources. This is deliberate and is intended, along with the permits and licences provisions, to weed out operators who may potentially place shipowners and their crews at risk.*

*Of equal importance is that ship owners employ security guards as a supplement to existing anti-piracy and BMP measures and not as an alternative. In this respect, GUARDCON emphasises that ship owners should not seek to reduce costs by employing less than the number of guards recommended. Risk analysis has shown that in the majority of cases the recommended minimum number will be four guards. This number has been proven to give the best protection against attack because all quarters of the ship can be covered and a proper round the clock watch system can be maintained.*

*At the November 2011 meeting of the Documentary Committee in Copenhagen, it was agreed that the development of a standard contract for the employment of security guards on vessels should be given the highest priority. A Sub-committee was chosen immediately after the November DC meeting to undertake the drafting work. The selected group brought expertise drawn from ship owners, underwriters, P&I Clubs and lawyers. The first meeting of the Sub-committee took place in December 2011 with the concluding meeting to finalise the draft taking place on 16 March.*

*The speed at which GUARDCON has been drafted, in just a little over 3 months, is a considerable credit to the Sub-committee members who devoted many long hours free of charge to the project. BIMCO is indebted to the Sub-committee for all their hard work. The members of the GUARDCON Sub-committee are as follows:*

- *Mr Tor Langrud, Wilhelmsen, Norway (Owner) (Chairman)*
- *Mr Daniel Carr, Stolt-Nielsen, USA (Owner)*
- *Mr. Chris South, West of England P&I Club, UK*
- *Mr Andrew Moulton, Ascot Underwriters, UK*
- *Mr Stephen Askins, Ince & Co, UK*
- *Ms Elinor Dautlich, Holman Fenwick Willan, UK*

*We must also thank those who took part in the consultation process during the drafting. A number of reputable international private maritime security companies, including Drum-Cussac, PVI Ltd., MAST and Salama Fakira were invited to submit comments on the draft. The feedback we received from the security firms was positive and constructive. We also benefited from the useful advice of a number of leading marine underwriters including Ascot Underwriters (who were represented on the Sub-committee), Hiscox, Canopius and Aegis as well as valuable input provided by the Piracy Sub-committee of the International Group of P&I Clubs. Lastly, but not least, we thank the members of BIMCO's Documentary Committee for their constructive feedback and useful suggestions on the draft during development and for their agreement to fast-track the approval of GUARDCON for publication.*

*In parallel with the development of GUARDCON, BIMCO has also prepared Guidance on the Rules for the Use of Force. It is outside of BIMCO's remit to draft a set of standard Rules for the Use of Force as such because, ultimately, the content of such Rules is a matter of national law. While the BIMCO Guidance on RUF will undoubtedly be of great assistance to owners and private maritime security companies when drawing up and agreeing RUF for their own purposes, the Guidance itself does not form part of the GUARDCON contract.*

***Explanatory Notes***

*The following notes are intended to provide some of the thinking behind the provisions of GUARDCON.*

***Nature of the Contract***

*GUARDCON is intended to be a multi-functional agreement which can be used for single transits or as a framework agreement for multiple transits. Although it is geared towards the employment of private armed guards on board ships, it may equally also be used for the employment of unarmed guards. It does not cover the use of security escort vessels as different principles apply which, if incorporated, would create an unduly complex contract. 3 The liabilities and indemnities provisions of GUARDCON are based on knock for knock principles. In drafting GUARDCON the Sub-committee has drawn upon examples of clauses commonly found in existing contracts agreed between shipowners and reputable international private maritime security firms.*

*The contract follows the usual BIMCO pattern of a Part I box layout where the parties will enter the variable information of the agreement; a Part II terms and conditions; plus several annexes covering matters such as instruction notices, security equipment, rules for the use of force and individual waiver.*

*The provisions of GUARDCON are not cast in stone; they are designed to provide a well thought through and solid contractual platform on which the parties can base their agreements. It is expected that ship owners and security companies may wish to negotiate and subsequently amend some of the more commercial terms, such as those relating to payments and fees. However, we strongly recommend against any amendments to the key clauses – namely those dealing with insurance, liabilities, Master's authority, and permits and licences. Any changes to these provisions may result in a ship owners' P&I Club cover being prejudiced and so should be avoided.*

***SECTION 1 – Basis of the Contract***

***1. Definitions***

*In common with other BIMCO contracts, a list of definitions is provided of terms used throughout the Contract.*

*It should be noted that GUARDCON is designed to be a contract between the owners of the vessel and the security contractors and that the liability, insurance and other important provisions are constructed on this basis. While we acknowledge that in some cases it may be the charterers who arrange and pay for the security guards, it is essential that the owners are identified as the contracting party. If the contract is entered into by charterers or ship managers then the names and details of these parties should be added to the "owners" box in Part I along with the vessel's owners details or the contract should be signed "for and on behalf of owners".*

***2. Commencement, Appointment and Duration***

*GUARDCON is an "evergreen" contract when used as a framework agreement and will continue beyond the initial 12 month contract period until terminated by one of the parties giving 30 days' notice. For single transit purposes, the contract ends when the security guards disembark the vessel at the end of the transit.*

*Sub-clause (c) emphasises that when GUARDCON is used as a framework agreement it does not oblige the owners to use the contractors' services exclusively during the contract period or require them to guarantee a minimum number of transits. Owners require a degree of flexibility in providing security guards for their vessels to ensure that services are available when needed. As smaller security companies may not always have the personnel resources available to provide guards as and when needed by the owners, the contract allows the owners to obtain services elsewhere to meet their vessel scheduling requirements.*

***SECTION 2 – Security Services***

***3. Security Services***

*The contractors are to provide a security team of at least four members, one of whom must be an appropriately experienced leader. Four is considered to be the minimum number of guards necessary to operate an efficient round-the-clock watch on board a vessel during a transit and providing the required level of protection. Certain circumstances, such as a lack of accommodation on board, may preclude a four man team being deployed; however, accepting any less than four guards should be agreed carefully on a case by case basis between owners and contractors and should follow from a proper risk analysis.*

*The opening sentence of sub-clause (b) is lifted from BIMCO's Piracy Clause which means that the contract will also encompass seaborne armed robbery that takes place in inshore or territorial waters, such as in the Gulf of Guinea (which would not usually come under the definition of "piracy").*

***4. Engagement of Security Services***

*If GUARDCON is used for multiple transits, the owners must notify the contractors on each occasion and at least 72 hours in advance by issuing an Instruction Notice (as per Annex C) setting out their requirements and intended transit dates. The use of the contract is not limited to the current High Risk Area, but can be used within any defined geographical area agreed between the owners and contractors.*

*5. Change of Specification of Security Services*

*New legal and regulatory requirements may dictate a change to the specification of the security services supplied by the contractors. While such requirements are to be implemented, this clause ensures that any changes to the specification do not include a reduction in the number of guards or an increase in fees.*

*SECTION 3 – Obligations and Responsibilities*

*6. Contractors' Obligations and Responsibilities*

*There is no established "best industry practice" in the maritime security sector as yet. Consequently, the contract requires the contractors to use "all reasonable skill and care" as the benchmark for providing the agreed security services.*

*Sub-clause (a)(ii) requires the contractors to advise on and/or help the owners implementing security measures on board the vessel (hardening) but makes it clear that such hardening is based on the owners' instructions. This has been done to avoid situations where the contractors might attempt to claim that the level of hardening does not meet their requirements and use that as an excuse to not board their team. However, it should be noted that the employment of private security guards on ships is not a substitute for other security measures – it is simply another layer on top of existing security. Reference is made to BMP in this respect, but BMP will only apply where the transit is through the High Risk Area and not to other areas such as the Gulf of Guinea (this also applies to the provisions of sub-clause 6(a)(v)).*

*Sub-clause (a)(iv) relates to advice provided by the security team to the Master in respect of routeing. The clause makes it clear that such advice is strictly limited to security related matters concerning the routeing of the vessel and does not undermine the Master's overall authority in respect of the navigation of the vessel. 5 Sub-clause (a)(ix) requires the contractors to have sufficient shore based resources to provide operational and administrative backup to the security team during the transit. It is essential that security firms are adequately resourced to be able to manage and advise their guards during deployment and for the owners to have a round-the-clock point of contact for the contractors.*

*Sub-clause (a)(x) deals with the contractors' responsibility for their sick or injured personnel. Deviating to a place where the sick or injured personnel can be taken ashore for medical attention and repatriation is the owners' responsibility under Clause 7 (Owners Obligations and Responsibilities) – sub-clause 7(i) – and will be covered by their P&I Club; however, arranging for the transportation of the injured personnel to shore and then home is a cost to be met by the contractors and they will need to be appropriately insured to cover this cost (see Clause 12 (Insurances)).*

*Sub-clause (b) sets out the qualifications, training and experience required of the security guards. Sub-clause (b)(i)(2) refers to STCW training – this is intended to cover basic shipboard fire-fighting skills, personal safety and survival craft proficiency. It is not intended that the security guards should be STCW qualified or certified. The sub-clause also refers to BMP training – but it should be noted that this will only apply where the owners require security guards for transits through the High Risk Area.*

*Sub-clause (b)(i)(6) relates to the background experience of the guards – it does not limit the guards to only ex-military personnel but recognises that ex-law enforcement personnel and also those from other relevant backgrounds may be equally suited to the task. It is not intended that the reference to "or other service acceptable to the Owners" is a back-door to allowing security contractors to provide personnel ill-suited to the task; GUARDCON is not a substitute for the exercise of due diligence by ship owners to ensure that the security contractors are able to provide personnel that are appropriately qualified and experienced.*

*Sub-clause (b)(i)(8) covers working languages. It is important that the guards are able to communicate effectively with the Master of the vessel and, of course, among each other.*

*Sub-clause (b)(ii) requires that the team leader has some prior experience of providing shipboard security services and that at least one of the guards has had advanced first aid training (which in military terms would be the ability to provide first aid to victims of gunshot and other similar life-threatening wounds).*

*Sub-clause (c) emphasises one of the key principles of the contract – that the contractors must have and maintain adequate insurance.*

*The contractors' do not have an automatic right to sub-contract. Owners will have carried out due diligence on the company that they have contracted with to provide security services. Sub-clause (d) reflects that it would be unreasonable to allow contractors under these circumstances to farm out the contract to another company that the owners have not checked.*

*Sub-clause (d)(ii), however, addresses the fact that it is common practice in the security industry for individual guards to be sub-contracted by security companies rather than being directly employed. In some cases, for tax reasons, individual guards will set themselves up as a "company" (where they are the sole shareholder/employee). This provision allows sub-contracting in these specific circumstances and does not require the owners' approval.*

***7. Owners' Obligations and Responsibilities***

*The nature of the GUARDCON contract dictates that the owners' obligations will be a shorter list than those of the contractor – however, the Sub-committee has done its best to "balance" the obligations of the parties.*

*The key obligation is the payment of all sums due to the contractors. Other notable obligations include the notification of all relevant parties that the vessel will be carrying armed/unarmed security guards; the provision of a secure location for the storage of firearms, if carried (It is common practice for the bridge of the ship to be used for this purpose where the locked firearms containers used by the guards to transport their weapons can be stored); and the entering of the guards on the crew manifest as supernumeraries and giving them shipboard familiarisation training. Listing the guards as supernumeraries on board the vessel is done to avoid issues in certain ports as to the status of non-crew on the ship – if not listed as supernumeraries they could be considered as passengers that might create difficulties in terms of their employment on board and the carriage of their security equipment.*

***SECTION 4 – Master's Authority, Division of Responsibilities and Hijacking***

***8. Master's Authority and Division of Responsibilities***

*Clause 8 is undoubtedly one of the most important provisions in GUARDCON and the one which has perhaps been most discussed during the drafting process.*

*The concept of providing for the use of force, including lethal force, in a commercial contract is unique in the maritime field. It is worth remembering that the police in most countries are subject to robust and onerous regulations and procedures before weapons are used with each step assessed and recorded in a Decision Log. Transparency and accountability is fundamental. At the moment the maritime security industry does not have anything like the same level of scrutiny.*

*As a "test" for the GUARDCON regime the Sub-committee discussed the issue with the UK Crown Prosecution Service (CPS) who looked at the draft GUARDCON and the Guidance for the Rules for the Use of Force. Although the CPS will not at this stage be providing a formal response or issuing their own guidelines, they have confirmed that the approach in GUARDCON is right at least as a matter of English Law where force used to prevent a potential hijacking must be proportionate and necessary. The CPS cautioned against allowing the Master to be involved in the decision to open fire in case he should fall foul of the rules on "joint enterprise" and be tainted by the actions of the security personnel.*

*The CPS have also advised that there should be a point in time when it is clear that a decision has been made to the effect that the use of force MAY be used to deal with an escalating or existing threat and that the Rules for the Use of Force are invoked.*

*The most fundamental aspect of carrying armed civilian guards on board a merchant vessel is that under no circumstances should there be a derogation of the Master's authority – he retains at all times full command of and responsibility for the vessel. This is a SOLAS requirement and is expressly stated in the contract.*

*However, GUARDCON also acknowledges that the Master of a merchant vessel does not have the necessary expertise to command a team of armed guards in the use of firearms or necessarily to decide upon situations where a graduated response by the guards is appropriate. Clause 8 does not require the Master to invoke the Rules for the Use of Force (RUF), which is consistent with the advice given by the CPS above to avoid the risk of "joint enterprise". If the Master was to invoke the 7 RUF and the guards, acting on his orders, unlawfully fatally injure a third party, the Master could be exposed to criminal liability.*

*It is important to note that the RUF are invoked only in response to a specific threat – they are therefore not necessarily in effect for the whole duration of a transit. Could the RUF be made effective at the time the guards embark the vessel until the end of the transit, thus avoiding any decision making process about who invokes them and when? In BIMCO's view the concept of effectively giving weapons control to the security guards while the vessel is within the territorial waters of a Coastal State would create many more legal and practical issues than it resolved.*

*Sub-clause 8(b) deals with the assessment by the security team leader of threats to the vessel. If, in the team leader's professional opinion, the threat warrants a graduated response from the security guards, he has to advise the Master or, in the Master's absence, the officer of the watch, that he intends to invoke the RUF. During the development of GUARDCON, the Sub-committee discussed various scenarios that might impact on the obligation of the team leader to advise the Master – in particular in the case of a surprise attack where there might not be time to advise the bridge team. However, experience of Somali piracy attacks indicate that with vigilant bridge and security teams there is always forewarning of an attack and therefore there should always be time for the guards to make the bridge team aware of their intentions.*

*It is very important to note that invoking the RUF does not necessarily mean the use of lethal force or indeed force of any kind by the security guards. A properly drafted and agreed RUF provides a means of graduated response to a threat which must be proportionate to that threat. It may well be that the highly visible presence of security guards on deck is sufficient to deter a threat without further action being taken.*

*In terms of the actual use of force, Sub-clause 8(c) clearly allocates the decision to each of the security guards alone. This means that the Master cannot order a guard to shoot – each guard must act in accordance with the RUF and national law in deciding upon the appropriate use of force and will be held liable for the consequences. In this way the Master is unlikely to be exposed to any criminal action at a later date.*

*Sub-clause 8(d) echoes the sentiment of Sub-clause (a) in terms of emphasising the Master's absolute authority at all times as conferred by the SOLAS Convention. Although the Master does not invoke the RUF or order the use of force by the security guards, he retains the right under all circumstances to order the guards to stop firing.*

*However, it should be noted that the Master's right to order the guards to stop firing is set against the individual right of each guard to exercise self-defence. Simply put, an individual has the right to take whatever appropriate action he feels is necessary and proportionate to defend himself (in accordance with national law). If a guard thinks that to stop shooting would lead directly to him being killed or injured, then he can take the sole decision to continue firing regardless of orders to the contrary.*

***9. Hijacking***

*The preamble to Clause 9 makes the clear statement that the contractors cannot and do not guarantee that the security services they provide will prevent the vessel from being attacked. The wording is intended to convey that if the vessel is hijacked despite the best efforts of the guards, then it does not mean that all liabilities and losses pass to the contractors. 8 The Clause goes on to deal with what happens if the vessel is hijacked by pirates. Although the owners will normally appoint a team of specialists to manage the hijack, the contractors and the families of the captured security guards will understandably also want to be kept advised of what's happening. Sub-clause (a) provides for the owners to arrange for the contractors to receive weekly situation reports.*

*Sub-clause (b) is intended to avoid situations where the contractors and the captured security guards may place the crew of the vessel at risk by attempting to communicate with each other in order to escape from their captors.*

*For the purposes of negotiating with and paying ransom to the pirates, Sub-clause (c) sets out that the security guards on the seized vessel are to be considered as crew members. As such, the contractors are not obliged to contribute to any ransom payment by the owners to secure the release of the vessel and crew. Cargo does not contribute to ransoms as they rely on general average (GA) and similarly crew are not expected to contribute to their proportion in GA.*

***SECTION 5 – Permits and Licences, Investigations and Claims***

***10. Permits and Licences***

*There is concern in the industry that an apparent sizable number private maritime security firms are operating without the necessary permits and licences to transport and carry weapons. The consequences of contractors failing to have the required permits and licences effectively makes the carriage of weapons illegal, the consequences of which could result in significant delays to the vessel. In response to this concern, GUARDCON contains a comprehensive clause dealing with permits and licences which place a strict obligation on the contractors to ensure that they meet all such requirements. This is an important clause and parties should take careful note of its provisions.*

*Clause 10, however, is not one-sided as it recognises that the owners also have obligations in respects of various permissions that need to be obtained in order to carry armed guards on board. It places a mutual obligation on the owners and the contractors to obtain all necessary permits and to maintain them during the transit and provide copies to the other party on request. Each party is also obliged to indemnify the other against the consequences of failing to obtain the required permits. Permit has been defined for the purposes of the Clause to mean, in addition to permits, certificates, licences, authorisations, consents, permissions, approvals and visas.*

*11. Investigations and Claims*

*If there is an incident on board the vessel involving firearms, this will generally result in an enquiry by the vessel's Flag State or, at the very least, by the vessel's owners. In such cases the contractors are obliged to assist in the enquiry – which may entail the submission of written reports from the Master, team leader and other members of the security team/crew.*

*If there is a third party claim against the contractors or the owners as a consequence of the security services (for example, a claim by a fisherman for damage to his boat resulting from security measures), Sub-clause (c) provides for the parties to assist each other in defending claims.*

*SECTION 6 – Insurance, Fees and Taxes*

*12. Insurance Policies*

*One of the key features of GUARDCON is the all-important Insurance Policies Clause. It is highly recommended that parties carefully read the provisions of Clause 12 to make sure that they fully understand their obligations.*

*Sub-clause 12(a) sets out the minimum insurance cover that the contractors must maintain to cover their liabilities during the contract period. The policy limits for the contractors' insurances set out in the Clause reflect a level which should be considered the industry accepted norm. BIMCO acknowledges that the insurance requirements in GUARDCON will "raise the bar" on insurance cover for many security contractors. The result may be that the widespread adoption of GUARDCON will weed out some of the less well-resourced companies who are unable or unwilling to meet the insurance requirements. However, given the fundamental importance of ensuring that security contractors are adequately insured to cover their risks, BIMCO feels that GUARDCON has an essential role to play in regulating this aspect of the commercial arrangement between owners and contractors.*

*The Insurance Policies Clause has been drafted in consultation with the underwriter representative on the GUARDCON Sub-committee, Mr Andrew Moulton of Ascot Underwriters, with additional input provided by a number of other leading marine insurance underwriters including Hiscox, Canopius and Aegis. It has been a fundamental part of the development of GUARDCON to ensure that underwriters are comfortable with the contract and prepared to write appropriate cover for it. We are aware of at least one prominent insurance broker that has been working with a leading underwriter to produce a tailored "GUARDCON insurance package" for security contractors and we are confident that similar packages will be developed to coincide with GUARDCON's publication.*

*Sub-clause (b) deals with policy limits which are set at \$5 million (or other higher figure as may be agreed by the parties). While the application of deductibles to help reduce premiums is a perfectly acceptable practice, the contract provides that to avoid contractors agreeing deductibles that in the event of a claim they may not have the financial resources to meet, such deductibles have* *to reflect market practice. The contractors are obliged to provide the owners with evidence of insurance with copies of cover notes if the owners so require.*

*Owners should also be adequately insured and have appropriate P&I cover – this is dealt with in Sub-clause (c).*

*Sub-clause (d) deals with kidnap and ransom insurance. As is common with this type of insurance, if you have it you cannot say you have it because it may be invalidated as a result. However, K&R policies normally extend to every person on board a vessel including supernumeraries and so if the owners have K&R cover the security guards will be embraced by that policy while they are on board the vessel. Should the vessel be hijacked and the security guards removed from the vessel then the Clause addresses the fact that once off the ship, the guards are no longer covered by the owners' kidnap and ransom policy and therefore the contractors will need to make alternative arrangements or at least be aware that the owners' insurance may not respond.*

***13. Fees and Expenses***

*The fees and expenses provisions of the contract encompass two main methods of employing security guards – namely a daily rate or a lump sum agreement. BIMCO acknowledges that the security industry operates with a number of permutations in respect of fees and expenses – in some cases combining the two. However, to avoid GUARDCON becoming overly complex, only daily rate and lump sum are contemplated. If the commercial parties wish to negotiate and agree upon 10 alternative fee structures and payment methods they are free to amend the contract accordingly to suit their needs.*

*The parties should not only agree the amount of the fees but also clearly state the currency to apply. This is done by filling in Box 13.*

*Sub-clause (b) deals with mobilisation fees, if any have been agreed. Again, the amount and currency should be stated in the appropriate box in Part I.*

*Invoicing is on the basis of latest 30 days after the security guards have disembarked the vessel is provided in Sub-clause (c). The owners have 21 days in which to settle invoices issued by the contractors. If the owners fail to pay within 21 days then Sub-clause (d) provides the contractors with various sanctions against the owners.*

*If the owners decide that they require additional services to those originally agreed, then Sub-clause (g) provides for agreement to be reached in writing setting out what the additional services are and what extra fees the owners have to pay for the additional services.*

*Sub-clause (i) deals with rescheduling of the transit by the owners where the date of embarkation of the guards is delayed. If the owners are unable or fail to give more than 48 hours' notice of the delay then the contractors will be entitled to be paid as of the original agreed date of embarkation.*

*If the vessel is hijacked then according to Sub-clause (k) no further daily rate payments will be made by the owners to the contractors until the vessel is released and if/when security services are resumed – so even though the contractors assume no liability for the seizure of the vessel the consequence is that all payments are suspended for the duration of the hijack.*

*14. Taxes*

*This is a comprehensive mutual clause dealing with taxes payable by the owners and the contractors and also covering sales tax for security related items purchased by the contractors on the owners' behalf. Additionally, in Sub-clause (d) provision is made for withholding taxes which the owners are obliged to pay on behalf of the contractors to relevant tax authorities.*

***SECTION 7 – Legal and Liabilities***

***15. Liabilities and Indemnities***

*Along with the Clauses covering insurances and permits & licences, the liabilities and indemnities provisions are at the very heart of GUARDCON. The contract applies "knock for knock" mutual allocation of risk principles whereby each party is responsible for loss of/damage to and/or death of/injury to any of its own property and/or personnel or that of the entities within its defined "group"; responsibility is without recourse to the other party; and each party, in respect of the losses, damages or other liabilities it has assumed responsibility for, indemnifies the other party.*

*It should be noted that Sub-clause 15(b) is not an exclusion of liability. It is a contractual arrangement whereby two parties agree to hold each other harmless and indemnify each other for this liability (up to the contractual cap). It does not exclude liability to an injured/dead person (such as a fisherman killed by a security guard), who would still claim in the normal way against whichever of the contracting party is the party at fault (who may then be able to take the benefit of this indemnity to recover from the other contracting party). 11 Sub-clause (c) concerns third party liability. To be consistent with Sub-clause (b), the provision is reciprocal with each party indemnifying the other against claims by third parties with the exception of claims from third parties arising out of the owners' or contractors' own negligence. The reference to "unlawful" act is intended to cover scenarios such as a fisherman being killed by a security guard using unlawful force.*

*Sub-clause (c)(iii) addresses the issue of third party claims (including claims from the crew) in the event of a liability caused as a result of a firearm being accidently or negligently fired by a security guard. This sort of accident could be the result, for example, of a guard tripping while carrying a loaded firearm. It is an exception to the knock for knock principle; the owners agree not to pursue individual security personnel but can still claim against the contractors under this indemnity.*

*The handling of claims is dealt with under Sub-clause (c)(iv) – the clause provides that the parties have the option to take over the handling of specific claims from the other party for which they would otherwise have to provide an indemnity.*

*Sub-clause (d) places a contractual cap on the liabilities under the contract as between the owners and the contractors of a minimum of US$5 million* *while recognising that although the owners may have rights of limitation under international conventions and national law, the contractors will not have any such rights.*

*Sub-clause (e) is the consequential damages provision that has been lifted from TOWCON 2008.*

***16. Security Personnel Liability***

*Clause 16 is basically a "Himalaya" provision tailored to the requirements of the security personnel provided by the contractors which extend the contractual protections afforded the contractors to their employees.*

***17. Security Personnel – Waiver***

*The security guards are required to sign a waiver before embarking the vessel – a standard form of waiver has been drafted specifically addressing the terms of GUARDCON and attached as per Annex D. A number of security companies have reviewed the text of the waiver and seem satisfied that it fits the bill as currently worded.*

***18. Delay***

*Given the legal, logistical and regulatory difficulties that the contractors may face transporting weapons and personnel through and to various countries, Sub-clause (a) provides a grace period to the contractors to absorb the first twenty-four hours of any delay in embarking the security team and their equipment. It does not, however, absolve the contractors of their responsibility to do their utmost get their personnel and equipment on board as and when required.*

*Sub-clause (b) deals with delays due to weather which prevent the security team from disembarking the vessel as scheduled. In such cases the full daily rate continues to be payable until the guards finally disembark.*

***19. Cancellation and Termination***

*Sub-clause (a) deals with cancellation of an individual transit in advance of embarkation. If the contractors are unable to get their security team and equipment on board the vessel within the twenty-four hour grace period provided for in Clause 18, the owners have the right to cancel the agreed transit and no compensation is payable to the contractors. 12 Under other circumstances the owner may also wish to cancel a scheduled transit, perhaps due to a change of employment orders for the vessel. Sub-clauses (a)(i) to (iii) provide a compensation mechanism for the benefit of the contractors on a sliding scale depending on how close to the embarkation date notice of cancellation is given.*

*Termination for cause is dealt with under Sub-clause (b) and with the exception of (b)(i), dealing with flag state authorisation for the carriage of armed guards, is based on standard wording found in other BIMCO contracts.*

*When GUARDCON is used as a framework agreement it is an "evergreen" contract, so if the parties wish to bring it to an end for reasons other than fault, they are required to give the other party 30 days' notice in accordance with Clause 2 (Commencement, Appointment and Duration). The minimum contract period is 12 months.*

***20. Compliance with Laws and Regulations***

*This is a standard BIMCO wording taken from the SHIPMAN Standard Ship Management Agreement.*

***21. Health, Safety and Environmental Regulations***

*Although it may perhaps seem a little strange to link the employment of armed guards with health and safety in the workplace requirements, this is a provision commonly found in current security guard contracts and is protective of owners (for example, the guards must follow smoking prohibitions on board).*

***22. Drug and Alcohol Policy***

*This is a self-evident but nevertheless very important provision. The ban on drugs extends to prescription drugs if used or abused for purposes other than those for which they were medically prescribed.*

***23. No Salvage***

*Bearing in mind that it might be as a result of the actions of the security team in defending the vessel that results in the vessel requiring salving, this Clause excludes claims for salvage awards and life salvage by the contractors and their security team.*

***24. Dispute Resolution***

*This is the current version of the BIMCO Dispute Resolution Clause offering the parties three options on arbitration: London (which applies by default if no other venue is agreed as it currently handles by far and away the largest proportion of international maritime arbitrations); New York; and, finally, a free choice of venue as may be agreed between the parties. The mediation provision applies in all circumstances. It is very important that the parties agree which jurisdiction and arbitration venue is to apply to their contract and that they clearly indicate their choice in Box 19.*

***SECTION 8 – General***

***25. Assignment***

*A standard wording other than the fact that the words "or delayed" have been incorporated as a useful addition.*

***26. Notices***

*This is a general notice provision dealing with how contractual notices should be given and when they should be treated as received.*

***27. Confidentiality***

*Confidentiality is a matter of particular concern to both parties in this type of contract where security is of chief importance and so a comprehensive mutual provision has been drafted.*

***28. Third Party Rights***

*The purpose of this Clause is to clarify that only third parties expressly identified in the Contract can benefit from it.*

***29. Partial Validity***

*The Partial Validity Clause is designed to avoid a potential situation where the entire contract is held to be invalid simply because a particular provision is deemed by an arbitrator or other competent authority to be illegal, unenforceable or invalid. If the offending clause cannot be interpreted or amended in such a way as to make it valid, then this Clause provides for it to be considered deleted but for the rest of the contract to be unaffected.*

***30. Entire Contract***

*This is a standard wording found in a number of other BIMCO contracts. The purpose of the Clause is to limit the rights of the parties to the written terms of the contract. As such it is intended to exclude representations, written and oral, not intended to be part of the final concluded contract.*

*ANNEXES*

***Annex A (Security Equipment)***

*This Annex is designed for the parties to attach a list of firearms, ammunition and other equipment (including non-lethal weapons) that will be provided by the contractors. It is intended to be a generic descriptive list and therefore not include actual serial numbers (these will be required, however, for the issue of permits and licences to the contractors).*

***Annex B (Rules for the Use of Force)***

*This is a blank Annex to which the parties need to attach their agreed RUF to form part of the contract. BIMCO has developed Guidance on the Rules for the Use of Force to which the parties may refer as a useful source of inspiration when drafting and agreeing their own RUF.*

***Annex C (Instruction Notice)***

*When the contract is used as a framework agreement for multiple transits, the owners are required to issue an instruction notice detailing their requirements for each transit. This Annex provides a pro forma Instruction Notice which can be used for this purpose.*

***Annex D (Individual Waiver)***

*As mentioned in the notes above on Clause 17 (Security Personnel – Waiver), the members of the security team are required to sign individual waivers before boarding the vessel. This Annex provides a standard wording for the waiver that specifically refers to the terms of the contract.*

***Annex E (Schedule of Charges)***

*This Annex covers mobilisation fees at various named ports and allows for charges for other ports to be added as agreed by the parties.*

***Annex F (Standard Operating Procedures)***

*Many maritime security companies have their own standard operating procedures covering the provision of security services on board ships. If such procedures exist, they should be attached to this Annex.*

***Copyright and availability***

*Copyright in GUARDCON is held by BIMCO who are also the publishers.*

*Sample copies of GUARDCON and the Guidance on the Rules for the Use of Force may be downloaded free of charge from the BIMCO website at www.bimco.org.*

*To use GUARDCON we recommend BIMCO's web-based charter party editing system, idea, which provides access to a secure Microsoft Word version of the contract that can be filled in and edited online and then exchanged by e-mail. For details of how to sign up to use idea please click on the Products tab on the BIMCO homepage at www.bimco.org or contact idea@bimco.org* »

## Annexe 4. Loi n° 2011-13 du 5 janvier 2011 relative à la lutte contre la piraterie et à l'exercice des pouvoirs de police de l'État en mer[2]

L'Assemblée nationale et le Sénat ont adopté,

Le Président de la République promulgue la loi dont la teneur suit :

**Chapitre Ier : dispositions modifiant la loi n° 94 589 du 15 juillet 1994 relative aux modalités de l'exercice par l'état de ses pouvoirs de police en mer**

Le titre Ier de la loi n° 94-589 du 15 juillet 1994 relative aux modalités de l'exercice par l'État de ses pouvoirs de police en mer est ainsi rétabli :

« TITRE Ier

« DE LA LUTTE CONTRE LA PIRATERIE MARITIME

« Art. 1er. – I. – Le présent titre s'applique aux actes de piraterie au sens de la convention des Nations unies sur le droit de la mer signée à Montego Bay le 10 décembre 1982, commis :

« 1° En haute mer ;

« 2° Dans les espaces maritimes ne relevant de la juridiction d'aucun État ;

« 3° Lorsque le droit international l'autorise, dans les eaux territoriales d'un État. « II. – Lorsqu'elles constituent des actes de piraterie mentionnés au I, les infractions susceptibles d'être recherchées, constatées et poursuivies dans les conditions du présent titre sont :

« 1° Les infractions définies aux articles 224-6 à 224-7 et 224-8-1 du Code pénal et impliquant au moins un navire ou un aéronef dirigé contre un navire ou un aéronef ;

2. *JORF* n°0004 du 6 janvier 2011, p. 374, texte n° 2.

« 2° Les infractions définies aux articles 224-1 à 224-5-2 ainsi qu'à l'article 224-8 du même Code lorsqu'elles précèdent, accompagnent ou suivent les infractions mentionnées au 1° ;

« 3° Les infractions définies aux articles 450-1 et 450-5 du même Code lorsqu'elles sont commises en vue de préparer les infractions mentionnées aux 1° et 2.

« Art. 2. – Lorsqu'il existe des motifs raisonnables de soupçonner qu'une ou plusieurs des infractions mentionnées au II de l'article 1er ont été commises, se commettent, se préparent à être commises à bord ou à l'encontre des navires mentionnés à l'article L. 1521-1 du Code de la défense, les commandants des bâtiments de l'État et les commandants des aéronefs de l'État, chargés de la surveillance en mer, sont habilités à exécuter ou à faire exécuter les mesures de contrôle et de coercition prévues par le droit international, le titre II du livre V de la première partie du même Code et la présente loi soit sous l'autorité du préfet maritime ou, outre-mer, du délégué du Gouvernement pour l'action de l'État en mer, soit sous l'autorité d'un commandement civil ou militaire désigné dans un cadre international. « À l'égard des personnes à bord peuvent être mises en œuvre les mesures de coercition prévues par les dispositions du chapitre unique du titre II du livre V de la première partie du même Code relatives au régime de rétention à bord.

« Art. 3. – À l'occasion de la visite du navire, les agents mentionnés à l'article 2 peuvent prendre ou faire prendre toute mesure conservatoire à l'égard des objets ou documents qui paraissent liés à la commission des infractions mentionnées au II de l'article 1er pour éviter qu'elles ne se produisent ou se renouvellent.

« Ils peuvent également ordonner le déroutement du navire vers une position ou un port appropriés pour procéder le cas échéant à des constatations approfondies ou pour remettre les personnes appréhendées ainsi que les objets et documents ayant fait l'objet de mesures conservatoires.

« Art. 4. – Les officiers de police judiciaire et, lorsqu'ils sont spécialement habilités dans des conditions fixées par décret en Conseil d'État, les commandants des bâtiments de l'État, les officiers de la marine nationale embarqués sur ces bâtiments et les commandants des aéronefs de l'État, chargés de la surveillance en mer, procèdent à la constatation des infractions mentionnées au II de l'article 1er, à la recherche et l'appréhension de leurs auteurs ou complices.

« Ils peuvent procéder à la saisie des objets ou documents liés à la commission des faits sur autorisation, sauf extrême urgence, du procureur de la République. « Après la saisie autorisée à l'alinéa précédent, ils peuvent également procéder sur autorisation du procureur de la République à la destruction des seules embarcations dépourvues de pavillon qui ont servi à commettre les infractions mentionnées au II de l'article 1er, lorsqu'il n'existe pas de mesures techniques envisageables pour empêcher définitivement le renouvellement de ces infractions, dans le respect des traités et accords internationaux en vigueur.

« Les mesures prises à l'encontre des personnes à bord sont régies par la section 3 du chapitre unique du titre II du livre V de la première partie du Code de la défense.

« Art. 5. – À défaut d'entente avec les autorités d'un autre État pour l'exercice par celui-ci de sa compétence juridictionnelle, les auteurs et complices des infractions mentionnées au II de l'article 1er et commises hors du territoire de la République peuvent être poursuivis et jugés par les juridictions françaises lorsqu'ils ont été appréhendés par les agents mentionnés à l'article 4.

« Art. 6. – La poursuite, l'instruction et le jugement des infractions mentionnées au présent titre relèvent de la compétence des juridictions suivantes :

« 1° Sur le territoire métropolitain, le tribunal de grande instance du siège de la préfecture maritime ou le tribunal de grande instance dans le ressort duquel se trouve le port vers lequel le navire a été dérouté;

« 2° Dans les départements d'outre-mer, à Mayotte, à Saint-Pierre-et-Miquelon, dans les îles Wallis et Futuna, à Saint-Barthélemy, à Saint-Martin, en Polynésie française, en Nouvelle-Calédonie et dans les Terres australes et antarctiques françaises, soit la juridiction de première instance compétente située au siège du délégué du Gouvernement pour l'action de l'État en mer, soit celle dans le ressort de laquelle se trouve le port vers lequel le navire a été dérouté ;

« 3° Toutes les juridictions compétentes en application du Code de procédure pénale ou d'une loi spéciale, en particulier celles mentionnées à l'article 706-75 du Code de procédure pénale.

« Ces juridictions sont également compétentes pour les infractions connexes à celles mentionnées au présent titre. »

**Article 2**

Dans l'intitulé de la loi n° 94-589 du 15 juillet 1994 précitée, après le mot : « relative », sont insérés les mots : « à la lutte contre la piraterie et ».

**Article 3**

Les articles 12 et 19 de la loi n° 94-589 du 15 juillet 1994 précitée sont ainsi modifiés : 1° Au premier alinéa, le mot : « outre » est supprimé ;

2° Les deux derniers alinéas sont supprimés.

**Chapitre II : dispositions modifiant le Code pénal et le Code de procédure pénale**

**Article 4**

Après l'article 224-6 du Code pénal, il est inséré un article 224-6-1 ainsi rédigé : « Art. 224-6-1. – Lorsque l'infraction prévue à l'article 224-6 est commise en bande organisée, la peine est portée à trente ans de réclusion criminelle. « Les deux premiers alinéas de l'article 132-23 sont applicables à cette infraction. »

**Article 5**

L'article 706-73 du Code de procédure pénale est ainsi modifié :

1° Les 15° et 16° sont complétés par la référence : « et 17° » ;

2° Après le 16°, il est inséré un 17° ainsi rédigé :

« 17° Crime de détournement d'aéronef, de navire ou de tout autre moyen de transport commis en bande organisée prévu par l'article 224-6-1 du Code pénal. »

**Chapitre III : dispositions modifiant le Code de la défense**

**Article 6**

Le Code de la défense est ainsi modifié :

1° L'article L. 1521-1 est ainsi modifié :

a) Au premier alinéa du 2°, après les mots : « navires étrangers », sont insérés les mots : « et aux navires n'arborant aucun pavillon ou sans nationalité, » ; b) Il est ajouté un 4° ainsi rédigé : « 4° Aux navires battant pavillon d'un État qui a sollicité l'intervention de la France ou agréé sa demande d'intervention. » ;2° Le chapitre unique du titre II du livre V de la première partie est complété par une section 3 ainsi rédigée :

« Section 3

Mesures prises à l'encontre des personnes à bord des navires

« Art. L. 1521-11. – À compter de l'embarquement de l'équipe de visite prévue à l'article L. 1521-4 sur le navire contrôlé, les agents mentionnés à l'article L. 1521-2 peuvent prendre les mesures de coercition nécessaires et adaptées à l'encontre des personnes à bord en vue d'assurer leur maintien à disposition, la préservation du navire et de sa cargaison ainsi que la sécurité des personnes.

« Art. L. 1521-12. – Lorsque des mesures de restriction ou de privation de liberté doivent être mises en œuvre, les agents mentionnés à l'article L. 1521-2 en avisent le préfet maritime ou, outre-mer, le délégué du Gouvernement pour l'action de l'État en mer, qui en informe dans les plus brefs délais le procureur de la République territorialement compétent.

« Art. L. 1521-13. – Chaque personne à bord faisant l'objet d'une mesure de restriction ou de privation de liberté bénéficie d'un examen de santé par une personne qualifiée dans un délai de vingt-quatre heures à compter de la mise en œuvre de celle-ci. Un examen médical intervient au plus tard à l'expiration d'un délai de dix jours à compter du premier examen de santé effectué.

« Un compte rendu de l'exécution de ces examens se prononçant, notamment, sur l'aptitude au maintien de la mesure de restriction ou de privation de liberté est transmis dans les plus brefs délais au procureur de la République.

« Art. L. 1521-14. – Avant l'expiration du délai de quarante-huit heures à compter de la mise en œuvre des mesures de restriction ou de privation de liberté mentionnées à l'article L. 1521-12 et à la demande des agents mentionnés à l'article L. 1521-2, le juge des libertés et de la détention saisi par le procureur de la République statue sur leur prolongation éventuelle pour une durée maximale de cent vingt heures à compter de l'expiration du délai précédent.

« Ces mesures sont renouvelables dans les mêmes conditions de fond et de forme durant le temps nécessaire pour que les personnes en faisant l'objet soient remises à l'autorité compétente.

« Art. L. 1521-15. – Pour l'application de l'article L. 1521-14, le juge des libertés et de la détention peut solliciter du procureur de la République tous éléments de nature à apprécier la situation matérielle et l'état de santé de la personne qui fait l'objet d'une mesure de restriction ou de privation de liberté.

« Il peut ordonner un nouvel examen de santé.

« Sauf impossibilité technique, le juge des libertés et de la détention communique, s'il le juge utile, avec la personne faisant l'objet des mesures de restriction ou de privation de liberté.

« Art. L. 1521-16. – Le juge des libertés et de la détention statue par ordonnance motivée insusceptible de recours. Copie de cette ordonnance est transmise dans les plus brefs délais par le procureur de la République au préfet maritime ou, outre-mer, au délégué du Gouvernement pour l'action de l'État en mer, à charge pour celui-ci de la faire porter à la connaissance de la personne intéressée dans une langue qu'elle comprend.

« Art. L. 1521-17. – Les mesures prises à l'encontre des personnes à bord des navires peuvent être poursuivies, le temps strictement nécessaire, au sol ou à bord d'un aéronef, sous l'autorité des agents de l'État chargés du transfert, sous le contrôle de l'autorité judiciaire tel que défini par la présente section.

« Art. L. 1521-18. – Dès leur arrivée sur le sol français, les personnes faisant l'objet de mesures de coercition sont mises à la disposition de l'autorité judiciaire. »

**Chapitre IV : dispositions relatives aux enfants des victimes d'actes de piraterie maritime**

**Article 7**

Les enfants dont le père, la mère ou le soutien de famille, de nationalité française, a été victime d'actes de piraterie maritime peuvent se voir reconnaître la qualité de pupille de la Nation dans les conditions fixées au titre IV du livre III du Code des pensions militaires d'invalidité et des victimes de la guerre.

Les présentes dispositions bénéficient aux victimes d'actes de piraterie maritime commis depuis le 10 novembre 2008.

**Chapitre V : dispositions finales**
**Article 8**

La présente loi est applicable sur l'ensemble du territoire de la République. La présente loi sera exécutée comme loi de l'État.

Fait à Paris, le 5 janvier 2011.

Achevé d'imprimer en janvier 2014
sur les presses numériques de l'Imprimerie Maury S.A.S.
Z.I. des Ondes – 12100 Millau
N° d'éditeur : 2013_0350 – N° d'imprimeur : L13/50105N
Dépôt légal : janvier 2014

*Imprimé en France*